世界遺産シリーズ

世界遺産データ・ブック

—2023年版—

《目　次》

■ユネスコ世界遺産の概要

図表で見るユネスコ世界遺産

第18回臨時世界遺産委員会での新登録物件

■地域別・国別データ

■遺産種別・登録パターン分析

■総索引

本書の作成にあたり、下記の方々に写真や資料のご提供、ご協力をいただきました。

ユネスコ世界遺産センター(ホームページ2023年3月1日現在)、https://whc.unesco.org/、https://whc.unesco.org/en/statesparties/ua、https://ukraine.ua/cities-places/odesa/、https://odessa.travel/en、https://whc.unesco.org/en/statesparties/ye、Marib Governorate、https://whc.unesco.org/en/statesparties/lb、http://www.lebanon-fair.com/ar/index.php

【表紙と裏表紙の写真】

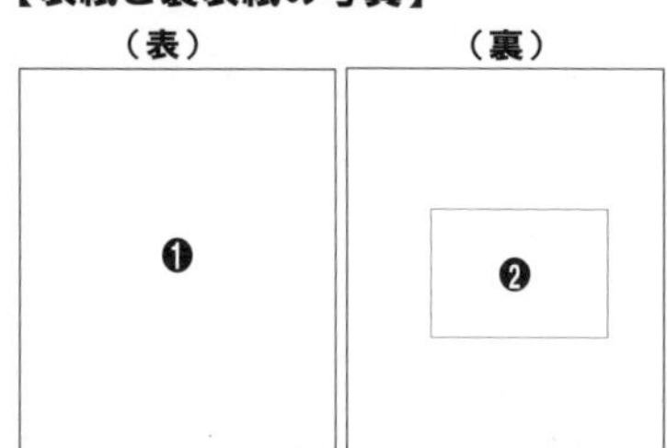

❶ オデーサの歴史地区（The Historic Centre of Odesa）

❷ 古代サバ王国のランドマーク、マーリブ
（Landmarks of the Ancient Kingdom of Saba, Marib）

※世界遺産委員会別歴代議長

回次　開催年	開催都市（国名）	議長名（国名）
第1回 1977年	パリ(フランス)	Mr Firouz Bagherzadeh (Iran)
第2回 1978年	ワシントン(米国)	Mr Firouz Bagherzadeh (Iran)
第3回 1979年	ルクソール(エジプト)	Mr David Hales (U.S.A)
第4回 1980年	パリ(フランス)	Mr Michel Parent (France)
第5回 1981年	シドニー(オーストラリア)	Prof R.O.Slatyer (Australia)
第6回 1982年	パリ(フランス)	Prof R.O.Slatyer (Australia)
第7回 1983年	フィレンツェ(イタリア)	Mrs Vlad Borrelli (Italia)
第8回 1984年	ブエノスアイレス(アルゼンチン)	Mr Jorge Gazaneo (Argentina)
第9回 1985年	パリ(フランス)	Mr Amini Aza Mturi (United Republic of Tanzania)
第10回 1986年	パリ(フランス)	Mr James D. Collinson (Canada)
第11回 1987年	パリ(フランス)	Mr James D. Collinson (Canada)
第12回 1988年	ブラジリア(ブラジル)	Mr Augusto Carlo da Silva Telles (Brazil)
第13回 1989年	パリ(フランス)	Mr Azedine Beschaouch (Tunisia)
第14回 1990年	バンフ(カナダ)	Dr Christina Cameron (Canada)
第15回 1991年	カルタゴ(チュジニア)	Mr Azedine Beschaouch (Tunisia)
第16回 1992年	サンタフェ(米国)	Ms Jennifer Salisbury (United States of America)
第17回 1993年	カルタヘナ(コロンビア)	Ms Olga Pizano (Colombia)
第18回 1994年	プーケット(タイ)	Dr Adul Wichiencharoen (Thailand)
第19回 1995年	ベルリン(ドイツ)	Mr Horst Winkelmann (Germany)
第20回 1996年	メリダ(メキシコ)	Ms Maria Teresa Franco y Gonzalez Salas (Mexico)
第21回 1997年	ナポリ(イタリア)	Prof Francesco Francioni (Italy)
第22回 1998年	京都(日本)	H.E. Mr Koichiro Matsuura (Japan)
第23回 1999年	マラケシュ(モロッコ)	Mr Abdelaziz Touri (Morocco)
第24回 2000年	ケアンズ(オーストラリア)	Mr Peter King (Australia)
第25回 2001年	ヘルシンキ(フィンランド)	Mr Henrik Lilius (Finland)
第26回 2002年	ブダペスト(ハンガリー)	Dr Tamas Fejerdy (Hungary)
第27回 2003年	パリ(フランス)	Ms Vera Lacoeuilhe (Saint Lucia)
第28回 2004年	蘇州(中国)	Mr Zhang Xinsheng (China)
第29回 2005年	ダーバン(南アフリカ)	Mr Themba P. Wakashe (South Africa)
第30回 2006年	ヴィリニュス(リトアニア)	H.E. Mrs Ina Marciulionyte (Lithuania)
第31回 2007年	クライストチャーチ(ニュージーランド)	Mr Tumu Te Heuheu (New Zealand)
第32回 2008年	ケベック(カナダ)	Dr Christina Cameron (Canada)
第33回 2009年	セビリア(スペイン)	Ms Maria Jesus San Segundo (Spain)
第34回 2010年	ブラジリア(ブラジル)	Mr Joao Luiz Silva Ferreira (Brazil)
第35回 2011年	パリ(フランス)	H.E. Mrs Mai Bint Muhammad Al Khalifa (Bahrain)
第36回 2012年	サンクトペテルブルク(ロシア)	H.E. Mrs Mitrofanova Eleonora (Russian Federation)
第37回 2013年	プノンペン(カンボジア)	Mr Sok An (Cambodia)
第38回 2014年	ドーハ(カタール)	H.E. Mrs Sheikha Al Mayassa Bint Hamad Bin Khalifa Al Thani (Qatar)
第39回 2015年	ボン(ドイツ)	Prof Maria Bohmer (Germany)
第40回 2016年	イスタンブール(トルコ)パリ(フランス)	Ms Lale Ulker (Turkey)
第41回 2017年	クラクフ(ポーランド)	Mr Jacek Purchla (Poland)
第42回 2018年	マナーマ(バーレーン)	Sheikha Haya Rashed Al Khalifa (Bahrain)
第43回 2019年	バクー(アゼルバイジャン)	Mr. Abulfaz Garayev (Azerbaijan)
第44回 2021年	福州(中国)	H.E.Mr.Tian Xuejun(China)
臨 時 2023年	パリ(フランス)	H.H Princess Haifa Al Mogrin(Saudi Arabia)

ユネスコ世界遺産の概要

オデーサの歴史地区
（The Historic Centre of Odesa）
文化遺産（登録基準（ii）（iv））　2023年
★【危機遺産】2023年
ウクライナ

1 ユネスコとは

ユネスコ(UNESCO＝United Nations Educational, Scientific and Cultural Organization)は、国連の教育、科学、文化分野の専門機関。人類の知的、倫理的連帯感の上に築かれた恒久平和を実現するために1946年11月4日に設立された。その活動領域は、教育、自然科学、人文・社会科学、文化、それに、コミュニケーション・情報。ユネスコ加盟国は、現在193か国、準加盟地域12。ユネスコ本部はフランスのパリにあり、世界各地に55か所の地域事務所がある。職員数は2,351人（うち邦人職員は58人）、2022～2023年(2年間)の予算は、1,447,757,820米ドル（注：加盟国の分担金、任意拠出金等全ての資金の総額）。主要国分担率（*2022年）は、中国（19.704%）、日本（10.377%　わが国分担金額：令和4年度：約31億円）、ドイツ（7.894%）、英国（5.651%）、フランス（5.578%）。事務局長は、オードレイ・アズレー氏**（Audrey Azoulay　フランス前文化通信大臣）。

*日本は中国に次いで第2位の分担金拠出国（注：2018年に米国が脱退し、また、2019年～2021年の新国連分担率により、2019年から中国が最大の分担金拠出国となった。）として、ユネスコに財政面から貢献するとともに、ユネスコの管理・運営を司る執行委員会委員国として、ユネスコの管理運営に直接関与している。

**1972年パリ生まれ、パリ政治学院、フランス国立行政学院(ENA)、パリ大学に学ぶ。フランス国立映画センター(CNC)、大統領官邸文化広報顧問等重要な役職を務め、フランスの国際放送の立ち上げや公共放送の改革などに取り組みなど文化行政にかかわり、文化通信大臣を務める。2017年3月のイタリアのフィレンツェでの第1回G7文化大臣会合での文化遺産保護(特に武力紛争下における保護)の重要性など「国民間の対話の手段としての文化」に関する会合における「共同宣言」への署名などに主要な役割を果たし、2017年11月、イリーナ・ボコヴァ氏に続く女性としては二人目、フランス出身のユネスコ事務局長は1962～1974年まで務めたマウ氏に続いて2人目のユネスコ事務局長に就任。

＜ユネスコの歴代事務局長＞

	出身国	在任期間
1. ジュリアン・ハクスリー	イギリス	1946年12月～1948年12月
2. ハイメ・トレス・ボデー	メキシコ	1948年12月～1952年12月
(代理)ジョン・W・テイラー	アメリカ	1952年12月～1953年 7月
3. ルーサー・H・エバンス	アメリカ	1953年 7月～1958年12月
4. ヴィットリーノ・ヴェロネーゼ	イタリア	1958年12月～1961年11月
5. ルネ・マウ	フランス	1961年11月～1974年11月
6. アマドゥ・マハタール・ムボウ	セネガル	1974年11月～1987年11月
7. フェデリコ・マヨール	スペイン	1987年11月～1999年11月
8. 松浦晃一郎	日本	1999年11月～2009年11月
9. イリーナ・ボコヴァ	ブルガリア	2009年11月～2017年11月
10. オードレイ・アズレー	フランス	2017年11月～現在

ユネスコの事務局長選挙は、58か国で構成する執行委員会が実施し、過半数である30か国の支持を得た候補者が当選する。
投票は当選者が出るまで連日行われ、決着がつかない場合は上位2人が決選投票で勝敗を決める。
ユネスコ総会での信任投票を経て、就任する。任期は4年。

2 世界遺産とは

世界遺産(World Heritage)とは、世界遺産条約に基づきユネスコの世界遺産リストに登録されている世界的に「顕著な普遍的価値」(Outstanding Universal Value)を有する遺跡、建造物群、モニュメントなどの文化遺産、それに、自然景観、地形・地質、生態系、生物多様性などの自然遺産など国家や民族を超えて未来世代に引き継いでいくべき人類共通のかけがえのない自然と文化の遺産をいう。

3 ユネスコ世界遺産が準拠する国際条約

世界の文化遺産及び自然遺産の保護に関する条約（通称：**世界遺産条約**）
（Convention for the Protection of the World Cultural and Natural Heritage）
＜1972年11月開催の第17回ユネスコ総会で採択＞

*ユネスコの世界遺産に関する基本的な考え方は、世界遺産条約にすべて反映されているが、この世界遺産条約を円滑に履行していくためのガイドライン(Operational Guidelines for the Implementation of the World Heritage Convention)を設け、その中で世界遺産リストの登録基準、或は、危機にさらされている世界遺産リストの登録基準や世界遺産基金の運用などについて細かく定めている。

④ 世界遺産条約の成立の経緯とその後の展開

1872年	アメリカ合衆国が、世界で最初の国立公園法を制定。 イエローストーンが世界最初の国立公園になる。
1948年	IUCN（国際自然保護連合）が発足。
1954年	ハーグで「軍事紛争における文化財の保護のための条約」を採択。
1959年	アスワン・ハイ・ダムの建設（1970年完成）でナセル湖に水没する危機にさらされたエジプトのヌビア遺跡群の救済を目的としたユネスコの国際的キャンペーン。文化遺産保護に関する条約の草案づくりを開始。
〃	ICCROM（文化財保存修復研究国際センター）が発足。
1962年	IUCN第1回世界公園会議、アメリカのシアトルで開催、「国連保護地域リスト」（United Nations List of Protected Areas）の整備。
1960年代半ば	アメリカ合衆国や国連環境会議などを中心にした自然遺産保護に関する条約の模索と検討。
1964年	ヴェネツィア憲章採択。
1965年	ICOMOS（国際記念物遺跡会議）が発足。
1965年	米国ホワイトハウス国際協力市民会議「世界遺産トラスト」（World Heritage Trust）の提案。
1966年	スイス・ルッツェルンでの第9回IUCN・国際自然保護連合の総会において、世界的な価値のある自然地域の保護のための基金の創設について議論。
1967年	アムステルダムで開催された国際会議で、アメリカ合衆国が自然遺産と文化遺産を総合的に保全するための「世界遺産トラスト」を設立することを提唱。
1970年	「文化財の不正な輸入、輸出、および所有権の移転を禁止、防止する手段に関する条約」を採択。
1971年	ニクソン大統領、1972年のイエローストーン国立公園100周年を記念し、「世界遺産トラスト」を提案（ニクソン政権に関するメッセージ）、この後、IUCN（国際自然保護連合）とユネスコが世界遺産の概念を具体化するべく世界遺産条約の草案を作成。
〃	ユネスコとICOMOS（国際記念物遺跡会議）による「普遍的価値を持つ記念物、建造物群、遺跡の保護に関する条約案」提示。
1972年	ユネスコはアメリカの提案を受けて、自然・文化の両遺産を統合するための専門家会議を開催、これを受けて両草案はひとつにまとめられた。
〃	ストックホルムで開催された国連人間環境会議で条約の草案報告。
〃	パリで開催された第17回ユネスコ総会において採択。
1975年	世界の文化遺産及び自然遺産の保護に関する条約発効。
1977年	第1回世界遺産委員会がパリにて開催される。
1978年	第2回世界遺産委員会がワシントンにて開催される。 イエローストーン、メサ・ヴェルデ、ナハニ国立公園、ランゾーメドーズ国立歴史公園、ガラパゴス諸島、キト、アーヘン大聖堂、ヴィエリチカ塩坑、クラクフの歴史地区、シミエン国立公園、ラリベラの岩の教会、ゴレ島の12物件が初の世界遺産として登録される。（自然遺産4　文化遺産8）
1989年	日本政府、日本信託基金をユネスコに設置。
1992年	ユネスコ事務局長、ユネスコ世界遺産センターを設立。
1996年	IUCN第1回世界自然保護会議、カナダのモントリオールで開催。
2000年	ケアンズ・デシジョンを採択。
2002年	国連文化遺産年。
〃	ブダペスト宣言採択。
〃	世界遺産条約採択30周年。
2004年	蘇州デシジョンを採択。
2006年	無形遺産の保護に関する条約が発効。

〃	ユネスコ創設60周年。
2007年	文化的表現の多様性の保護および促進に関する条約が発効。
2009年	水中文化遺産保護に関する条約が発効。
2011年	第18回世界遺産条約締約国総会で「世界遺産条約履行の為の戦略的行動計画 2012～2022」を決議。
2012年	世界遺産条約採択40周年記念行事 メイン・テーマ「世界遺産と持続可能な発展：地域社会の役割」
2015年	平和の大切さを再認識する為の「世界遺産に関するボン宣言」を採択。
2016年10月24～26日	第40回世界遺産委員会イスタンブール会議は、不測の事態で3日間中断、未審議となっていた登録範囲の拡大など境界変更の申請、オペレーショナル・ガイドラインズの改訂など懸案事項の審議を、パリのユネスコ本部で再開。
2017年	世界遺産条約締約国数　193か国（8月現在）
2017年10月5～6日	ドイツのハンザ都市リューベックで第3回ヨーロッパ世界遺産協会の会議。
2018年9月10日	「モスル精神の復活：モスル市の復興の為の国際会議」をユネスコ本部で開催。
2021年7月	第44回世界遺産委員会福州会議から、新登録に関わる登録推薦件数は1国1件、審査件数の上限は35になった。
2021年7月18日	世界遺産保護と国際協力の重要性を宣言する「福州宣言」を採択。
2022年	世界遺産条約採択50周年
2030年	持続可能な開発目標（SDGs）17ゴール

5 世界遺産条約の理念と目的

「顕著な普遍的価値」(Outstanding Universal Value) を有する自然遺産および文化遺産を人類全体のための世界遺産として、破壊、損傷等の脅威から保護･保存することが重要であるとの観点から、国際的な協力および援助の体制を確立することを目的としている。

6 世界遺産条約の主要規定

- 保護の対象は、遺跡、建造物群、記念工作物、自然の地域等で普遍的価値を有するもの（第1～3条）。
- 締約国は、自国内に存在する遺産を保護する義務を認識し、最善を尽くす（第4条）。
  また、自国内に存在する遺産については、保護に協力することが国際社会全体の義務であることを認識する（第6条）。
- 「世界遺産委員会」（委員国は締約国から選出）の設置（第8条）。「世界遺産委員会」は、各締約国が推薦する候補物件を審査し、その結果に基づいて「世界遺産リスト」、また、大規模災害、武力紛争、各種開発事業、それに、自然環境の悪化などの事由で、極度な危機にさらされ緊急の救済措置が必要とされる物件は「危機にさらされている世界遺産リスト」を作成する。（第11条）。
- 締約国からの要請に基づき、「世界遺産リスト」に登録された物件の保護のための国際的援助の供与を決定する。同委員会の決定は、出席しかつ投票する委員国の2／3以上の多数による議決で行う（第13条）。
- 締約国の分担金（ユネスコ分担金の1％を超えない額）、および任意拠出金、その他の寄付金等を財源とする、「世界遺産」のための「世界遺産基金」を設立（第15条、第16条）。
- 「世界遺産委員会」が供与する国際的援助は、調査・研究、専門家派遣、研修、機材供与、資金協力等の形をとる（第22条）。
- 締約国は、自国民が「世界遺産」を評価し尊重することを強化するための教育・広報活動に努める（第27条）。

7 世界遺産条約の事務局と役割

ユネスコ世界遺産センター（UNESCO World Heritage Centre）
所長：メヒティルト・ロスラー氏（Dr. Mechtild Rössler　2015年9月～
（専門分野　文化・自然遺産、計画史、文化地理学、地球科学など
1991年からユネスコに奉職、1992年からユネスコ世界遺産センター、
2003年から副所長を経て現職、文化局・文化遺産部長兼務　ドイツ出身）
7 place de Fontenoy　75352 Paris 07 SP　France　℡33-1-45681889　Fax 33-1-45685570
電子メール：wh-info@unesco.org　インターネット：http://www.unesco.org/whc

ユネスコ世界遺産センターは1992年にユネスコ事務局長によって設立され、ユネスコの組織では、現在、文化セクターに属している。スタッフ数、組織、主な役割と仕事は、次の通り。

＜スタッフ数＞　約60名

＜組織＞
自然遺産課、政策、法制整備課、促進・広報・教育課、アフリカ課、アラブ諸国課、
アジア・太平洋課、ヨーロッパ課、ラテンアメリカ・カリブ課、世界遺産センター事務部

＜主な役割と仕事＞
- 世界遺産ビューロー会議と世界遺産委員会の運営
- 締結国に世界遺産を推薦する準備のためのアドバイス
- 技術的な支援の管理
- 危機にさらされた世界遺産への緊急支援
- 世界遺産基金の運営
- 技術セミナーやワークショップの開催
- 世界遺産リストやデータベースの作成
- 世界遺産の理念を広報するための教育教材の開発。

＜ユネスコ世界遺産センターの歴代所長＞

	出身国	在任期間
●バーン・フォン・ドロステ（Bernd von Droste）	ドイツ	1992年～1999年
●ムニール・ブシュナキ（Mounir Bouchenaki）	アルジェリア	1999年～2000年
●フランチェスコ・バンダリン（Francesco Bandarin）	イタリア	2000年9月～2010年
●キショール・ラオ（Kishore Rao）	インド	2011年3月～2015年8月
●メヒティルト・ロスラー（Mechtild Rossler）	ドイツ	2015年9月～

8 世界遺産条約の締約国（194の国と地域）と世界遺産の数（167の国と地域 1157物件）

2023年3月現在、167の国と地域1157件（**自然遺産** 218件、**文化遺産** 900件、**複合遺産** 39件）が、このリストに記載されている。また、大規模災害、武力紛争、各種開発事業、それに、自然環境の悪化などの事由で、極度な危機にさらされ緊急の救済措置が必要とされる物件は「**危機にさらされている世界遺産リスト**」（略称 危機遺産リスト 本書では、★**【危機遺産】**と表示）に登録され、2023年3月現在、55件（35の国と地域）が登録されている。

＜地域別・世界遺産条約締約日順＞　**※地域分類は、ユネスコ世界遺産センターの分類に準拠。**

＜アフリカ＞締約国（46か国）

※国名の前の番号は、世界遺産条約の締約順。

	国名	世界遺産条約締約日			自然遺産	文化遺産	複合遺産	合計	【うち危機遺産】
8	コンゴ民主共和国	1974年 9月23日	批准	(R)	5	0	0	5	(4)
9	ナイジェリア	1974年10月23日	批准	(R)	0	2	0	2	(0)
10	ニジェール	1974年12月23日	受諾	(Ac)	2＊㉟	1	0	3	(1)
16	ガーナ	1975年 7月 4日	批准	(R)	0	2	0	2	(0)
21	セネガル	1976年 2月13日	批准	(R)	2	5＊⑱	0	7	(1)
27	マリ	1977年 4月 5日	受諾	(Ac)	0	3	1	4	(3)
30	エチオピア	1977年 7月 6日	批准	(R)	1	8	0	9	(0)
31	タンザニア	1977年 8月 2日	批准	(R)	3	3	1	7	(1)
44	ギニア	1979年 3月18日	批准	(R)	1＊②	0	0	1	(1)
51	セイシェル	1980年 4月 9日	受諾	(Ac)	2	0	0	2	(0)
55	中央アフリカ	1980年12月22日	批准	(R)	2＊㉖	0	0	2	(1)
56	コートジボワール	1981年 1月 9日	批准	(R)	3＊②	2	0	5	(1)
61	マラウイ	1982年 1月 5日	批准	(R)	1	1	0	2	(0)
64	ブルンディ	1982年 5月19日	批准	(R)	0	0	0	0	(0)
65	ベナン	1982年 6月14日	批准	(R)	1＊㉟	1	0	2	(0)
66	ジンバブエ	1982年 8月16日	批准	(R)	2＊①	3	0	5	(0)
68	モザンビーク	1982年11月27日	批准	(R)	0	1	0	1	(0)
69	カメルーン	1982年12月 7日	批准	(R)	2＊㉖	0	0	2	(0)
74	マダガスカル	1983年 7月19日	批准	(R)	2	1	0	3	(1)
80	ザンビア	1984年 6月 4日	批准	(R)	1＊①	0	0	1	(0)
90	ガボン	1986年12月30日	批准	(R)	1	0	1	2	(0)
93	ブルキナファソ	1987年 4月 2日	批准	(R)	1＊㉟	2	0	3	(0)
94	ガンビア	1987年 7月 1日	批准	(R)	0	2＊⑱	0	2	(0)
97	ウガンダ	1987年11月20日	受諾	(Ac)	2	1	0	3	(1)
98	コンゴ	1987年12月10日	批准	(R)	1＊㉖	0	0	1	(0)
100	カーボヴェルデ	1988年 4月28日	受諾	(Ac)	0	1	0	1	(0)
115	ケニア	1991年 6月 5日	受諾	(Ac)	3	4	0	7	(0)
120	アンゴラ	1991年11月 7日	批准	(R)	0	1	0	1	(0)
143	モーリシャス	1995年 9月19日	批准	(R)	0	2	0	2	(0)
149	南アフリカ	1997年 7月10日	批准	(R)	4	5	1＊㉘	10	(0)
152	トーゴ	1998年 4月15日	受諾	(Ac)	0	1	0	1	(0)
155	ボツワナ	1998年11月23日	受諾	(Ac)	1	1	0	2	(0)
156	チャド	1999年 6月23日	批准	(R)	1	0	1	2	(0)
158	ナミビア	2000年 4月 6日	受諾	(Ac)	1	1	0	2	(0)
160	コモロ	2000年 9月27日	批准	(R)	0	0	0	0	(0)
161	ルワンダ	2000年12月28日	受諾	(Ac)	0	0	0	0	(0)
167	エリトリア	2001年10月24日	受諾	(Ac)	0	1	0	1	(0)
168	リベリア	2002年 3月28日	受諾	(Ac)	0	0	0	0	(0)
177	レソト	2003年11月25日	受諾	(Ac)	0	0	1＊㉘	1	(0)
179	シエラレオネ	2005年 1月 7日	批准	(R)	0	0	0	0	(0)
181	スワジランド	2005年11月30日	批准	(R)	0	0	0	0	(0)
182	ギニア・ビサウ	2006年 1月28日	批准	(R)	0	0	0	0	(0)
184	サントメ・プリンシペ	2006年 7月25日	批准	(R)	0	0	0	0	(0)
185	ジブチ	2007年 8月30日	批准	(R)	0	0	0	0	(0)
187	赤道ギニア	2010年 3月10日	批准	(R)	0	0	0	0	(0)
192	南スーダン	2016年 3月 9日	批准	(R)	0	0	0	0	(0)
	合計	35か国			39	54	5	98	(15)
		（　）内は複数国にまたがる物件			(4)	(1)	(1)	(6)	(1)

＜アラブ諸国＞締約国（20の国と地域）

※国名の前の番号は、世界遺産条約の締約順。

国　名	世界遺産条約締約日	自然遺産	文化遺産	複合遺産	合計	【うち危機遺産】
2 エジプト	1974年 2月 7日 批准 (R)	1	6	0	7	(1)
3 イラク	1974年 3月 5日 受諾 (Ac)	0	5	1	6	(3)
5 スーダン	1974年 6月 6日 批准 (R)	1	2	0	3	(0)
6 アルジェリア	1974年 6月24日 批准 (R)	0	6	1	7	(0)
12 チュニジア	1975年 3月10日 批准 (R)	1	7	0	8	(0)
13 ヨルダン	1975年 5月 5日 批准 (R)	0	5	1	6	(1)
17 シリア	1975年 8月13日 受諾 (Ac)	0	6	0	6	(6)
20 モロッコ	1975年10月28日 批准 (R)	0	9	0	9	(0)
38 サウジアラビア	1978年 8月 7日 受諾 (Ac)	0	6	0	6	(0)
40 リビア	1978年10月13日 批准 (R)	0	5	0	5	(5)
54 イエメン	1980年10月 7日 批准 (R)	1	4	0	5	(4)
57 モーリタニア	1981年 3月 2日 批准 (R)	1	1	0	2	(0)
60 オマーン	1981年10月 6日 受諾 (Ac)	0	5	0	5	(0)
70 レバノン	1983年 2月 3日 批准 (R)	0	6	0	6	(1)
81 カタール	1984年 9月12日 受諾 (Ac)	0	1	0	1	(0)
114 バーレーン	1991年 5月28日 批准 (R)	0	3	0	3	(0)
163 アラブ首長国連邦	2001年 5月11日 加入 (A)	0	1	0	1	(0)
171 クウェート	2002年 6月 6日 批准 (R)	0	0	0	0	(0)
189 パレスチナ	2011年12月 8日 批准 (R)	0	3	0	3	(3)
194 ソマリア	2020年 7月23日 批准 (R)	0	0	0	0	(0)
合計	18の国と地域	5	82	3	90	(23)

＜アジア・太平洋＞締約国（44か国）

※国名の前の番号は、世界遺産条約の締約順。

国　名	世界遺産条約締約日	自然遺産	文化遺産	複合遺産	合計	【うち危機遺産】
7 オーストラリア	1974年 8月22日 批准 (R)	12	4	4	20	(0)
11 イラン	1975年 2月26日 受諾 (Ac)	2	24	0	26	(0)
24 パキスタン	1976年 7月23日 批准 (R)	0	6	0	6	(0)
34 インド	1977年11月14日 批准 (R)	8	31＊33	1	40	(0)
36 ネパール	1978年 6月20日 受諾 (Ac)	2	2	0	4	(0)
45 アフガニスタン	1979年 3月20日 批准 (R)	0	2	0	2	(2)
52 スリランカ	1980年 6月 6日 受諾 (Ac)	2	6	0	8	(0)
75 バングラデシュ	1983年 8月 3日 受諾 (Ac)	1	2	0	3	(0)
82 ニュージーランド	1984年11月22日 批准 (R)	2	0	1	3	(0)
86 フィリピン	1985年 9月19日 批准 (R)	3	3	0	6	(0)
87 中国	1985年12月12日 批准 (R)	14	38＊30	4	56	(0)
88 モルジブ	1986年 5月22日 受諾 (Ac)	0	0	0	0	(0)
92 ラオス	1987年 3月20日 批准 (R)	0	3	0	3	(0)
95 タイ	1987年 9月17日 受諾 (Ac)	3	3	0	6	(0)
96 ヴェトナム	1987年10月19日 受諾 (Ac)	2	5	1	8	(0)
101 韓国	1988年 9月14日 受諾 (Ac)	2	13	0	15	(0)
105 マレーシア	1988年12月 7日 批准 (R)	2	2	0	4	(0)
107 インドネシア	1989年 7月 6日 受諾 (Ac)	4	5	0	9	(1)
109 モンゴル	1990年 2月 2日 受諾 (Ac)	2＊13 37	3	0	5	(0)
113 フィジー	1990年11月21日 批准 (R)	0	1	0	1	(0)
121 カンボジア	1991年11月28日 受諾 (Ac)	0	3	0	3	(0)
123 ソロモン諸島	1992年 6月10日 加入 (A)	1	0	0	1	(1)
124 日本	1992年 6月30日 受諾 (Ac)	5	20＊33	0	25	(0)
127 タジキスタン	1992年 8月28日 承継の通告(S)	1	1	0	2	(0)

131	ウズベキスタン	1993年 1月13日	承継の通告(S)	1＊[32]	4	0	5	(1)
137	ミャンマー	1994年 4月29日	受諾 (Ac)	0	2	0	2	(0)
138	カザフスタン	1994年 4月29日	受諾 (Ac)	2＊[32]	3＊[30]	0	5	(0)
139	トルクメニスタン	1994年 9月30日	承継の通告(S)	0	3	0	3	(0)
142	キルギス	1995年 7月 3日	受諾 (Ac)	1＊[32]	2＊[30]	0	3	(0)
150	パプア・ニューギニア	1997年 7月28日	受諾 (Ac)	0	1	0	1	(0)
153	朝鮮民主主義人民共和国	1998年 7月21日	受諾 (Ac)	0	2	0	2	(0)
159	キリバス	2000年 5月12日	受諾 (Ac)	1	0	0	1	(0)
162	ニウエ	2001年 1月23日	受諾 (Ac)	0	0	0	0	(0)
164	サモア	2001年 8月28日	受諾 (Ac)	0	0	0	0	(0)
166	ブータン	2001年10月22日	批准 (R)	0	0	0	0	(0)
170	マーシャル諸島	2002年 4月24日	受諾 (Ac)	0	1	0	1	(0)
172	パラオ	2002年 6月11日	受諾 (Ac)	0	0	1	1	(0)
173	ヴァヌアツ	2002年 6月13日	批准 (R)	0	1	0	1	(0)
174	ミクロネシア連邦	2002年 7月22日	受諾 (Ac)	0	1	0	1	(1)
178	トンガ	2004年 4月30日	受諾 (Ac)	0	0	0	0	(0)
186	クック諸島	2009年 1月16日	批准 (R)	0	0	0	0	(0)
188	ブルネイ	2011年 8月12日	批准 (R)	0	0	0	0	(0)
190	シンガポール	2012年 6月19日	批准 (R)	0	1	0	1	(0)
193	東ティモール	2016年10月31日	批准 (R)	0	0	0	0	(0)
	合計	36か国		70	195	12	277	(6)
		( ) 内は複数国にまたがる物件		(3)	(2)		(5)	

<ヨーロッパ・北米>締約国(51か国)

※国名の前の番号は、世界遺産条約の締約順。

国 名		世界遺産条約締約日		自然遺産	文化遺産	複合遺産	合計	【うち危機遺産】
1	アメリカ合衆国	1973年12月 7日	批准 (R)	12＊[6][7]	11	1	24	(1)
4	ブルガリア	1974年 3月 7日	受諾 (Ac)	3＊[20]	7	0	10	(0)
15	フランス	1975年 6月27日	受諾 (Ac)	6	42＊[15][25][33][42]	1＊[10]	49	(0)
18	キプロス	1975年 8月14日	受諾 (Ac)	0	3	0	3	(0)
19	スイス	1975年 9月17日	批准 (R)	4＊[23]	9＊[21][25][33]	0	13	(0)
22	ポーランド	1976年 6月29日	批准 (R)	2＊[3]	15＊[14][29]	0	17	(0)
23	カナダ	1976年 7月23日	受諾 (Ac)	10＊[6][7]	9	1	20	(0)
25	ドイツ	1976年 8月23日	批准 (R)	3＊[20][22]	48＊[14][16][25][33][41][42][43]	0	51	(0)
28	ノルウェー	1977年 5月12日	批准 (R)	1	7＊[17]	0	8	(0)
37	イタリア	1978年 6月23日	批准 (R)	5＊[20][23]	53＊[5][21][25][36][42]	0	58	(0)
41	モナコ	1978年11月 7日	批准 (R)	0	0	0	0	(0)
42	マルタ	1978年11月14日	受諾 (Ac)	0	3	0	3	(0)
47	デンマーク	1979年 7月25日	批准 (R)	3＊[22]	7	0	10	(0)
53	ポルトガル	1980年 9月30日	批准 (R)	1	16＊[24]	0	17	(0)
59	ギリシャ	1981年 7月17日	批准 (R)	0	16	2	18	(0)
63	スペイン	1982年 5月 4日	受諾 (Ac)	4＊[20]	43＊[24][27]	2＊[10]	49	(0)
67	ヴァチカン	1982年10月 7日	加入 (A)	0	2＊[5]	0	2	(0)
71	トルコ	1983年 3月16日	批准 (R)	0	17	2	19	(0)
76	ルクセンブルク	1983年 9月28日	批准 (R)	0	1	0	1	(0)
79	英国	1984年 5月29日	批准 (R)	4	28＊[16][42]	1	33	(0)
83	スウェーデン	1985年 1月22日	批准 (R)	1＊[19]	13＊[17]	1	15	(0)
85	ハンガリー	1985年 7月15日	受諾 (Ac)	1＊[4]	8＊[12][41]	0	9	(0)
91	フィンランド	1987年 3月 4日	批准 (R)	1＊[19]	6＊[17]	0	7	(0)
102	ベラルーシ	1988年10月12日	批准 (R)	1＊[3]	3＊[17]	0	4	(0)

103	ロシア連邦	1988年10月12日	批准（R）	11＊[13]	19＊[11][17]	0	30	(0)
104	ウクライナ	1988年10月12日	批准（R）	1＊[20]	7＊[17][29]	0	8	(1)
108	アルバニア	1989年 7月10日	批准（R）	1＊[20]	2	1	4	(0)
110	ルーマニア	1990年 5月16日	受諾（Ac）	2＊[20]	7	0	9	(1)
116	アイルランド	1991年 9月16日	批准（R）	0	2	0	2	(0)
119	サン・マリノ	1991年10月18日	批准（R）	0	1	0	1	(0)
122	リトアニア	1992年 3月31日	受諾（Ac）	0	4＊[11][17]	0	4	(0)
125	クロアチア	1992年 7月 6日	承継の通告(S)	2＊[20]	8＊[34][36]	0	10	(0)
126	オランダ	1992年 8月26日	受諾（Ac）	1＊[22]	11[40][43]	0	12	(0)
128	ジョージア	1992年11月 4日	承継の通告(S)	1	3	0	4	(0)
129	スロヴェニア	1992年11月 5日	承継の通告(S)	2＊[20]	3＊[25][27]	0	5	(0)
130	オーストリア	1992年12月18日	批准（R）	1＊[20]	11＊[12][25][41][42]	0	12	(1)
132	チェコ	1993年 3月26日	承継の通告(S)	1	15＊[42]	0	16	(0)
133	スロヴァキア	1993年 3月31日	承継の通告(S)	2＊[4][20]	6[41]	0	8	(0)
134	ボスニア・ヘルツェゴヴィナ	1993年 7月12日	承継の通告(S)	1	3＊[34]	0	4	(0)
135	アルメニア	1993年 9月 5日	承継の通告(S)	0	3	0	3	(0)
136	アゼルバイジャン	1993年12月16日	批准（R）	0	3	0	3	(0)
140	ラトヴィア	1995年 1月10日	受諾（Ac）	0	2＊[17]	0	2	(0)
144	エストニア	1995年10月27日	批准（R）	0	2＊[17]	0	2	(0)
145	アイスランド	1995年12月19日	批准（R）	2	1	0	3	(0)
146	ベルギー	1996年 7月24日	批准（R）	1＊[20]	14＊[15][33][40][42]	0	15	(0)
147	アンドラ	1997年 1月 3日	受諾（Ac）	0	1	0	1	(0)
148	北マケドニア	1997年 4月30日	承継の通告(S)	0	0	1	1	(0)
157	イスラエル	1999年10月 6日	受諾（Ac）	0	9	0	9	(0)
165	セルビア	2001年 9月11日	承継の通告(S)	0	5＊[34]	0	5	(1)
175	モルドヴァ	2002年 9月23日	批准（R）	0	1＊[17]	0	1	(0)
183	モンテネグロ	2006年 6月 3日	承継の通告(S)	1	3＊[34][36]	0	4	(0)
	合計	**50か国**		**66**	**469**	**11**	**546**	**(5)**
		（ ）内は複数国にまたがる物件		(10)	(15)	(2)	(27)	

＜ラテンアメリカ・カリブ＞締約国（33か国）

※国名の前の番号は、世界遺産条約の締約順。

国	名	世界遺産条約締約日		自然遺産	文化遺産	複合遺産	合計	【うち危機遺産】
14	エクアドル	1975年 6月16日	受諾（Ac）	2	3＊[31]	0	5	(0)
26	ボリヴィア	1976年10月 4日	批准（R）	1	6＊[31]	0	7	(1)
29	ガイアナ	1977年 6月20日	受諾（Ac）	0	0	0	0	(0)
32	コスタリカ	1977年 8月23日	批准（R）	3＊[8]	1	0	4	(0)
33	ブラジル	1977年 9月 1日	受諾（Ac）	7	15＊[9]	1	23	(0)
35	パナマ	1978年 3月 3日	批准（R）	3＊[8]	2	0	5	(1)
39	アルゼンチン	1978年 8月23日	受諾（Ac）	5	6＊[9][31][33]	0	11	(0)
43	グアテマラ	1979年 1月16日	批准（R）	0	2	1	3	(0)
46	ホンジュラス	1979年 6月 8日	批准（R）	1	1	0	2	(1)
48	ニカラグア	1979年12月17日	受諾（Ac）	0	2	0	2	(0)
49	ハイチ	1980年 1月18日	批准（R）	0	1	0	1	(0)
50	チリ	1980年 2月20日	批准（R）	0	7＊[31]	0	7	(1)
58	キューバ	1981年 3月24日	批准（R）	2	7	0	9	(0)
62	ペルー	1982年 2月24日	批准（R）	2	9＊[31]	2	13	(1)
72	コロンビア	1983年 5月24日	受諾（Ac）	2	6＊[31]	1	9	(0)
73	ジャマイカ	1983年 6月14日	受諾（Ac）	0	0	1	1	(0)
77	アンチグア・バーブーダ	1983年11月 1日	受諾（Ac）	0	1	0	1	(0)
78	メキシコ	1984年 2月23日	受諾（Ac）	6	27	2	35	(1)

84	ドミニカ共和国	1985年 2月12日	批准 (R)	0	1	0	1	(0)
89	セントキッツ・ネイヴィース	1986年 7月10日	受諾 (Ac)	0	1	0	1	(0)
99	パラグアイ	1988年 4月27日	批准 (R)	0	1	0	1	(0)
106	ウルグアイ	1989年 3月 9日	受諾 (Ac)	0	3	0	3	(0)
111	ヴェネズエラ	1990年10月30日	受諾 (Ac)	1	2	0	3	(1)
112	ベリーズ	1990年11月 6日	批准 (R)	1	0	0	1	(1)
117	エルサルバドル	1991年10月 8日	受諾 (Ac)	0	1	0	1	(0)
118	セントルシア	1991年10月14日	批准 (R)	1	0	0	1	(0)
141	ドミニカ国	1995年 4月 4日	批准 (R)	1	0	0	1	(0)
151	スリナム	1997年10月23日	受諾 (Ac)	1	1	0	2	(0)
154	グレナダ	1998年 8月13日	受諾 (Ac)	0	0	0	0	(0)
169	バルバドス	2002年 4月 9日	受諾 (Ac)	0	1	0	1	(0)
176	セント・ヴィンセントおよびグレナディーン諸島	2003年 2月 3日	批准 (R)	0	0	0	0	(0)
180	トリニダード・トバコ	2005年 2月16日	批准 (R)	0	0	0	0	(0)
191	バハマ	2014年 5月15日	批准 (R)	0	0	0	0	(0)
	合計	28か国		38	100	8	146	(6)
		（ ）内は複数国にまたがる物件		(1)	(2)		(3)	
				自然遺産	文化遺産	複合遺産	合計	【うち危機遺産】

総合計	167の国と地域	218	900	39	1157	(55)
	（ ）内は、複数国にまたがる物件の数	(16)	(24)	(3)	(43)	(1)

（注）「批准」とは、いったん署名された条約を、署名した国がもち帰って再検討し、その条約に拘束されることについて、最終的、かつ、正式に同意すること。批准された条約は、批准書を寄託者に送付することによって正式に効力をもつ。多数国条約の寄託者は、それぞれの条約で決められるが、世界遺産条約は、国連教育科学文化機関（ユネスコ）事務局長を寄託者としている。「批准」、「受諾」、「加入」のどの手続きをとる場合でも、「条約に拘束されることについての国の同意」としての効果は同じだが、手続きの複雑さが異なる。この条約の場合、「批准」、「受諾」は、ユネスコ加盟国がこの条約に拘束されることに同意する場合、「加入」は、ユネスコ非加盟国が同意する場合にそれぞれ用いる手続き。「批准」と他の2つの最大の違いは、わが国の場合、天皇による認証という手順を踏むこと。「受諾」、「承認」、「加入」の3つは、手続的には大きな違いはなく、基本的には寄託する文書の書式、タイトルが違うだけである。

（注）＊複数国にまたがる世界遺産（内複数地域にまたがるもの　3件）

①モシ・オア・トゥニャ（ヴィクトリア瀑布）	自然遺産	ザンビア、ジンバブエ	
②ニンバ山厳正自然保護区	自然遺産	ギニア、コートジボワール	★【危機遺産】
③ビャウォヴィエジャ森林	自然遺産	ベラルーシ、ポーランド	
④アグテレック・カルストとスロヴァキア・カルストの鍾乳洞群	自然遺産	ハンガリー、スロヴァキア	
⑤ローマ歴史地区、教皇領とサンパオロ・フォーリ・レ・ムーラ大聖堂	文化遺産	イタリア、ヴァチカン	
⑥クルエーン／ランゲルーセントエライアス／グレーシャーベイ／タッシェンシニ・アルセク	自然遺産	カナダ、アメリカ合衆国	
⑦ウォータートン・グレーシャー国際平和自然公園	自然遺産	カナダ、アメリカ合衆国	
⑧タラマンカ地方－ラ・アミスター保護区群／ラ・アミスター国立公園	自然遺産	コスタリカ、パナマ	
⑨グアラニー人のイエズス会伝道所	文化遺産	アルゼンチン、ブラジル	
⑩ピレネー地方－ペルデュー山	複合遺産	フランス、スペイン	
⑪クルシュ砂州	文化遺産	リトアニア、ロシア連邦	
⑫フェルトゥー・ノイジィードラーゼーの文化的景観	文化遺産	オーストリア、ハンガリー	
⑬ウフス・ヌール盆地	自然遺産	モンゴル、ロシア連邦	
⑭ムスカウ公園／ムザコフスキー公園	文化遺産	ドイツ、ポーランド	

⑮ベルギーとフランスの鐘楼群	文化遺産	ベルギー、フランス
⑯ローマ帝国の国境界線	文化遺産	英国、ドイツ
⑰シュトルーヴェの測地弧	文化遺産	ノルウェー、スウェーデン、フィンランド、エストニア、ラトヴィア、リトアニア、ロシア連邦、ベラルーシ、ウクライナ、モルドヴァ
⑱セネガンビアの環状列石群	文化遺産	ガンビア、セネガル
⑲ハイ・コースト／クヴァルケン群島	自然遺産	スウェーデン、フィンランド
⑳カルパチア山脈とヨーロッパの他の地域の原生ブナ林群	自然遺産	アルバニア、オーストリア、ベルギー、ボスニアヘルツェゴビナ、ブルガリア、クロアチア、チェコ、フランス、ドイツ、イタリア、北マケドニア、ポーランド、ルーマニア、スロヴェニア、スロヴァキア、スペイン、スイス、ウクライナ
㉑レーティシェ鉄道アルブラ線とベルニナ線の景観群	文化遺産	イタリア、スイス
㉒ワッデン海	自然遺産	ドイツ、オランダ
㉓モン・サン・ジョルジオ	自然遺産	イタリア、スイス
㉔コア渓谷とシエガ・ヴェルデの先史時代の岩壁画	文化遺産	ポルトガル、スペイン
㉕アルプス山脈周辺の先史時代の杭上住居群	文化遺産	スイス、オーストリア、フランス、ドイツ、イタリア、スロヴェニア
㉖サンガ川の三か国流域	自然遺産	コンゴ、カメルーン、中央アフリカ
㉗水銀の遺産、アルマデン鉱山とイドリャ鉱山	文化遺産	スペイン、スロヴェニア
㉘マロティ-ドラケンスバーグ公園	複合遺産	南アフリカ、レソト
㉙ポーランドとウクライナのカルパチア地方の木造教会群	文化遺産	ポーランド、ウクライナ
㉚シルクロード：長安・天山回廊の道路網	文化遺産	カザフスタン、キルギス、中国
㉛カパック・ニャン、アンデス山脈の道路網	文化遺産	コロンビア、エクアドル、ペルー、ボリヴィア、チリ、アルゼンチン
㉜西天山	自然遺産	カザフスタン、キルギス、ウズベキスタン
㉝ル・コルビュジエの建築作品－近代化運動への顕著な貢献	文化遺産	フランス、スイス、ベルギー、ドイツ、インド、日本、アルゼンチン
㉞ステチェツィの中世の墓碑群	文化遺産	ボスニア・ヘルツェゴヴィナ、クロアチア、セルビア、モンテネグロ
㉟W・アルリ・ペンジャリ国立公園遺産群	自然遺産	ニジェール、ベナン、ブルキナファソ
㊱16～17世紀のヴェネツィアの防衛施設群：スタート・ダ・テーラ-西スタート・ダ・マール	文化遺産	イタリア、クロアチア、モンテネグロ
㊲ダウリアの景観群	自然遺産	モンゴル、ロシア連邦
㊳オフリッド地域の自然・文化遺産	複合遺産	北マケドニア、アルバニア
㊴エルツ山地の鉱山地域	文化遺産	チェコ、ドイツ
㊵博愛の植民地群	文化遺産	ベルギー、オランダ
㊶ローマ帝国の国境線-ドナウのリーメス（西部分）	文化遺産	オーストリア、ドイツ、ハンガリー、スロヴァキア
㊷ヨーロッパの大温泉群	文化遺産	オーストリア、ベルギー、チェコ、フランス、ドイツ、イタリア、英国
㊸ローマ帝国の国境線―低地ゲルマニアのリーメス	文化遺産	ドイツ / オランダ

9 世界遺産条約締約国総会の開催歴

回　次	開催都市（国名）	開催期間
第１回	ナイロビ（ケニア）	1976年11月26日
第２回	パリ（フランス）	1978年11月24日
第３回	ベオグラード（ユーゴスラヴィア）	1980年10月 7日
第４回	パリ（フランス）	1983年10月28日

第５回	ソフィア（ブルガリア）	1985年11月 4日
第６回	パリ（フランス）	1987年10月30日
第７回	パリ（フランス）	1989年11月 9日～11月13日
第８回	パリ（フランス）	1991年11月 2日
第９回	パリ（フランス）	1993年10月29日～10月30日
第10回	パリ（フランス）	1995年11月 2日～11月 3日
第11回	パリ（フランス）	1997年10月27日～10月28日
第12回	パリ（フランス）	1999年10月28日～10月29日
第13回	パリ（フランス）	2001年11月 6日～11月 7日
第14回	パリ（フランス）	2003年10月14日～10月15日
第15回	パリ（フランス）	2005年10月10日～10月11日
第16回	パリ（フランス）	2007年10月24日～10月25日
第17回	パリ（フランス）	2009年10月23日～10月28日
第18回	パリ（フランス）	2011年11月 7日～11月 8日
第19回	パリ（フランス）	2013年11月19日～11月21日
第20回	パリ（フランス）	2015年11月18日～11月20日
第21回	パリ（フランス）	2017年11月14日～11月15日
第22回	パリ（フランス）	2019年11月27日～11月28日
第23回	パリ（フランス）	2021年11月24日～11月26日

臨　時

第１回	パリ（フランス）	2014年11月13日～11月14日

⑩ 世界遺産委員会

世界遺産条約第8条に基づいて設置された政府間委員会で、「世界遺産リスト」と「危機にさらされている世界遺産リスト」の作成、リストに登録された遺産の保全状態のモニター、世界遺産基金の効果的な運用の検討などを行う。

（世界遺産委員会における主要議題 ）

- 定期報告（6年毎の地域別の世界遺産の状況、フォローアップ等）
- 「危険にさらされている世界遺産リスト」に登録されている物件のその後の改善状況の報告、「世界遺産リスト」に登録されている物件のうちリアクティブ・モニタリングに基づく報告
- 「世界遺産リスト」および「危険にさらされている世界遺産リスト」への登録物件の審議

【新登録関係の世界遺産委員会の4つの決議区分】

① 登録(記載)　(Inscription)　　世界遺産リストに登録(記載)するもの。

② 情報照会（Referral）　追加情報の提出を求めた上で、次回以降の世界遺産委員会で再審議するもの。

③ 登録(記載)延期（Deferral）　より綿密な調査や登録推薦書類の抜本的な改定が必要なもの。登録推薦書類を再提出した後、約１年半をかけて再度、専門機関のIUCNやICOMOSの審査を受ける必要がある。

④ 不登録(不記載)　(Decision not to inscribe)　　登録(記載)にふさわしくないもの。例外的な場合を除いては、再度の登録推薦は不可。

- 「世界遺産基金」予算の承認 と国際援助要請の審議
- グローバル戦略や世界遺産戦略の目標等の審議

⑪ 世界遺産委員会委員国

世界遺産委員会委員国は、世界遺産条約締結国の中から、世界の異なる地域および文化が均等に代表される様に選ばれた、21か国によって構成される。任期は原則6年であるが、4年に短縮できる。2年毎に開かれる世界遺産条約締約国総会で改選される。世界遺産委員会ビューローは、毎年、世界遺産委員会によって選出された7か国（◎議長国 1、○副議長国 5、□ラポルチュール（報告担当国）1）によって構成される。2023年3月現在の世界遺産委員会の委員国は、下記の通り。

○アルゼンチン、ベルギー、ブルガリア、ギリシャ、□インド、○イタリア、
日本、メキシコ、カタール、ルワンダ、ｾﾝﾄ･ｳﾞｨﾝｾﾝﾄおよびｸﾞﾚﾅﾃﾞｨｰﾝ諸島、ザンビア
（任期 第43回ユネスコ総会の会期終了＜2025年11月頃＞まで）

エジプト、エチオピア、マリ、ナイジェリア、オーマン、○タイ、○ロシア連邦、
◎サウジアラビア、○南アフリカ
（任期 第42回ユネスコ総会の会期終了＜2023年11月頃＞まで）

＜第45回世界遺産委員会＞
◎ **議長国** サウジアラビア
議長：ハイファ・アル・モグリン王女（H.H Princess Haifa Al Mogrin）
ユネスコ全権大使
○ **副議長国** アルゼンチン、イタリア、ロシア連邦、南アフリカ、タイ
□ **ラポルチュール（報告担当国）** シカール・ジャイン（インド）
↑
◎ **議長国** ロシア連邦
議長：アレクサンダー・クズネツォフ氏（H.E.Mr Alexander Kuznetsov）
ユネスコ全権大使
○ **副議長国** スペイン、ｾﾝﾄｷｯﾂ･ﾈｲｳﾞｨｰｽ、タイ、南アフリカ、サウジアラビア
□ **ラポルチュール（報告担当国）** シカール・ジャイン（インド）

＜第44回世界遺産委員会＞
◎ **議長国** 中国
議長：田学軍（H.E. Mr. Tian Xuejun） 中国教育部副部長
○ **副議長国** バーレーン、グアテマラ、ハンガリー、スペイン、ウガンダ
□ **ラポルチュール（報告担当国）** バーレーン ミレイ・ハサルタン・ウォシンスキー
（Ms. Miray Hasaltun Wosinski）

＜第43回世界遺産委員会＞
◎ **議長国** アゼルバイジャン
議長：アブルファス・ガライェフ（H.E. Mr. Abulfaz Garayev）
○ **副議長国** ノルウェー、ブラジル、インドネシア、ブルキナファソ、チュニジア
□ **ラポルチュール（報告担当国）** オーストラリア マハニ・テイラー（Ms. Mahani Taylor）

＜第42回世界遺産委員会＞
◎ **議長国** バーレーン
議長：シャイハ・ハヤ・ラシード・アル・ハリーファ氏（Sheikha Haya Rashed Al Khalifa）
国際法律家
○ **副議長国** アゼルバイジャン、ブラジル、中国、スペイン、ジンバブエ
□ **ラポルチュール（報告担当国）** ハンガリー アンナ・E.ツァイヒナー（Ms.Anna E. Zeichner）

⑫ 世界遺産委員会の開催歴

通　常

回　次	開催都市（国名）	開催期間	登録物件数
第1回	パリ（フランス）	1977年 6月27日～ 7月 1日	0
第2回	ワシントン（アメリカ合衆国）	1978年 9月 5日～ 9月 8日	12
第3回	ルクソール（エジプト）	1979年10月22日～10月26日	45
第4回	パリ（フランス）	1980年 9月 1日～ 9月 5日	28
第5回	シドニー（オーストラリア）	1981年10月26日～10月30日	26
第6回	パリ（フランス）	1982年12月13日～12月17日	24
第7回	フィレンツェ（イタリア）	1983年12月 5日～12月 9日	29
第8回	ブエノスアイレス（アルゼンチン）	1984年10月29日～11月 2日	23
第9回	パリ（フランス）	1985年12月 2日～12月 6日	30
第10回	パリ（フランス）	1986年11月24日～11月28日	31
第11回	パリ（フランス）	1987年12月 7日～12月11日	41
第12回	ブラジリア（ブラジル）	1988年12月 5日～12月 9日	27
第13回	パリ（フランス）	1989年12月11日～12月15日	7
第14回	バンフ（カナダ）	1990年12月 7日～12月12日	17
第15回	カルタゴ（チュニジア）	1991年12月 9日～12月13日	22
第16回	サンタ・フェ（アメリカ合衆国）	1992年12月 7日～12月14日	20
第17回	カルタヘナ（コロンビア）	1993年12月 6日～12月11日	33
第18回	プーケット（タイ）	1994年12月12日～12月17日	29
第19回	ベルリン（ドイツ）	1995年12月 4日～12月 9日	29
第20回	メリダ（メキシコ）	1996年12月 2日～12月 7日	37
第21回	ナポリ（イタリア）	1997年12月 1日～12月 6日	46
第22回	京都（日本）	1998年11月30日～12月 5日	30
第23回	マラケシュ（モロッコ）	1999年11月29日～12月 4日	48
第24回	ケアンズ（オーストラリア）	2000年11月27日～12月 2日	61
第25回	ヘルシンキ（フィンランド）	2001年12月11日～12月16日	31
第26回	ブダペスト（ハンガリー）	2002年 6月24日～ 6月29日	9
第27回	パリ（フランス）	2003年 6月30日～ 7月 5日	24
第28回	蘇州（中国）	2004年 6月28日～ 7月 7日	34
第29回	ダーバン（南アフリカ）	2005年 7月10日～ 7月18日	24
第30回	ヴィリニュス（リトアニア）	2006年 7月 8日～ 7月16日	18
第31回	クライスト・チャーチ（ニュージーランド）	2007年 6月23日～ 7月 2日	22
第32回	ケベック（カナダ）	2008年 7月 2日～ 7月10日	27
第33回	セビリア（スペイン）	2009年 6月22日～ 6月30日	13
第34回	ブラジリア（ブラジル）	2010年 7月25日～ 8月 3日	21
第35回	パリ（フランス）	2011年 6月19日～ 6月29日	25
第36回	サンクトペテルブルク（ロシア連邦）	2012年 6月24日～ 7月 6日	26
第37回	プノンペン（カンボジア）	2013年 6月16日～ 6月27日	19
第38回	ドーハ（カタール）	2014年 6月15日～ 6月25日	26
第39回	ボン（ドイツ）	2015年 6月28日～ 7月 8日	24
第40回	イスタンブール（トルコ）	2016年 7月10日～ 7月17日*	21
〃	パリ（フランス）	2016年10月24日～10月26日*	
第41回	クラクフ（ポーランド）	2017年 7月 2日～ 7月12日	21
第42回	マナーマ（バーレーン）	2018年 6月24日～ 7月 4日	19
第43回	バクー（アゼルバイジャン）	2019年 6月30日～ 7月10日	29
第44回	福州（中国）	2021年 7月16日～ 7月31日	34
第45回	リヤド（サウジアラビア）	2023年 9月10日 ～9月250日	X

(注) 当初登録された物件が、その後隣国を含めた登録地域の拡大・延長などで、新しい物件として統合・再登録された物件等を含む。
＊トルコでの不測の事態により、当初の会期を3日間短縮、10月にフランスのパリで審議継続した。

臨　時

回　次	開催都市（国名）	開催期間	登録物件数
第1回	パリ（フランス）	1981年 9月10日～ 9月11日	1
第2回	パリ（フランス）	1997年10月29日	
第3回	パリ（フランス）	1999年 7月12日	
第4回	パリ（フランス）	1999年10月30日	
第5回	パリ（フランス）	2001年 9月12日	
第6回	パリ（フランス）	2003年 3月17日～ 3月22日	
第7回	パリ（フランス）	2004年12月 6日～12月11日	
第8回	パリ（フランス）	2007年10月24日	
第9回	パリ（フランス）	2010年 6月14日	
第10回	パリ（フランス）	2011年11月 9日	
第11回	パリ（フランス）	2015年11月19日	
第12回	パリ（フランス）	2017年11月15日	
第13回	パリ（フランス）	2019年11月29日	
第14回	オンライン	2020年11月 2日	
第15回	オンライン	2021年 3月29日	
第16回	パリ（フランス）	2021年11月26日	
第17回	パリ（フランス）	2022年12月12日	
第18回	パリ（フランス）	2023年 1月24日～ 1月25日	3

⑬ 世界遺産の種類

世界遺産には、自然遺産、文化遺産、複合遺産の3種類に分類される。

□自然遺産（Natural Heritage）

自然遺産とは、無生物、生物の生成物、または、生成物群からなる特徴のある自然の地域で、鑑賞上、または、学術上、「顕著な普遍的価値」（Outstanding Universal Value）を有するもの、そして、地質学的、または、地形学的な形成物および脅威にさらされている動物、または、植物の種の生息地、または、自生地として区域が明確に定められている地域で、学術上、保存上、または、景観上、「顕著な普遍的価値」を有するものと定義することが出来る。

地球上の顕著な普遍的価値をもつ自然景観、地形・地質、生態系、生物多様性などを有する自然遺産の数は、**2023年3月現在、218物件。**

大地溝帯のケニアの湖水システム（ケニア）、セレンゲティ国立公園（タンザニア）、キリマンジャロ国立公園（タンザニア）、モシ・オア・トゥニャ〈ヴィクトリア瀑布〉（ザンビア／ジンバブエ）、サガルマータ国立公園（ネパール）、スマトラの熱帯雨林遺産（インドネシア）、屋久島（日本）、白神山地（日本）、知床（日本）、小笠原諸島（日本）、奄美大島、徳之島、沖縄島北部及び西表島（日本）、グレート・バリア・リーフ（オーストラリア）、スイス・アルプス ユングフラウ・アレッチ（スイス）、イルリサート・アイスフィヨルド（デンマーク）、バイカル湖（ロシア連邦）、カナディアン・ロッキー山脈公園（カナダ）、グランド・キャニオン国立公園（アメリカ合衆国）、エバーグレーズ国立公園（アメリカ合衆国）、レヴィジャヒヘド諸島（メキシコ）、ガラパゴス諸島（エクアドル）、イグアス国立公園（ブラジル／アルゼンチン）などがその代表的な物件。

□文化遺産（Cultural Heritage）

文化遺産とは、歴史上、芸術上、または、学術上、「顕著な普遍的価値」（Outstanding Universal Value）を有する記念物、建築物群、記念的意義を有する彫刻および絵画、考古学的な性質の物件および構造物、金石文、洞穴居ならびにこれらの物件の組合せで、歴史的、芸術上、または、学術上、「顕著な普遍的価値」を有するものをいう。

遺跡（Sites）とは、自然と結合したものを含む人工の所産および考古学的遺跡を含む区域で、歴史上、芸術上、民族学上、または、人類学上、「顕著な普遍的価値」を有するものをいう。

建造物群（Groups of buildings）とは、独立し、または、連続した建造物の群で、その建築様式、均質性、または、景観内の位置の為に、歴史上、芸術上、または、学術上、「顕著な普遍的価値」を有するものをいう。

モニュメント（Monuments）とは、建築物、記念的意義を有する彫刻および絵画、考古学的な性質の物件および構造物、金石文、洞穴居ならびにこれらの物件の組合せで、歴史的、芸術上、または、学術上、「顕著な普遍的価値」を有するものをいう。

人類の英知と人間活動の所産を様々な形で語り続ける顕著な普遍的価値をもつ遺跡、建造物群、モニュメントなどの文化遺産の数は、**2023年3月現在、900物件。**

モンバサのジーザス要塞（ケニア）、メンフィスとそのネクロポリス／ギザからダハシュールまでのピラミッド地帯（エジプト）、バビロン（イラク）、ペルセポリス（イラン）、サマルカンド（ウズベキスタン）、タージ･マハル（インド）、アンコール（カンボジア）、万里の長城（中国）、高句麗古墳群（北朝鮮）、古都京都の文化財（日本）、厳島神社（日本）、白川郷と五箇山の合掌造り集落（日本）、北海道・北東北の縄文遺跡群（日本）、アテネのアクロポリス（ギリシャ）、ローマ歴史地区（イタリア）、ヴェルサイユ宮殿と庭園（フランス）、アルタミラ洞窟（スペイン）、ストーンヘンジ（英国）、ライン川上中流域の渓谷（ドイツ）、プラハの歴史地区（チェコ）、アウシュヴィッツ強制収容所（ポーランド）、クレムリンと赤の広場（ロシア連邦）、自由の女神像（アメリカ合衆国）、テオティワカン古代都市（メキシコ）、クスコ市街（ペルー）、ブラジリア（ブラジル）、ウマワカの渓谷（アルゼンチン）などがその代表的な物件。

文化遺産の中で、**文化的景観**（Cultural Landscapes）という概念に含まれる物件がある。
文化的景観とは、「人間と自然環境との共同作品」とも言える景観。文化遺産と自然遺産との中間的な存在で、現在は文化遺産の分類に含められており、次の三つのカテゴリーに分類することができる。

1）庭園、公園など人間によって意図的に設計され創造されたと明らかに定義できる景観
2）棚田など農林水産業などの産業と関連した有機的に進化する景観で、
　次の2つのサブ・カテゴリーに分けられる。
　①残存する（或は化石）景観（a relict (or fossil) landscape）
　②継続中の景観（continuing landscape）
3）聖山など自然的要素が強い宗教、芸術、文化などの事象と関連する文化的景観

コンソ族の文化的景観（エチオピア）、アハサー・オアシス、進化する文化的景観（サウジアラビア）、オルホン渓谷の文化的景観（モンゴル）、杭州西湖の文化的景観（中国）、紀伊山地の霊場と参詣道（日本）、石見銀山遺跡とその文化的景観（日本）、バジ・ビムの文化的景観（オーストラリア）、フィリピンのコルディリェラ山脈の棚田（フィリピン）、シンクヴェトリル国立公園（アイスランド）、シントラの文化的景観（ポルトガル）、グラン・カナリア島の文化的景観のリスコ・カイド洞窟と聖山群（スペイン）、ザルツカンマーグート地方のハルシュタットとダッハシュタインの文化的景観（オーストリア）、トカイ･ワイン地方の歴史的･文化的景観（ハンガリー）、ペルガモンとその多層的な文化的景観（トルコ）、ヴィニャーレス渓谷（キューバ）、パンプーリャ湖近代建築群（ブラジル）などがこの範疇に入る。

□複合遺産（Cultural and Natural Heritage）

自然遺産と文化遺産の両方の要件を満たしている物件が**複合遺産**で、最初から複合遺産として登録される場合と、はじめに、自然遺産、あるいは、文化遺産として登録され、その後、もう一方の遺産としても評価されて複合遺産となる場合がある。世界遺産条約の本旨である自然と文化との結びつきを代表する複合遺産の数は、**2023年3月現在、39物件。**

ワディ・ラム保護区（ヨルダン）、カンチェンジュンガ国立公園（インド）、泰山（中国）、チャンアン景観遺産群（ヴェトナム）、ウルル･カタジュタ国立公園（オーストラリア）、トンガリロ国立公園（ニュージーランド）、ギョレメ国立公園とカッパドキア（トルコ）、メテオラ（ギリシャ）、ピレネー地方-ペルデュー山（フランス／スペイン）、ティカル国立公園（グアテマラ）、マチュ･ピチュの歴史保護区（ペルー）、パラチとイーリャ・グランデ－文化と生物多様性（ブラジル）などが代表的な物件。

⑭ ユネスコ世界遺産の登録要件

ユネスコ世界遺産の登録要件は、世界的に「顕著な普遍的価値」（outstanding universal value）を有することが前提であり、世界遺産委員会が定めた世界遺産の登録基準(クライテリア)の一つ以上を完全に満たしている必要がある。また、世界遺産としての価値を将来にわたって継承していく為の保護管理措置が担保されていることが必要である。

⑮ ユネスコ世界遺産の登録基準

世界遺産委員会が定める世界遺産の登録基準(クライテリア)が設けられており、このうちの一つ以上の基準を完全に満たしていることが必要。

(i) 人類の創造的天才の傑作を表現するもの。**→人類の創造的天才の傑作**

(ii) ある期間を通じて、または、ある文化圏において、建築、技術、記念碑的芸術、町並み計画、景観デザインの発展に関し、人類の価値の重要な交流を示すもの。**→人類の価値の重要な交流を示すもの**

(iii) 現存する、または、消滅した文化的伝統、または、文明の、唯一の、または、少なくとも稀な証拠となるもの。**→文化的伝統、文明の稀な証拠**

(iv) 人類の歴史上、重要な時代を例証する、ある形式の建造物、建築物群、技術の集積、または、景観の顕著な例。**→歴史上、重要な時代を例証する優れた例**

(v) 特に、回復困難な変化の影響下で損傷されやすい状態にある場合における、ある文化(または、複数の文化)或は、環境と人間との相互作用を代表する伝統的集落、または、土地利用の顕著な例。**→存続が危ぶまれている伝統的集落、土地利用の際立つ例**

(vi) 顕著な普遍的な意義を有する出来事、現存する伝統、思想、信仰、または、芸術的、文学的作品と、直接に、または、明白に関連するもの。**→普遍的出来事、伝統、思想、信仰、芸術、文学的作品と関連するもの**

(vii) もっともすばらしい自然的現象、または、ひときわすぐれた自然美をもつ地域、及び、美的な重要性を含むもの。**→自然景観**

(viii) 地球の歴史上の主要な段階を示す顕著な見本であるもの。これには、生物の記録、地形の発達における重要な地学的進行過程、或は、重要な地形的、または、自然地理的特性などが含まれる。**→地形・地質**

(ix) 陸上、淡水、沿岸、及び、海洋生態系と動植物群集の進化と発達において、進行しつつある重要な生態学的、生物学的プロセスを示す顕著な見本であるもの。**→生態系**

(x) 生物多様性の本来的保全にとって、もっとも重要かつ意義深い自然生息地を含んでいるもの。これには、科学上、または、保全上の観点から、すぐれて普遍的価値をもつ絶滅の恐れのある種が存在するものを含む。**→生物多様性**

(注) → は、わかりやすい覚え方として、当シンクタンクが言い換えたものである。

⑯ ユネスコ世界遺産に登録されるまでの手順

世界遺産リストへの登録物件の推薦は、個人や団体ではなく、世界遺産条約を締結した各国政府が行う。日本では、文化遺産は文化庁、自然遺産は環境省と林野庁が中心となって決定している。

ユネスコの「世界遺産リスト」に登録されるプロセスは、政府が暫定リストに基づいて、パリに事務局がある世界遺産委員会に推薦し、自然遺産については、**IUCN**（国際自然保護連合）、文化遺産については、**ICOMOS**（イコモス　国際記念物遺跡会議）の専門的な評価報告書や**ICCROM**（イクロム　文化財保存修復研究国際センター）の助言などに基づいて審議され、世界遺産リストへの登録の可否が決定される。

IUCN（The World Conservation Union　国際自然保護連合、以前は、自然及び天然資源の保全に関する国際同盟<International Union for Conservation of Nature and Natural Resources>）は、国連環境計画（UNEP）、ユネスコ（UNESCO）などの国連機関や世界自然保護基金（WWF）などの協力の下に、野生生物の保護、自然環境及び自然資源の保全に係わる調査研究、発展途上地域への支援などを行っているほか、絶滅のおそれのある世界の野生生物を網羅したレッド・リスト等を定期的に刊行している。

世界遺産との関係では、IUCNは、世界遺産委員会への諮問機関としての役割を果たしている。自然保護や野生生物保護の専門家のワールド・ワイドなネットワークを通じて、自然遺産に推薦された物件が世界遺産にふさわしいかどうかの専門的な評価、既に世界遺産に登録されている物件の保全状態のモニタリング（監視）、締約国によって提出された国際援助要請の審査、人材育成活動への支援などを行っている。

ICOMOS（International Council of Monuments and Sites　国際記念物遺跡会議）は、本部をフランス、パリに置く国際的な非政府組織（NGO）である。1965年に設立され、建築遺産及び考古学的遺産の保全のための理論、方法論、そして、科学技術の応用を推進することを目的としている。1964年に制定された「記念建造物および遺跡の保全と修復のための国際憲章」（ヴェネチア憲章）に示された原則を基盤として活動している。

世界遺産条約に関するICOMOSの役割は、「世界遺産リスト」への登録推薦物件の審査 <現地調査（夏～秋）、イコモスパネル（11月末～12月初）、中間報告（1月中）>、文化遺産の保存状況の監視、世界遺産条約締約国から提出された国際援助要請の審査、人材育成への助言及び支援などである。

【新登録候補物件の評価結果についての世界遺産委員会への4つの勧告区分】

① 登録（記載）勧告 （Recommendation for Inscription）	世界遺産としての価値を認め、世界遺産リストへの登録（記載）を勧める。
② 情報照会勧告 （Recommendation for Referral）	世界遺産としての価値は認めるが、追加情報の提出を求めた上で、次回以降の世界遺産委員会での審議を勧める。
③ 登録（記載）延期勧告 （Recommendation for Deferral）	より綿密な調査や登録推薦書類 の抜本的な改定が必要なもの。登録推薦書類を再提出した後、約1年半をかけて、再度、専門機関のIUCNやICOMOSの審査を受けることを勧める。
④ 不登録（不記載）勧告 （Not recommendation for Inscription）	登録（記載）にふさわしくないもの。 例外的な場合を除いて再推薦は不可とする。

ICCROM（International Centre for the Study of the Preservation and Restoration of Cultural Property文化財保存及び修復の研究のための国際センター）は、本部をイタリア、ローマにおく国際的な政府間機関（IGO）である。ユネスコによって1956年に設立され、不動産・動産の文化遺産の保全強化を目的とした研究、記録、技術支援、研修、普及啓発を行うことを目的としている。

世界遺産条約に関するICCROMの役割は、文化遺産に関する研修において主導的な協力機関であること、文化遺産の保存状況の監視、世界遺産条約締約国から提出された国際援助要請の審査、人材育成への助言及び支援などである。

⑰ 世界遺産暫定リスト

世界遺産暫定リストとは、各世界遺産条約締約国が「世界遺産リスト」へ登録することがふさわしいと考える、自国の領域内に存在する物件の目録である。

従って、世界遺産条約締約国は、各自の世界遺産暫定リストに、将来、登録推薦を行う意思のある物件の名称を示す必要がある。
2023年3月現在、世界遺産暫定リストに登録されている物件は、1716物件（178か国）であり、世界遺産暫定リストを、まだ作成していない国は、作成が必要である。また、追加や削除など、世界遺産暫定リストの定期的な見直しが必要である。

⑱ 危機にさらされている世界遺産（略称　危機遺産　★【危機遺産】　52物件）

ユネスコの「危機にさらされている世界遺産リスト」には、2023年3月現在、35の国と地域にわたって自然遺産が16物件、文化遺産が39物件の合計55物件が登録されている。地域別に見ると、アフリカが15物件、アラブ諸国が23物件、アジア・太平洋地域が6物件、ヨーロッパ・北米が5物件、ラテンアメリカ・カリブが6物件となっている。

危機遺産になった理由としては、地震などの自然災害によるもの、民族紛争などの人為災害によるものなど多様である。世界遺産は、今、イスラム国などによる攻撃、破壊、盗難の危機にさらされている。こうした危機から回避していく為には、戦争や紛争のない平和な社会を築いていかなければならない。それに、開発と保全のあり方も多角的な視点から見つめ直していかなければならない。

「危機遺産リスト」に登録されても、その後改善措置が講じられ、危機的状況から脱した場合は、「危機遺産リスト」から解除される。一方、一旦解除されても、再び危機にさらされた場合には、再度、「危機遺産リスト」に登録される。一向に改善の見込みがない場合には、「世界遺産リスト」そのものからの登録抹消もありうる。

現在までの「危機遺産」の登録及び解除の変遷は、56頁から57頁の表の通り。

⑲ 危機にさらされている世界遺産リストへの登録基準

世界遺産委員会が定める危機にさらされている世界遺産リスト(List of the World Heritage in Danger)への登録基準は、以下の通りで、いずれか一つに該当する場合に登録される。

〔自然遺産の場合〕

(1) **確認危険**　遺産が特定の確認された差し迫った危険に直面している、例えば、

a. 法的に遺産保護が定められた根拠となった顕著で普遍的な価値をもつ種で、絶滅の危機にさらされている種やその他の種の個体数が、病気などの自然要因、或は、密猟・密漁などの人為的要因などによって著しく低下している
b. 人間の定住、遺産の大部分が氾濫するような貯水池の建設、産業開発や、農薬や肥料の使用を含む農業の発展、大規模な公共事業、採掘、汚染、森林伐採、燃料材の採取などによって、遺産の自然美や学術的価値が重大な損壊を被っている
c. 境界や上流地域への人間の侵入により、遺産の完全性が脅かされる

(2) **潜在危険**　遺産固有の特徴に有害な影響を与えかねない脅威に直面している、例えば、

a. 指定地域の法的な保護状態の変化
b. 遺産内か、或は、遺産に影響が及ぶような場所における再移住計画、或は、開発事業
c. 武力紛争の勃発、或は、その恐れ
d. 保護管理計画が欠如しているか、不適切か、或は、十分に実施されていない

〔文化遺産の場合〕

(1) **確認危険**　遺産が特定の確認された差し迫った危険に直面している、例えば、

a. 材質の重大な損壊
b. 構造、或は、装飾的な特徴の重大な損壊
c. 建築、或は、都市計画の統一性の重大な損壊
d. 都市、或は、地方の空間、或は、自然環境の重大な損壊
e. 歴史的な真正性の重大な喪失
f. 文化的な意義の大きな喪失

(2) **潜在危険**　遺産固有の特徴に有害な影響を与えかねない脅威に直面している、例えば、

a. 保護の度合いを弱めるような遺産の法的地位の変化
b. 保護政策の欠如
c. 地域開発計画による脅威的な影響
d. 都市開発計画による脅威的な影響
e. 武力紛争の勃発、或は、その恐れ
f. 地質、気象、その他の環境的な要因による漸進的変化

⑳ 監視強化メカニズム

監視強化メカニズム（Reinforced Monitoring Mechanism略称：RMM）とは、2007年4月に開催されたユネスコの第176回理事会で採択された「世界遺産条約の枠組みの中で、世界遺産委員会の決議の適切な履行を確保する為のメカニズムを世界遺産委員会で提案すること」の事務局長への要請を受け、2007年の第31回世界遺産委員会で採択された新しい監視強化メカニズムのことである。RMMの目的は、「顕著な普遍的価値」の喪失につながりかねない突発的、偶発的な原因や理由で、深刻な危機的状況に陥った現場に専門家を速やかに派遣、監視し、次の世界遺産委員会での決議を待つまでもなく可及的速やかな対応や緊急措置を講じられる仕組みである。

㉑ 世界遺産リストからの登録抹消

ユネスコの世界遺産は、「世界遺産リスト」への登録後において、下記のいずれかに該当する場合、世界遺産委員会は、「世界遺産リスト」から登録抹消の手続きを行なうことが出来る。

1) 世界遺産登録を決定づけた物件の特徴が失われるほど物件の状態が悪化した場合。
2) 世界遺産の本来の特質が、登録推薦の時点で、既に、人間の行為によって脅かされており、かつ、その時点で世界遺産条約締約国によりまとめられた必要な改善措置が、予定された期間内に講じられなかった場合。

これまでの登録抹消の事例としては、下記の3つの事例がある。

●オマーン　「アラビアン・オリックス保護区」
（自然遺産　1994年世界遺産登録　2007年登録抹消）
＜理由＞油田開発の為、オペレーショナル・ガイドラインズに違反し世界遺産の登録範囲を勝手に変更したことによる世界遺産登録時の完全性の喪失。

●ドイツ　「ドレスデンのエルベ渓谷」
（文化遺産　2004年世界遺産登録　★【危機遺産】2006年登録　2009年登録抹消）
＜理由＞文化的景観の中心部での橋の建設による世界遺産登録時の完全性の喪失。

●英国　「リヴァプール-海商都市」
（文化遺産 2004年世界遺産登録　★【危機遺産】2012年登録　2021年登録抹消）
＜理由＞19世紀の面影を残す街並みが世界遺産に登録されていたが、その後の都市開発で歴史的景観が破壊された。

㉒ 世界遺産基金

世界遺産基金とは、世界遺産の保護を目的とした基金で、2020～2021年(2年間)の予算は、5.6百万米ドル。世界遺産条約が有効に機能している最大の理由は、この世界遺産基金を締約国に義務づけることにより世界遺産保護に関わる援助金を確保できることであり、その使途については、世界遺産委員会等で審議される。

日本は、世界遺産基金への分担金として、世界遺産条約締約後の1993年には、762,080US$（1992年／1993年分を含む)、その後、
1994年 395,109US$、1995年 443,903US$、 1996年 563,178 US$、
1997年 571,108US$、 1998年 641,312US$、 1999年 677,834US$、 2000年 680,459US$、
2001年 598,804US$、 2002年 598,804US$、 2003年 598,804US$、 2004年 597,038US$、
2005年 597,038US$、 2006年 509,350US$、 2007年 509,350US$、 2008年 509,350US$、
2009年 509,350US$、 2010年 409,137US$、 2011年 409,137US$、 2012年 409,137US$、
2013年 353,730US$、 2014年 353,730US$、 2015年 353,730US$ 2016年 316,019US$
2017年 316,019US$、 2018年 316,019US$、 2019年 279,910US$ 2020年 279,910US$
2021年 289,367US$を拠出している。

(1) 世界遺産基金の財源

□世界遺産条約締約国に義務づけられた分担金(ユネスコに対する分担金の1%を上限とする額)
□各国政府の自主的拠出金、団体・機関(法人)や個人からの寄付金

(2021年予算の分担金または任意拠出金の支払予定上位国)

❶米国*	637,743 US$	❷中国	405,643 US$	❸日本	289,367 US$
❹ドイツ	203,834 US$	❺フランス	151,669 US$	❻英国	149,275 US$
❼ブラジル	110,595 US$	❽イタリア	111,746 US$	❾カナダ	92,371 US$
❿ロシア連邦	78,614 US$	⓫韓国	76,610 US$	⓬オーストラリア	74,672 US$
⓭スペイン	72,525 US$	⓮トルコ	44,803 US$	⓯オランダ	44,322 US$
⓰メキシコ	43,646 US$	⓱サウジアラビア	39,614 US$	⓲スイス	38,884 US$
⓳スウェーデン	30,607 US$	⓴ベルギー	27,753 US$		

*米国は、2018年12月末にユネスコを脱退したが、これまでの滞納額は支払い義務あり。

世界遺産基金（The World Heritage Fund／Fonds du Patrimoine Mondial）

- UNESCO account No. 949-1-191558 (US＄)
  CHASE MANHATTAN BANK 4 Metrotech Center,Brooklyn,NewYork,NY 11245 USA
  SWIFT CODE:CHASUS33-ABA No.0210-0002-1
- UNESCO account No. 30003-03301-00037291180-53 (＄ EU)
  Societe Generale 106 rue Saint-Dominique 75007 paris FRANCE
  SWIFT CODE:SOGE FRPPAFS

(2) 世界遺産基金からの国際援助の種類と援助実績

①世界遺産登録の準備への援助（Preparatory Assistance）

＜例示＞

●マダガスカル　アンタナナリボのオートヴィル　30,000 US＄

②保全管理への援助（Conservation and Management Assistance）

＜例示＞

●ラオス　ラオスにおける世界遺産保護の為の遺産影響評価の為の支援　44,500 US＄

●スリランカ　古代都市シギリヤ（1982年世界遺産登録）の保全管理　91,212 US＄

●北マケドニア　オフリッド地域の自然・文化遺産（1979年／1980年／2009年／2019年世界遺産登録）の文化と遺産管理の強化　55,000 US＄

③緊急援助（Emergency Assistance）

＜例示＞

●ガンビア　クンタ・キンテ島と関連遺跡群（2003年世界遺産登録）のCFAOビルの屋根の復旧　5,025 US＄

㉓ ユネスコ文化遺産保存日本信託基金

ユネスコが日本政府の拠出金によって設置している日本信託基金には、次の様な基金がある。

○ユネスコ文化遺産保存信託基金（外務省所管）
○ユネスコ人的資源開発信託基金（外務省所管）
○ユネスコ青年交流信託基金（文部科学省所管）
○万人のための教育信託基金（文部科学省所管）
○持続可能な開発のための教育信託基金（文部科学省所管）
○ユネスコ地球規模の課題の解決のための科学事業信託基金（文部科学省所管）
○ユネスコ技術援助専門家派遣信託基金（文部科学省所管）
○エイズ教育特別信託基金（文部科学省所管）
○アジア太平洋地域教育協力信託基金（文部科学省所管）

これらのうち、ユネスコ文化遺産保存日本信託基金による主な実施中の案件は、次の通り。

●カンボジア「アンコール遺跡」　国際調整委員会等国際会議の開催　1990年～
保存修復事業等　1994年～
●ネパール「カトマンズ渓谷」　ダルバール広場の文化遺産の復旧・復興　2015年～
●ネパール「ルンビニ遺跡」　建造物等保存措置、考古学調査、統合的マスタープラン策定、管理プロセスのレビュー、専門家育成　2010年～
●ミャンマー「バガン遺跡」　遺跡保存水準の改善、人材養成　2014年～2016年
●アフガニスタン「バーミヤン遺跡」　壁画保存、マスタープランの策定、東大仏仏龕の固定、西大仏龕奥壁の安定化　2003年～
●ボリヴィア「ティワナク遺跡」　管理計画の策定、人材育成（保存管理、発掘技術等）2008年～

●カザフスタン、キルギス、タジキスタン、トルクメニスタン、ウズベキスタン
「シルクロード世界遺産推薦ドキュメンテーション支援」　遺跡におけるドキュメンテーション実地訓練・人材育成　2010年～
●カーボヴェルデ、サントメ・プリンシペ、コモロ、モーリシャス、セーシェル、モルディブ、ミクロネシア、クック諸島、ニウエ、トンガ、ツバル、ナウル、アンティグア・バーブーダ、バハマ、バルバドス、ベリーズ、キューバ、ドミニカ、グレナダ、ガイアナ、ジャマイカ、セントクリストファー・ネーヴィス、セントルシア、セントビンセント・グレナディーン、スリナム、トリニダード・トバコ
「小島嶼開発途上国における世界遺産サイト保護支援」
能力形成及び地域共同体の持続可能な開発の強化　2011年～2016年
●ウガンダ「カスビ王墓再建事業」　リスク管理及び火災防止、藁葺き技術調査、能力形成　2013年～
●グアテマラ「ティカル遺跡保存事業」　北アクロポリスの3Dデータの収集及び登録，人材育成　2016年～
●ブータン「南アジア文化的景観支援」　ワークショップの開催　2016年～
●アルゼンチン、ボリビア、チリ、コロンビア、エクアドル、ペルー
「カパック・ニャン－アンデス道路網の保存支援事業」　モニタリングシステムの設置及び実施　2016年～
●セネガル「ゴレ島の護岸保護支援」　ゴレ島南沿岸の緊急対策措置（波止場の再建、世界遺産サイト管理サービスの設置等）　2016年～
●アルジェリア「カスバの保護支援事業」　専門家会合の開催　2016年～

㉔ 日本の世界遺産条約の締結とその後の世界遺産登録

1992年 6月19日	世界遺産条約締結を国会で承認。
1992年 6月26日	受諾の閣議決定。
1992年 6月30日	受諾書寄託、125番目*の世界遺産条約締約国となる。 *現在は、旧ユーゴスラヴィアの解体によって、締約国リスト上では、124番目になっている。
1992年 9月30日	わが国について発効。
1992年10月	ユネスコに、奈良の寺院･神社、姫路城、日光の社寺、鎌倉の寺院･神社、法隆寺の仏教建造物、厳島神社、彦根城、琉球王国の城･遺産群、白川郷の集落、京都の社寺、白神山地、屋久島の12件の暫定リストを提出。
1993年12月	第17回世界遺産委員会カルタヘナ会議から世界遺産委員会委員国（任期6年） 世界遺産リストに「法隆寺地域の仏教建造物」、「姫路城」、「屋久島」、「白神山地」の4件が登録される。
1994年11月	「世界文化遺産奈良コンファレンス」を奈良市で開催。 「オーセンティシティに関する奈良ドキュメント」を採択。
1994年12月	世界遺産リストに「古都京都の文化財（京都市、宇治市、大津市）」が登録される。
1995年 9月	ユネスコの暫定リストに原爆ドームを追加。
1995年12月	世界遺産リストに「白川郷・五箇山の合掌造り集落」が登録される。
1996年12月	世界遺産リストに「広島の平和記念碑（原爆ドーム）」、「厳島神社」の2件が登録される。
1998年11月30日 ～12月 5日	第22回世界遺産委員会京都会議（議長：松浦晃一郎氏）
1998年12月	世界遺産リストに「古都奈良の文化財」が登録される。
1999年11月	松浦晃一郎氏が日本人として初めてユネスコ事務局長（第8代）に就任。

1999年12月　世界遺産リストに「日光の社寺」が登録される。
2000年5月18～21日　世界自然遺産会議・屋久島2000
2000年12月　世界遺産リストに「琉球王国のグスク及び関連遺産群」が登録される。
2001年 4月 6日　ユネスコの暫定リストに「平泉の文化遺産」、「紀伊山地の霊場と参詣道」、「石見銀山遺跡」の3件を追加。
2001年 9月 5日～9月10日　アジア・太平洋地域における信仰の山の文化的景観に関する専門家会議を和歌山市で開催。
2002年 6月30日　世界遺産条約受諾10周年。
2003年12月　第27回世界遺産委員会マラケシュ会議から2回目の世界遺産委員会委員国(任期4年)
2004年 6月　文化財保護法の一部改正によって、新しい文化財保護の手法として「文化的景観」が新設され、「重要文化的景観」の選定がされるようになった。
2004年 7月　世界遺産リストに「紀伊山地の霊場と参詣道」が登録される。
2005年 7月　世界遺産リストに「知床」が登録される。
2005年10月15～17日　第2回世界自然遺産会議　白神山地会議
2007年 1月30日　ユネスコの暫定リストに「富岡製糸場と絹産業遺産群」、「小笠原諸島」、「長崎の教会群とキリスト教関連遺産」、「飛鳥・藤原－古代日本の宮都と遺跡群」、「富士山」の5件を追加。
2007年 7月　世界遺産リストに「石見銀山遺跡とその文化的景観」が登録される。
2007年 9月14日　ユネスコの暫定リストに「国立西洋美術館本館」を追加。
2008年 6月　第32回世界遺産委員会ケベック・シティ会議で、「平泉－浄土思想を基調とする文化的景観－」の世界遺産リストへの登録の可否が審議され、わが国の世界遺産登録史上初めての「登録延期」となる。2011年の登録実現をめざす。
2009年 1月 5日　ユネスコの暫定リストに「北海道・北東北を中心とした縄文遺跡群」、「九州・山口の近代化産業遺産群」、「宗像・沖ノ島と関連遺産群」の3件を追加。
2009年 6月　第33回世界遺産委員会セビリア会議で、「ル・コルビジュエの建築と都市計画」(構成資産のひとつが「国立西洋美術館本館」)の世界遺産リストへの登録の可否が審議され、「情報照会」となる。
2009年10月1日～2015年3月18日　国宝「姫路城」大天守、保存修理工事。
2010年 6月　ユネスコの暫定リストに「百舌鳥・古市古墳群」、「金を中心とする佐渡鉱山の遺産群」の2件を追加することを、文化審議会文化財分科会世界文化遺産特別委員会で決議。
2010年 7月　第34回世界遺産委員会ブラジリア会議で、「石見銀山遺跡とその文化的景観」の登録範囲の軽微な変更（442.4ha→529.17ha）がなされる。
2011年 6月　第35回世界遺産委員会パリ会議から3回目の世界遺産委員会委員国（任期4年）「小笠原諸島」、「平泉－仏国土(浄土)を表す建築・庭園及び考古学的遺跡群」の2件が登録される。「ル・コルビュジエの建築作品－近代建築運動への顕著な貢献－」(構成資産のひとつが「国立西洋美術館本館」)は、「登録延期」決議がなされる。
2012年 1月25日　日本政府は、世界遺産条約関係省庁連絡会議を開き、「富士山」(山梨県・静岡県)と「武家の古都・鎌倉」(神奈川県)を、2013年の世界文化遺産登録に向け、正式推薦することを決定。
2012年 7月12日　文化審議会の世界文化遺産特別委員会は、「富岡製糸場と絹産業遺産群」(群馬県)を2014年の世界文化遺産登録推薦候補とすること、それに、2011年に世界遺産リストに登録された「平泉」の登録範囲の拡大と登録遺産名の変更に伴い、追加する構成資産を世界遺産暫定リスト登録候補にすることを了承。
2012年11月6日～8日　世界遺産条約採択40周年記念最終会合が、京都市の国立京都国際会館にて開催される。メインテーマ「世界遺産と持続可能な発展：地域社会の役割」
2013年 1月31日　世界遺産条約関係省庁連絡会議（外務省、文化庁、環境省、林野庁、水産庁、国土交通省、宮内庁で構成）において、世界遺産条約に基づくわが国の世界遺産

	暫定リストに、自然遺産として「奄美・琉球」を記載することを決定。
	世界遺産暫定リスト記載の為に必要な書類をユネスコ世界遺産センターに提出。
2013年3月	ユネスコ、対象地域の絞り込みを求め、世界遺産暫定リストへの追加を保留。
2013年 4月30日	イコモス、「富士山」を「記載」、「武家の古都・鎌倉」は「不記載」を勧告。
2013年 6月 4日	「武家の古都・鎌倉」について、世界遺産リスト記載推薦を取り下げることを決定。
2013年 6月22日	第37回世界遺産委員会プノンペン会議で、「富士山-信仰の対象と芸術の源泉」が登録される。
2013年 8月23日	文化審議会世界文化遺産・無形文化遺産部会及び世界文化遺産特別委員会で、「明治日本の産業革命遺産-九州・山口と関連遺産-」を2015年の世界遺産候補とすることを決定。
2014年1月	「奄美・琉球」、世界遺産暫定リスト記載の為に必要な書類をユネスコ世界遺産センターに再提出。
2014年 6月21日	第38回世界遺産委員会ドーハ会議で、「富岡製糸場と絹産業遺産群」が登録される。
2014年 7月10日	文化審議会世界文化遺産・無形文化遺産部会及び世界文化遺産特別委員会で、「長崎の教会群とキリスト教関連遺産」を2016年の世界遺産候補とすることを決定。
2014年10月	奈良文書20周年記念会合（奈良県奈良市）において、「奈良＋20」を採択。
2015年 5月 4日	イコモス、「明治日本の産業革命遺産-九州・山口と関連遺産-」について、「記載」を勧告。
2015年 7月 5日	第39回世界遺産委員会ボン会議で、「明治日本の産業革命遺産：製鉄・製鋼、造船、石炭産業」について、議長の差配により審議なしで登録が決議された後、日本及び韓国からステートメントが発せられた。
2015年 7月	第39回世界遺産委員会ボン会議で、「世界遺産条約履行の為の作業指針」が改訂され、アップストリーム・プロセス（登録推薦に際して、締約国が諮問機関や世界遺産センターに技術的支援を要請できる仕組み）が制度化された。
2015年 7月28日	文化審議会世界文化遺産・無形文化遺産部会で、「『神宿る島』宗像・沖ノ島と関連遺産群」を2017年の世界遺産候補とすることを決定。
2016年 1月	「紀伊山地の霊場と参詣道」の軽微な変更（「熊野参詣道」及び「高野参詣道」について、延長約41.1km、面積11.1haを追加）申請書をユネスコ世界遺産センターへ提出。（第40回世界遺産委員会イスタンブール会議において承認）
2016年 1月	「富士山－信仰の対象と芸術の源泉」の保全状況報告書をユネスコ世界遺産センターに提出。（2016年7月の第40回世界遺産委員会イスタンブール会議で審議）
2016年 2月1日	「奄美大島、徳之島、沖縄島北部及び西表島」世界遺産暫定リストに記載。
2016年 2月	イコモスの中間報告において、「長崎の教会群とキリスト教関連遺産」について、「長崎の教会群」の世界遺産としての価値を、「禁教・潜伏期」に焦点をあてた内容に見直すべきとの評価が示され推薦を取下げ、修正後、2018年の登録をめざす。
2016年 5月17日	フランスなどとの共同推薦の「ル・コルビュジエの建築作品-近代建築運動への顕著な貢献-」（日本の推薦物件は「国立西洋美術館」）、「登録記載」の勧告。
2016年 7月17日	第40回世界遺産委員会イスタンブール会議で、「ル・コルビュジエの建築作品-近代建築運動への顕著な貢献-」が登録される。（フランスなど7か国17資産）
2016年 7月25日	文化審議会において、「長崎の教会群とキリスト教関連遺産」を2018年の世界遺産候補とすることを決定。（→「長崎と天草地方の潜伏キリシタン関連遺産」）
2017年 1月20日	「奄美大島、徳之島、沖縄島北部及び西表島」ユネスコへ世界遺産登録推薦書を提出。
2017年 6月30日	世界遺産条約受諾25周年。
2017年 7月 8日	第41回世界遺産委員会クラクフ会議で、「『神宿る島』宗像・沖ノ島と関連遺産群」が登録される。（8つの構成資産すべて認められる）
2017年 7月31日	文化庁の文化審議会世界文化遺産部会で「百舌鳥・古市古墳群」を2019年の世界遺産推薦候補とすることを決定。9月に開催される世界遺産条約関係省庁連絡会議（政府の推薦決定）を経て国内の推薦が決まる。

2019年 7月30日　文化庁の文化審議会世界文化遺産部会で「北海道・北東北の縄文遺跡群」を2021年の世界遺産推薦候補とすることを決定。9月に開催される世界遺産条約関係省庁連絡会議(政府の推薦決定)を経て国内の推薦が決まる。
2022年 6月30日　世界遺産条約締約30周年。

㉕ 日本のユネスコ世界遺産

2023年3月現在、25物件（自然遺産 1物件、文化遺産20物件）が「世界遺産リスト」に登録されており、世界第11位である。

❶**法隆寺地域の仏教建造物**　奈良県生駒郡斑鳩町
文化遺産(登録基準(i)(ii)(iv)(vi))　1993年
❷**姫路城**　兵庫県姫路市本町　文化遺産(登録基準(i)(iv))　1993年
③**白神山地**　青森県(西津軽郡鰺ヶ沢町、深浦町、中津軽郡西目屋村)
秋田県(山本郡藤里町、八峰町、能代市)　自然遺産(登録基準(ix))　1993年
④**屋久島**　鹿児島県熊毛郡屋久島町　自然遺産(登録基準(vii)(ix))　1993年
❺**古都京都の文化財(京都市 宇治市 大津市)**
京都府(京都市、宇治市)、滋賀県(大津市)　文化遺産(登録基準(ii)(iv))　1994年
❻**白川郷・五箇山の合掌造り集落**　岐阜県(大野郡白川村)、富山県(南砺市)
文化遺産(登録基準(iv)(v))　1995年
❼**広島の平和記念碑(原爆ドーム)**　広島県広島市中区大手町　文化遺産(登録基準(vi))　1996年
❽**厳島神社**　広島県廿日市市宮島町　文化遺産(登録基準(i)(ii)(iv)(vi))　1996年
❾**古都奈良の文化財**　奈良県奈良市　文化遺産(登録基準(ii)(iii)(iv)(vi))　1998年
❿**日光の社寺**　栃木県日光市　文化遺産(登録基準(i)(iv)(vi))　1999年
⓫**琉球王国のグスク及び関連遺産群**
沖縄県(那覇市、うるま市、国頭郡今帰仁村、中頭郡読谷村、北中城村、中城村、南城市)
文化遺産(登録基準(ii)(iii)(vi))　2000年
⓬**紀伊山地の霊場と参詣道**
三重県(尾鷲市、熊野市、度会郡大紀町、北牟婁郡紀北町、南牟婁郡御浜町、紀宝町)
奈良県(吉野郡吉野町、黒滝村、天川村、野迫川村、十津川村、下北山村、上北山村、川上村)
和歌山県(新宮市、田辺市、橋本市、伊都郡かつらぎ町、九度山町、高野町、西牟婁郡白浜町、すさみ町、上富田町、東牟婁郡那智勝浦町、串本町)
文化遺産(登録基準(ii)(iii)(iv)(vi))　2004年／2016年
⑬**知床**　北海道（斜里郡斜里町、目梨郡羅臼町）　自然遺産(登録基準(ix)(x))　2005年
⓮**石見銀山遺跡とその文化的景観**　島根県大田市
文化遺産（登録基準(ii)(iii)(v)）　2007年／2010年
⓯**平泉−仏国土(浄土)を表す建築・庭園及び考古学的遺跡群**
岩手県西磐井郡平泉町　文化遺産(登録基準(ii)(vi))　2011年
⑯**小笠原諸島**　東京都小笠原村　自然遺産(登録基準(ix))　2011年
⓱**富士山−信仰の対象と芸術の源泉**
山梨県(富士吉田市、富士河口湖町、忍野村、山中湖村、鳴沢村)
静岡県(富士宮市、富士市、御殿場市、裾野市、小山町)
文化遺産（登録基準(iii)(vi)）　2013年
⓲**富岡製糸場と絹産業遺産群**　群馬県(富岡市、藤岡市、伊勢崎市、下仁田町)
文化遺産(登録基準(ii)(iv))　2014年
⓳**明治日本の産業革命遺産：製鉄・製鋼、造船、石炭産業**
福岡県(北九州市、大牟田市、中間市)、佐賀県(佐賀市)、長崎県(長崎市)、熊本県(荒尾市、宇城市)、鹿児島県(鹿児島市)、山口県(萩市)、岩手県(釜石市)、静岡県(伊豆の国市)

文化遺産(登録基準(ii)(iv)) 2015年

⑳ル・コルビュジエの建築作品－近代建築運動への顕著な貢献－
フランス／スイス／ベルギー／ドイツ／インド／日本（東京都台東区）／アルゼンチン
文化遺産(登録基準(i)(ii)(vi)) 2016年

㉑「神宿る島」宗像･沖ノ島と関連遺産群 福岡県(宗像市、福津市)
文化遺産(登録基準(ii)(iii)) 2017年

㉒長崎と天草地方の潜伏キリシタン関連遺産
長崎県(長崎市、佐世保市、平戸市、五島市、南島原市、小値賀町、新上五島町)、熊本県(天草市)
文化遺産(登録基準(ii)(iii)) 2018年

㉓百舌鳥・古市古墳群:古代日本の墳墓群 大阪府（堺市、羽曳野市、藤井寺市)
文化遺産(登録基準(iii)（iv)) 2019年

㉔奄美大島、徳之島、沖縄島北部及び西表島
自然遺産(登録基準(x)) 2021年

㉕北海道・北東北ノ縄文遺跡群
文化遺産(登録基準((iii)(v))) 2021年

㉖ 日本の世界遺産暫定リスト記載物件

世界遺産締約国は、世界遺産委員会から将来、世界遺産リストに登録する為の候補物件について、暫定リスト(Tentative List)の目録を提出することが求められている。わが国の暫定リスト記載物件は、次の5件である。

- **古都鎌倉の寺院・神社ほか**（神奈川県 1992年暫定リスト記載）
  - 「武家の古都・鎌倉」 2013年5月、「不記載」勧告。→登録推薦書類「取り下げ」
- **彦根城**（滋賀県 1992年暫定リスト記載）
- **飛鳥・藤原－古代日本の宮都と遺跡群**（奈良県 2007年暫定リスト記載）
- **金を中心とする佐渡鉱山の遺産群**（新潟県 2010年暫定リスト記載）
- **平泉－仏国土(浄土)を表す建築・庭園及び考古学的遺跡群＜登録範囲の拡大＞**

（岩手県 2013年暫定リスト記載）

㉗ ユネスコ世界遺産の今後の課題

- 「世界遺産リスト」への登録物件の厳選、精選、代表性、信用(信頼)性の確保。
- 世界遺産委員会へ諮問する専門機関(IUCNとICOMOS)の勧告と世界遺産委員会の決議との乖離(いわゆる逆転登録)の是正。
- 世界遺産にふさわしいかどうかの潜在的OUV（顕著な普遍的価値）の有無等を書面審査で評価する「事前評価」（preliminary assessment)の導入。
- 行き過ぎたロビー活動を規制する為の規則を、オペレーショナル・ガイドラインズに反映することについての検討。
- 締約国と専門機関(IUCNとICOMOS)との対話の促進と手続きの透明性の確保。
- 同種、同類の登録物件のシリアルな再編と統合。

  例示：イグアス国立公園(アルゼンチンとブラジル)
  サンティアゴ･デ･コンポステーラへの巡礼道(スペインとフランス)
  スンダルバンス国立公園(インド)とサンダーバンズ(バングラデシュ)
  古代高句麗王国の首都群と古墳群(中国)と高句麗古墳群(北朝鮮) など。
- 「世界遺産リスト」への登録物件の上限数の検討。
- 世界遺産の効果的な保護(Conservation)の確保。
- 世界遺産登録時の真正性或は真実性 (Authenticity)や完全性(Integrity)が損なわれた場合の

世界遺産リストからの抹消。
- ●類似物件、同一カテゴリーの物件との合理的な比較分析。→　暫定リストの充実
- ●登録物件数の地域的不均衡(ヨーロッパ・北米偏重)の解消。
- ●自然遺産と文化遺産の登録物件数の不均衡(文化遺産偏重)の解消。
- ●グローバル・ストラテジー(文化的景観、産業遺産、20世紀の建築等)の拡充。
- ●「文化的景観」、「歴史的町並みと街区」、「運河に関わる遺産」、「遺産としての道」など、特殊な遺産の世界遺産リストへの登録。
- ●危機にさらされている世界遺産（★【危機遺産】）への登録手続きの迅速化などの緊急措置。
- ●新規登録の選定作業よりも、既登録の世界遺産のモニタリングなど保全管理を重視し、危機遺産比率を下げていくことへの注力。
- ●複数国にまたがるシリアル・ノミネーション(トランスバウンダリー・ノミネーション)の保全管理にあたって、全体の「顕著な普遍的価値」が損なわれないよう、構成資産のある当事国や所有管理者間のコミュニケーションを密にし、全体像の中での各構成資産の位置づけなどの解説や説明など全体管理を行なう為の組織の組成とガイダンス施設の充実。
- ●インターネットからの現地情報の収集など実効性のある監視強化メカニズム(Reinforced Monitoring Mechanism)の運用。
- ●「気候変動が世界遺産に及ぼす影響」など地球環境問題への戦略的対応。
- ●世界遺産管理におけるHIA(Heritage Impact Assessment　文化遺産のもつ価値への開発等による影響度合いの評価）の重要性の認識と活用方法。
- ●世界遺産条約締約国が、世界遺産条約の理念や本旨を遵守しない場合の制裁措置等の検討。
- ●世界遺産条約をまだ締約していない国･地域（ツバル、ナウル、リヒテンシュタイン）の条約締約の促進。
- ●世界遺産条約を締約しているが、まだ世界遺産登録のない国(ブルンディ、コモロ、ルワンダ、リベリア、シエラレオネ、スワジランド、ギニア･ビサウ、サントメ･プリンシペ、ジブチ、赤道ギニア、南スーダン、クウェート、モルジブ、ニウエ、サモア、ブータン、トンガ、クック諸島、ブルネイ、東ティモール、モナコ、ガイアナ、グレナダ、セントヴィンセントおよびグレナディーン諸島、トリニダード･トバコ、バハマ)からの最低1物件以上の世界遺産登録の促進。
- ●世界遺産条約を締約していない国・地域の世界遺産(なかでも★【危機遺産】)の取扱い。
- ●世界遺産条約を締約しているが、まだ世界遺産暫定リストを作成していない国(赤道ギニア、サントメ･プリンシペ、南スーダン、ブルネイ、クック諸島、ニウエ、東ティモール)への作成の促進。
- ●無形文化遺産保護条約、世界の記憶(Memory of the World）との連携。
- ●世界遺産から無形遺産も含めたグローバル、一体的な地球遺産へ。
- ●世界遺産基金の充実と世界銀行など国際金融機関との連携。
- ●世界遺産を通じての国際交流と国際協力の促進。
- ●世界遺産地の博物館、美術館、情報センター、ビジターセンターなどのガイダンス施設の充実。
- ●国連「世界遺産のための国際デー」（11月16日）の制定。

㉘ ユネスコ世界遺産を通じての総合学習

- ●世界平和や地球環境の大切さ
- ●世界遺産の鑑賞とその価値（歴史性、芸術性、文化性、景観上、保存上、学術上など）
- ●地球の活動の歴史と生物多様性（自然景観、地形・地質、生態系、生物多様性など）
- ●人類の功績、所業、教訓（遺跡、建造物群、モニュメントなど）
- ●世界遺産の多様性（自然の多様性、文化の多様性）
- ●世界遺産地の民族、言語、宗教、地理、歴史、伝統、文化
- ●世界遺産の保護と地域社会の役割
- ●世界遺産と人間の生活や生業との関わり
- ●世界遺産を取り巻く脅威、危険、危機

- ●世界遺産の保護・保全・保存の大切さ
- ●世界遺産の利活用（教育、観光、地域づくり、まちづくり）
- ●国際理解、異文化理解
- ●世界遺産教育、世界遺産学習
- ●広い視野に立って物事を考えることの大切さ
- ●郷土愛、郷土を誇りに思う気持ちの大切さ
- ●人と人とのつながりや絆の大切さ
- ●地域遺産を守っていくことの大切さ
- ●ヘリティッジ・ツーリズム、ライフ・ビヨンド・ツーリズム、カルチュラル・ツーリズム、エコ・ツーリズムなど

㉙ 今後の世界遺産委員会等の開催スケジュール

2023年9月10日～9月25日　　第45回世界遺産委員会リヤド（サウジアラビア）会議2023

㉚ 世界遺産条約の将来

●<u>世界遺産の6つの将来目標</u>

◎世界遺産の「顕著な普遍的価値」（OUV）の維持
◎世界で最も「顕著な普遍的価値」のある文化・自然遺産の世界遺産リストの作成
◎現在と将来の環境的、社会的、経済的なニーズを考慮した遺産の保護と保全
◎世界遺産のブランドの質の維持・向上
◎世界遺産委員会の政策と戦略的重要事項の表明
◎定例会合での決議事項の周知と効果的な履行

●<u>世界遺産条約履行の為の戦略的行動計画　2012年～2022年</u>

◎信用性、代表性、均衡性のある「世界遺産リスト」である為のグローバル戦略の履行と自発的な保全へ取組みとの連携(PACT＝世界遺産パートナー・イニシアティブ)に関するユネスコの外部監査による独立的評価
◎世界遺産の人材育成戦略
◎災害危険の軽減戦略
◎世界遺産地の気候変動のインパクトに関する政策
◎下記のテーマに関する専門家グループ会合開催の推奨
　○ 世界遺産の保全への取組み
　○ 世界遺産委員会などでの組織での意思決定の手続き
　○ 世界遺産委員会での登録可否の検討に先立つ前段プロセス(早い段階での諮問機関のICOMOSやIUCNと登録申請国との対話等、3月末締切りのアップストリーム・プロセス)の改善
　○ 世界遺産条約における保全と持続可能な発展との関係

＜出所＞2011年第18回世界遺産条約締約国パリ総会での決議事項に拠る。

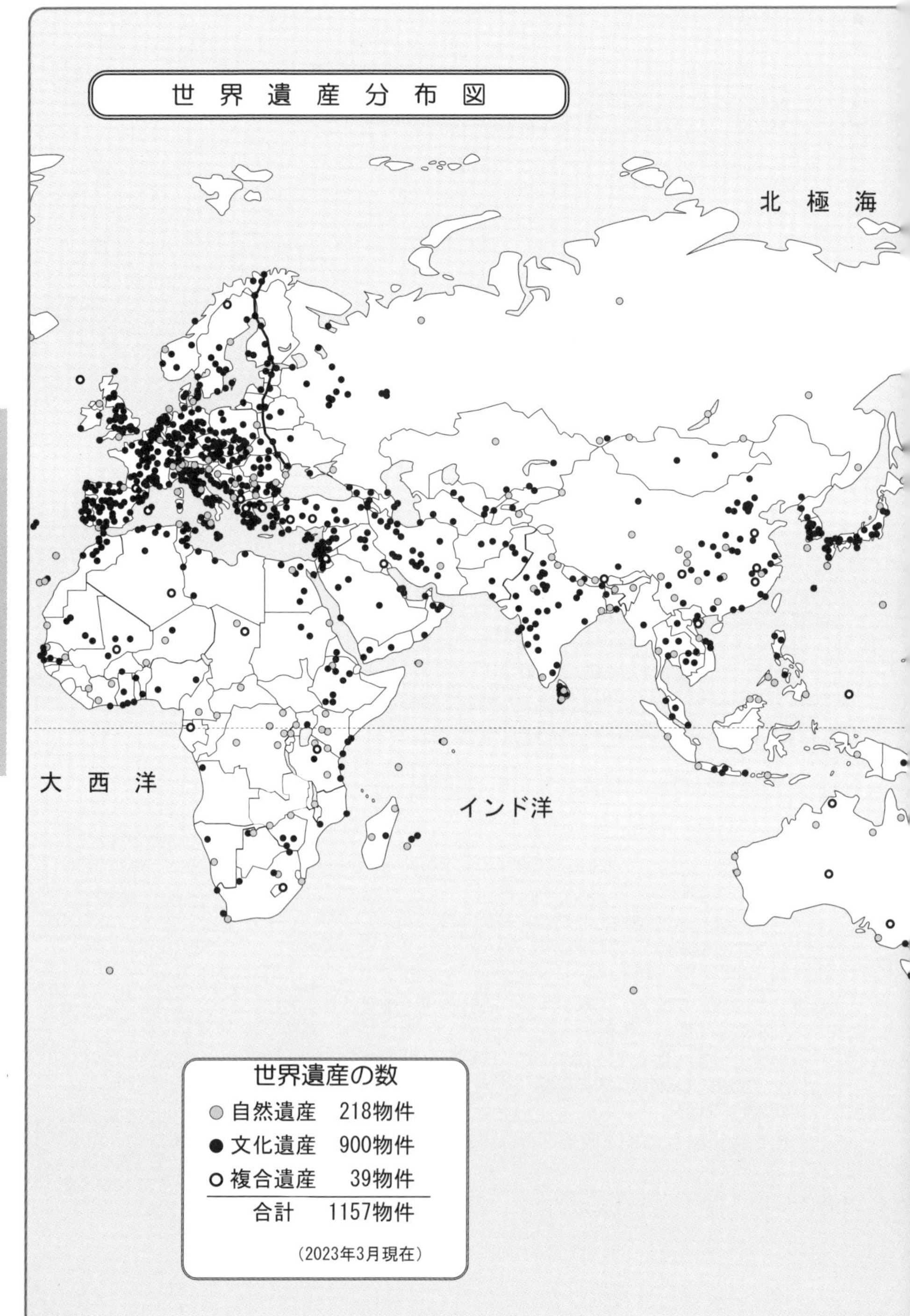
世 界 遺 産 分 布 図
北 極 海
大 西 洋
インド洋
世界遺産の数
自然遺産 218物件
文化遺産 900物件
複合遺産 39物件
合計 1157物件
(2023年3月現在)

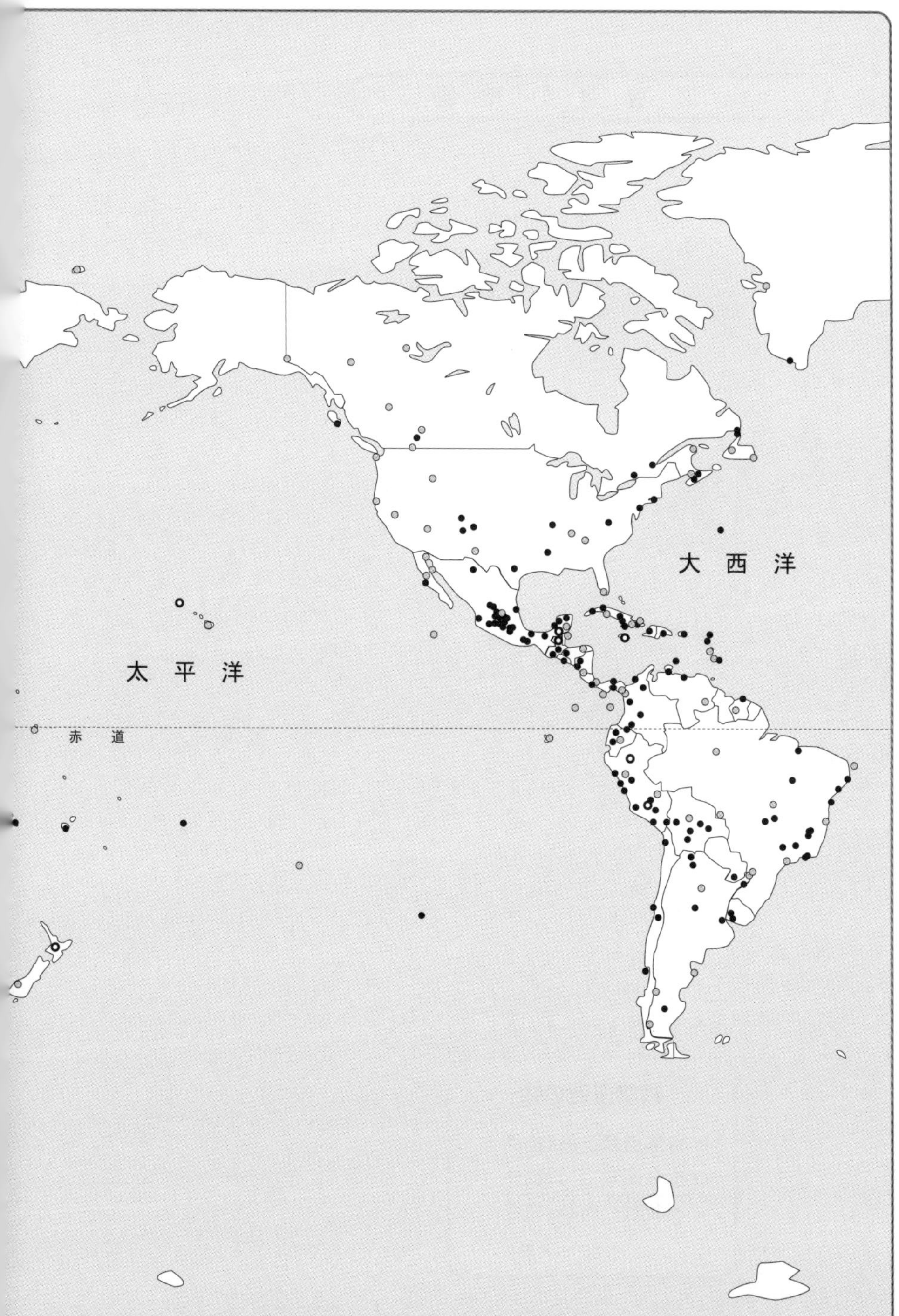
大 西 洋
太 平 洋
赤 道

自 然 遺 産 分 布 図
北 極 海
大 西 洋
インド洋
自然遺産の数
自然遺産 218物件
複合遺産 39物件
合計 257物件
(2023年3月現在)

大 西 洋
太 平 洋
赤 道

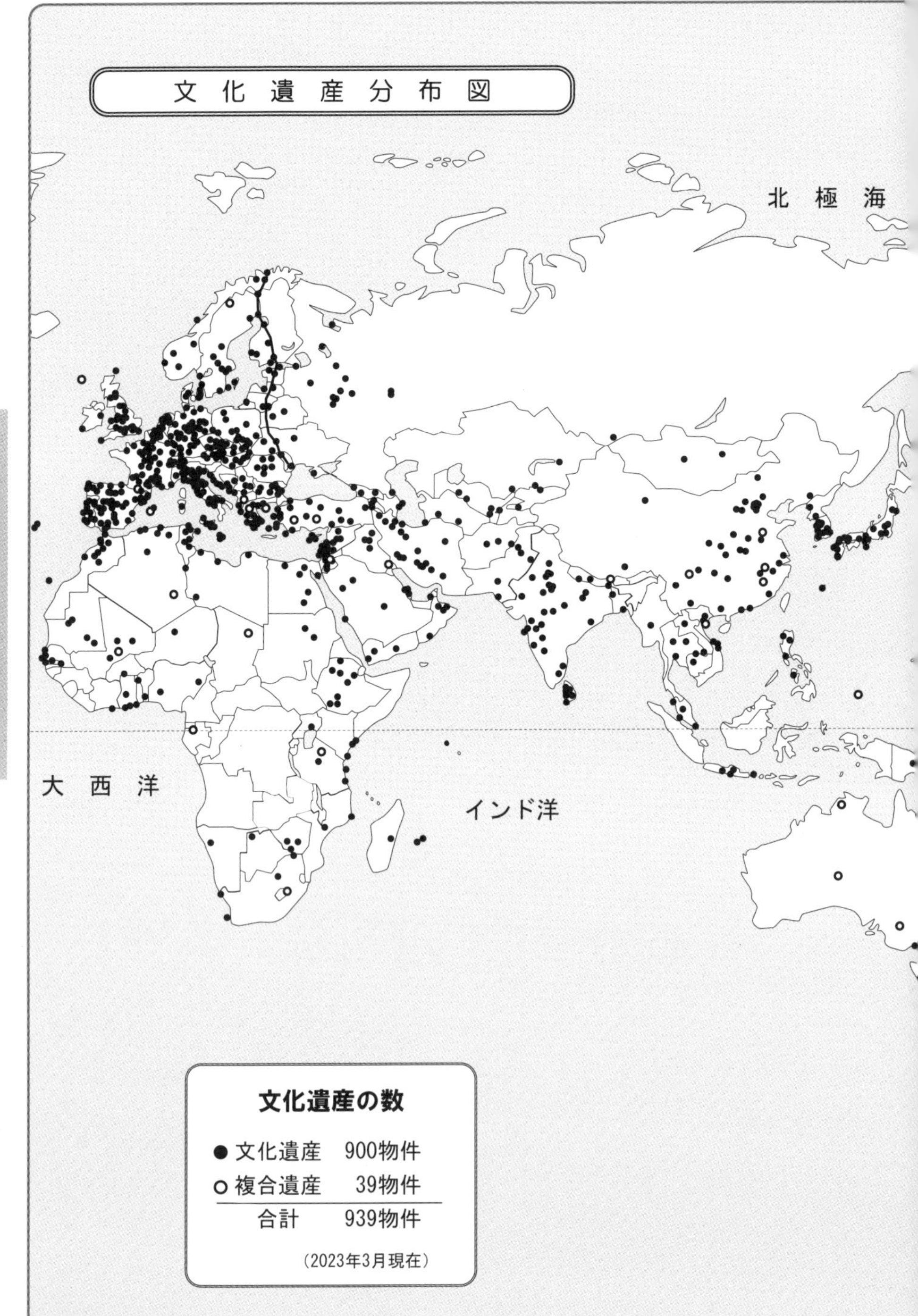
文化遺産分布図
北極海
大西洋
インド洋
文化遺産の数
● 文化遺産　900物件
○ 複合遺産　39物件
合計　939物件
(2023年3月現在)

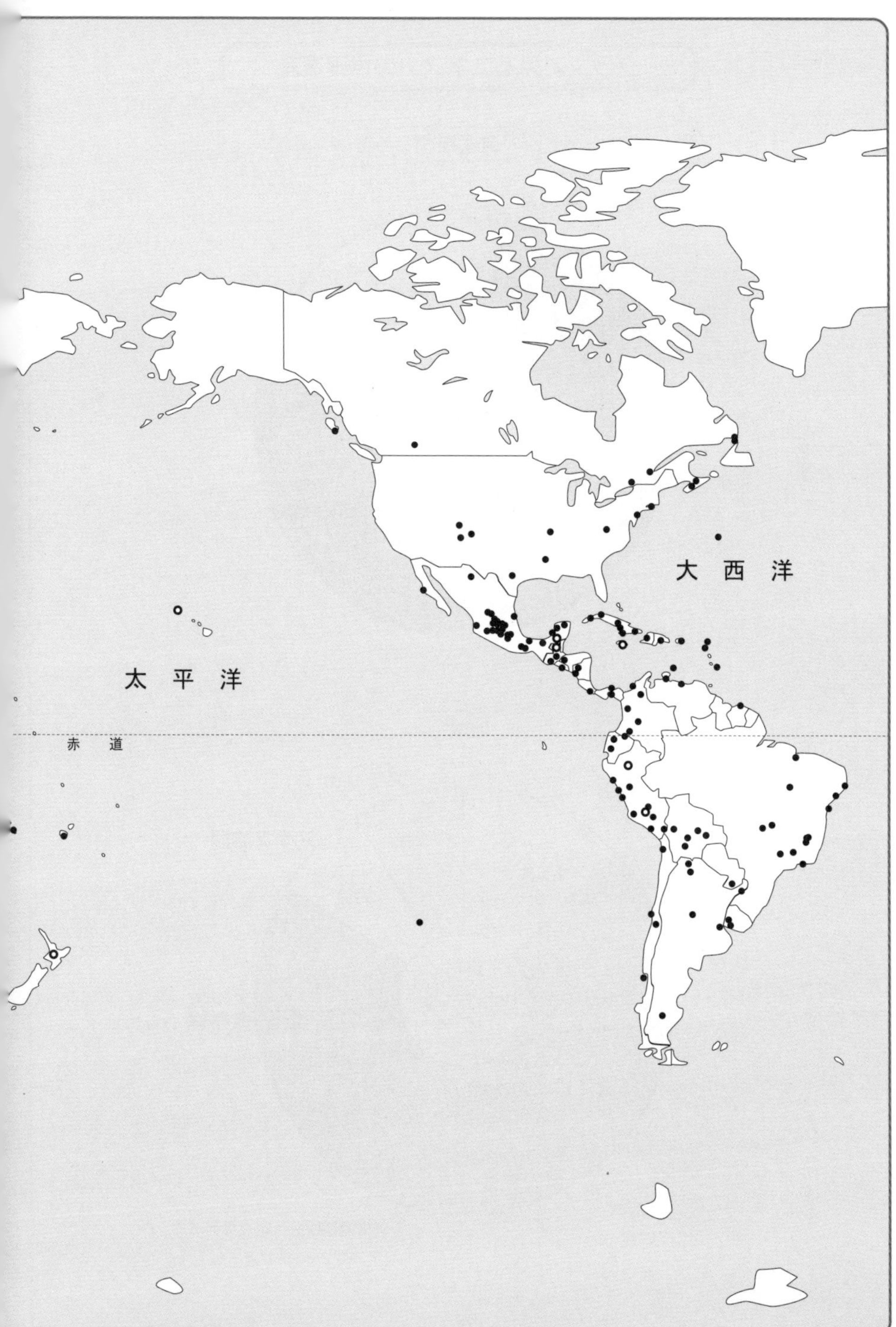
大 西 洋
太 平 洋
赤 道

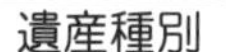

遺産種別

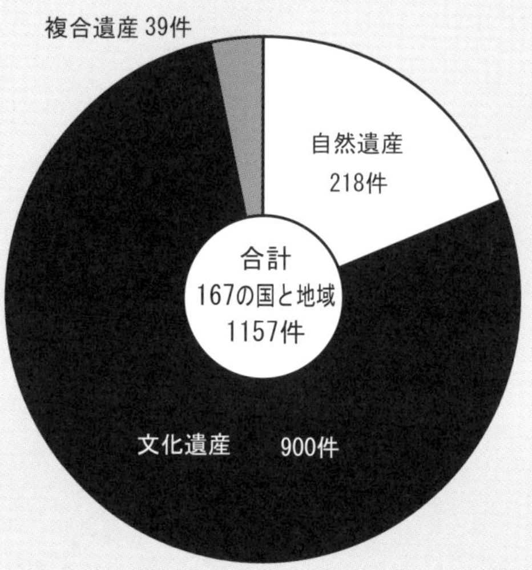

地域別

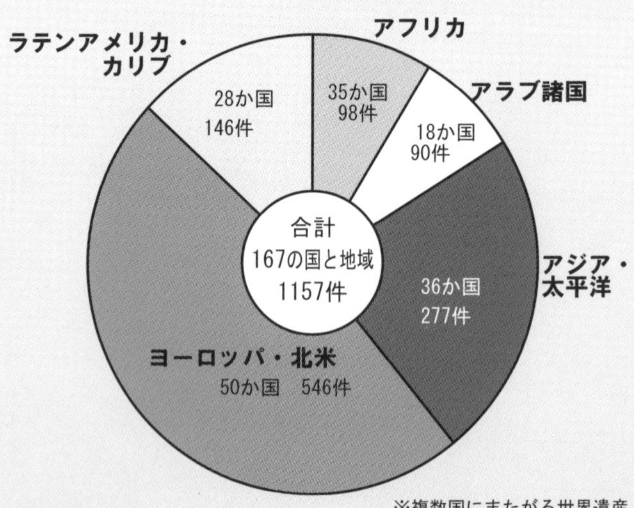

2023年3月現在

※複数国にまたがる世界遺産　43

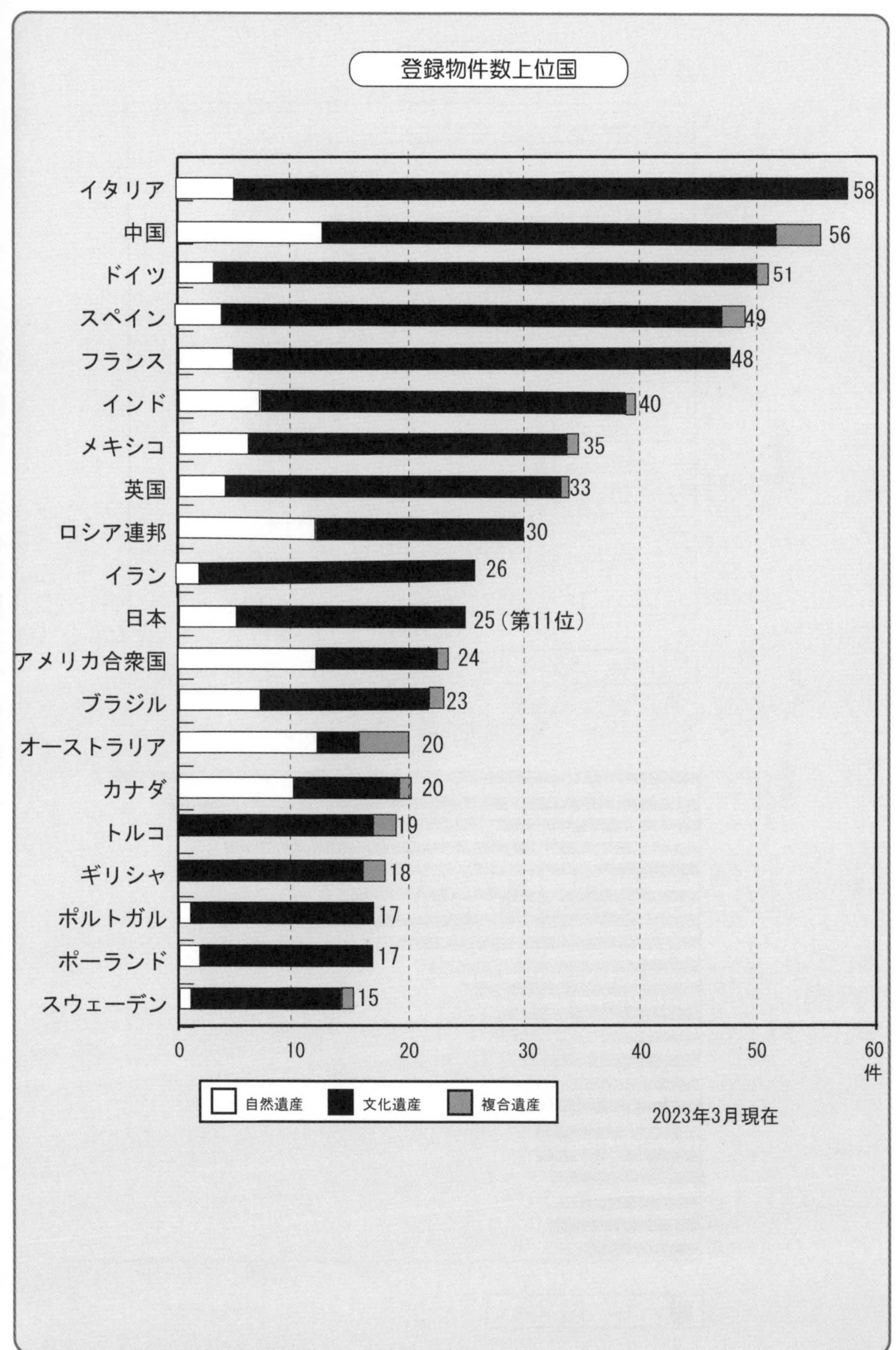
登録物件数上位国
イタリア 58
中国 56
ドイツ 51
スペイン 49
フランス 48
インド 40
メキシコ 35
英国 33
ロシア連邦 30
イラン 26
日本 25（第11位）
アメリカ合衆国 24
ブラジル 23
オーストラリア 20
カナダ 20
トルコ 19
ギリシャ 18
ポルトガル 17
ポーランド 17
スウェーデン 15
0
10
20
30
40
50
60
件
自然遺産
文化遺産
複合遺産
2023年3月現在

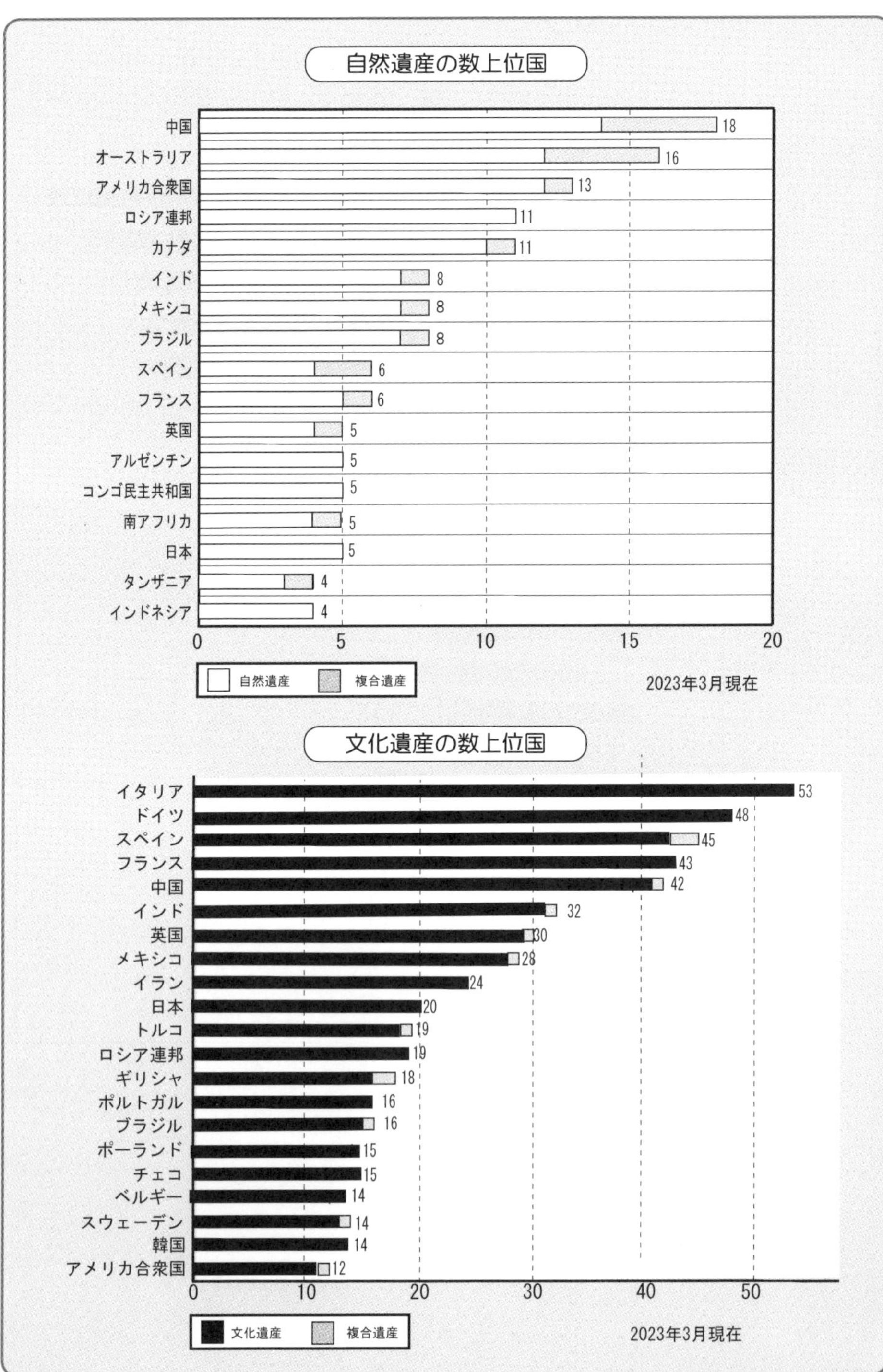
自然遺産の数上位国
中国 18
オーストラリア 16
アメリカ合衆国 13
ロシア連邦 11
カナダ 11
インド 8
メキシコ 8
ブラジル 8
スペイン 6
フランス 6
英国 5
アルゼンチン 5
コンゴ民主共和国 5
南アフリカ 5
日本 5
タンザニア 4
インドネシア 4
0
5
10
15
20
自然遺産
複合遺産
2023年3月現在
文化遺産の数上位国
イタリア 53
ドイツ 48
スペイン 45
フランス 43
中国 42
インド 32
英国 30
メキシコ 28
イラン 24
日本 20
トルコ 19
ロシア連邦 19
ギリシャ 18
ポルトガル 16
ブラジル 16
ポーランド 15
チェコ 15
ベルギー 14
スウェーデン 14
韓国 14
アメリカ合衆国 12
0
10
20
30
40
50
文化遺産
複合遺産
2023年3月現在

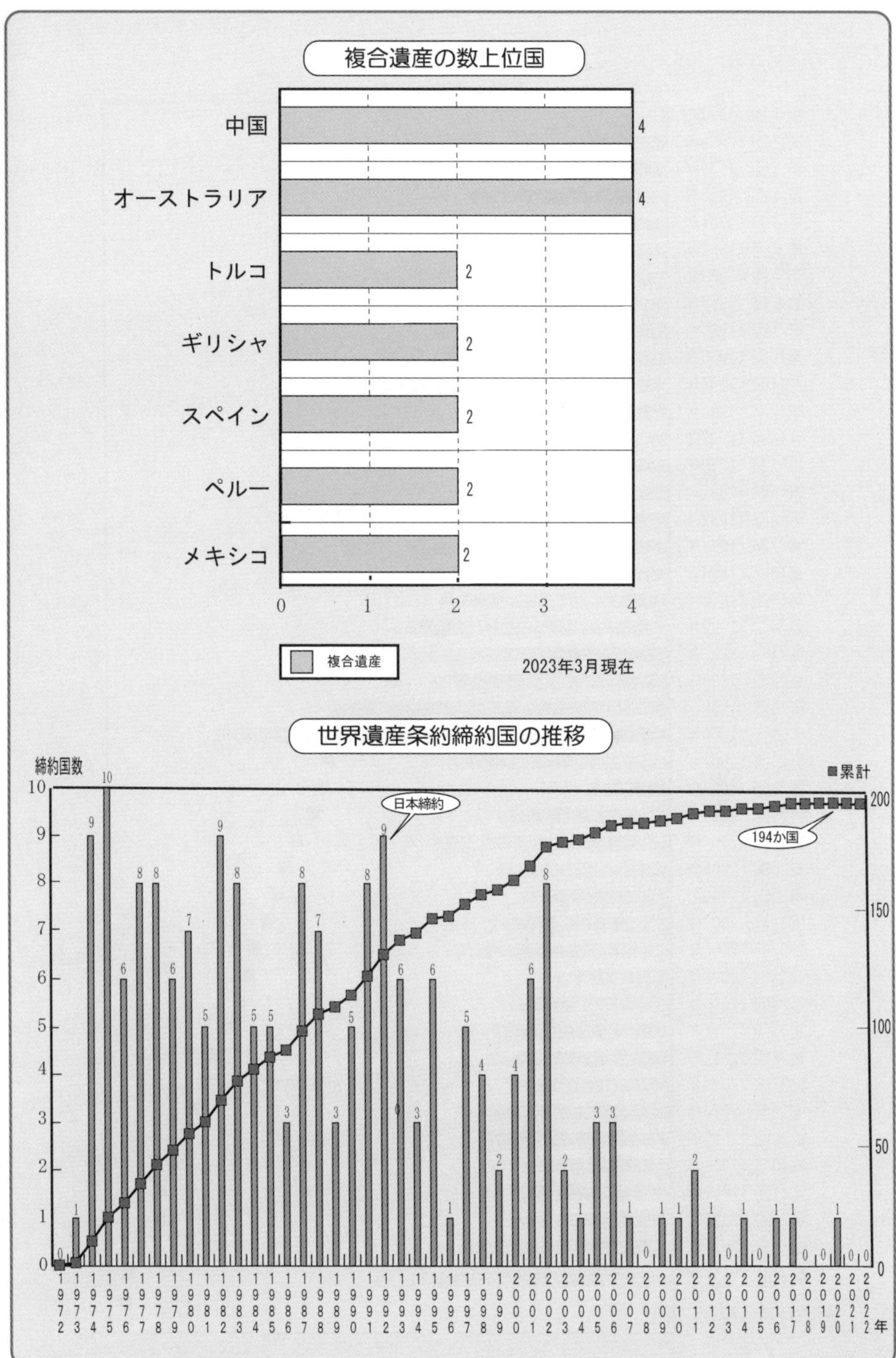

複合遺産の数上位国
中国
オーストラリア
トルコ
ギリシャ
スペイン
ペルー
メキシコ
4
4
2
2
2
2
2
0
1
2
3
4
複合遺産
2023年3月現在
世界遺産条約締約国の推移
締約国数
■累計
日本締約
194か国
年

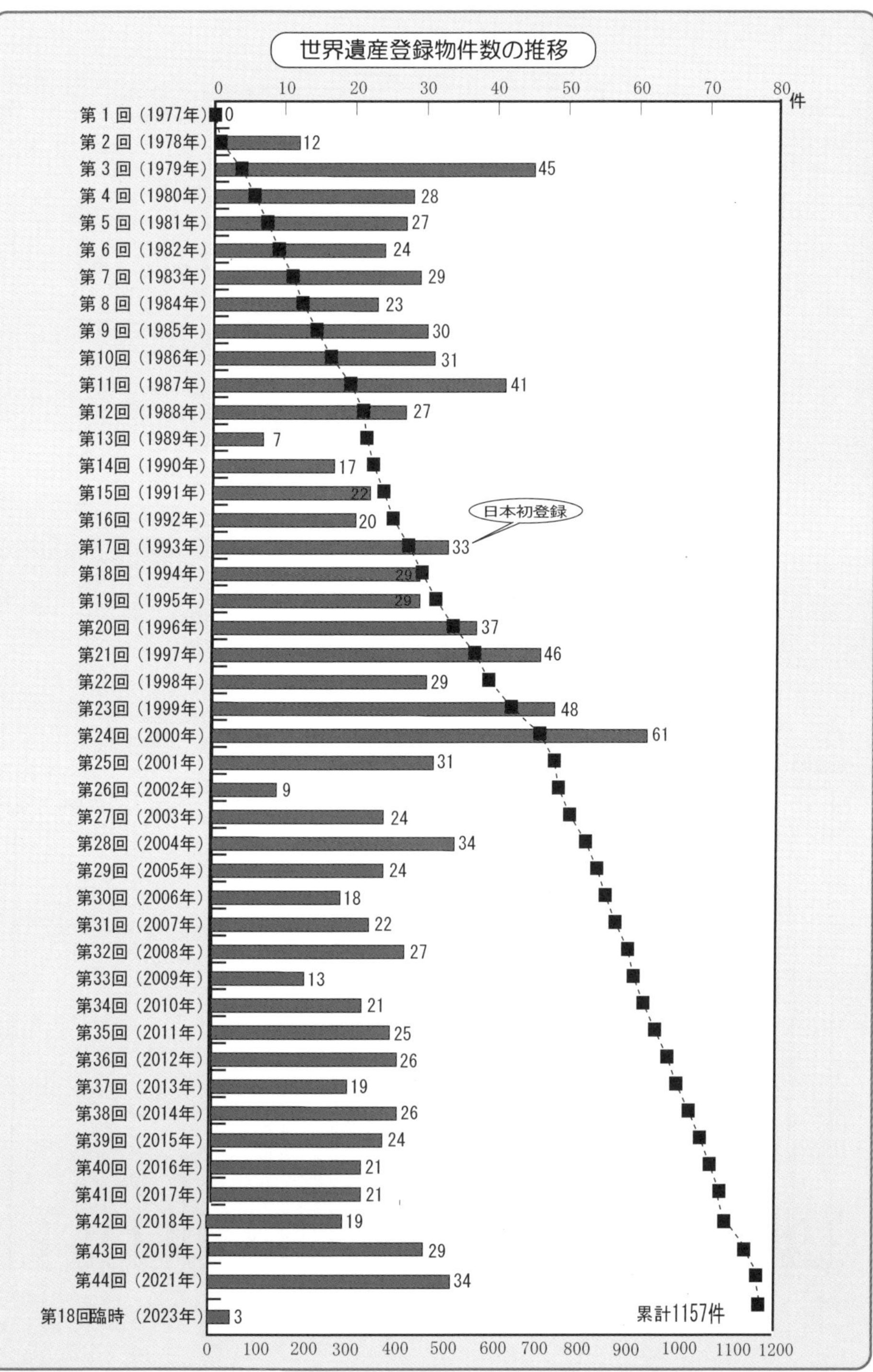

図表で見るユネスコ世界遺産

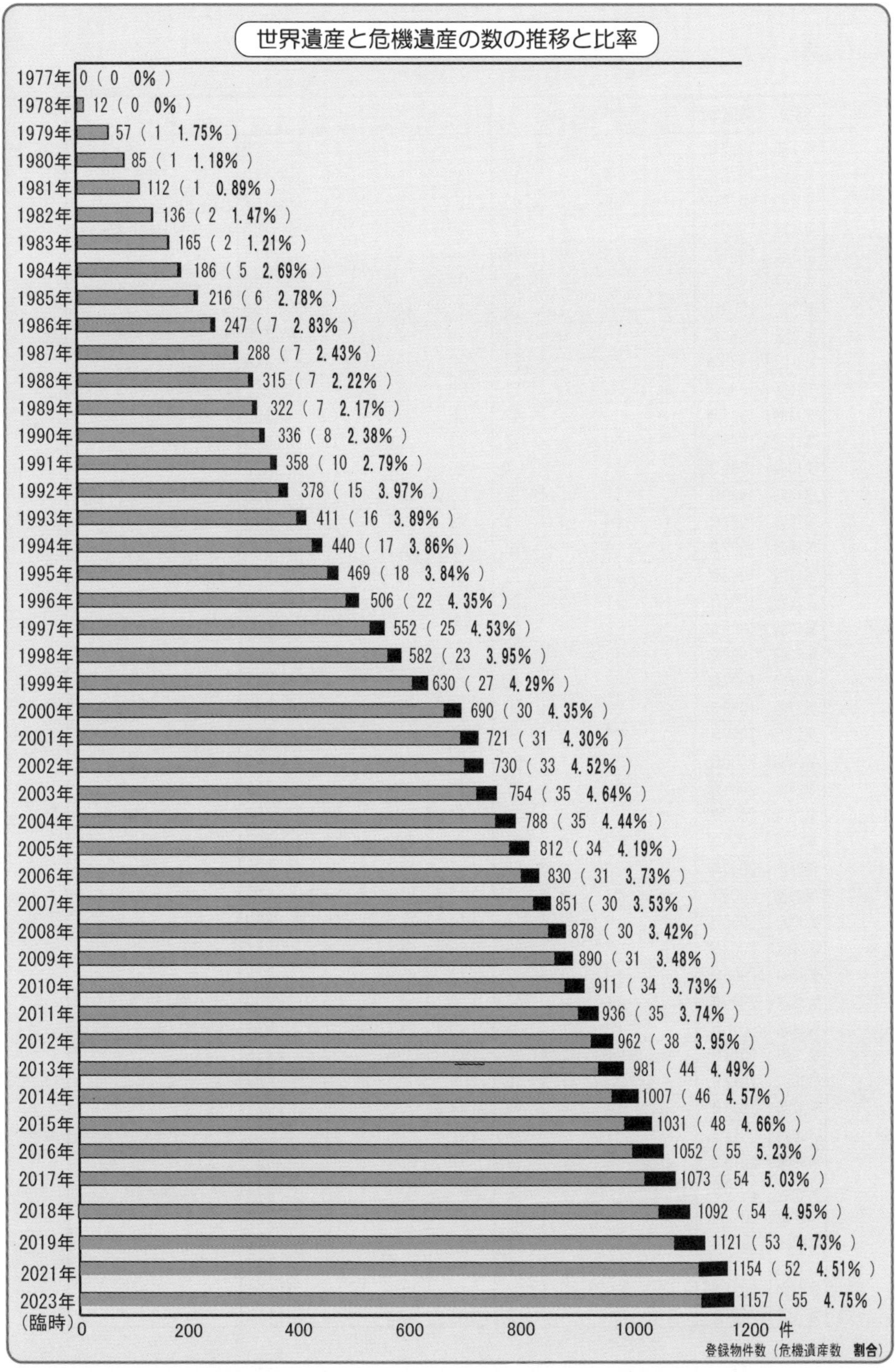

世界遺産と危機遺産の数の推移と比率

年	登録物件数	危機遺産数	割合
1977年	0	0	0%
1978年	12	0	0%
1979年	57	1	1.75%
1980年	85	1	1.18%
1981年	112	1	0.89%
1982年	136	2	1.47%
1983年	165	2	1.21%
1984年	186	5	2.69%
1985年	216	6	2.78%
1986年	247	7	2.83%
1987年	288	7	2.43%
1988年	315	7	2.22%
1989年	322	7	2.17%
1990年	336	8	2.38%
1991年	358	10	2.79%
1992年	378	15	3.97%
1993年	411	16	3.89%
1994年	440	17	3.86%
1995年	469	18	3.84%
1996年	506	22	4.35%
1997年	552	25	4.53%
1998年	582	23	3.95%
1999年	630	27	4.29%
2000年	690	30	4.35%
2001年	721	31	4.30%
2002年	730	33	4.52%
2003年	754	35	4.64%
2004年	788	35	4.44%
2005年	812	34	4.19%
2006年	830	31	3.73%
2007年	851	30	3.53%
2008年	878	30	3.42%
2009年	890	31	3.48%
2010年	911	34	3.73%
2011年	936	35	3.74%
2012年	962	38	3.95%
2013年	981	44	4.49%
2014年	1007	46	4.57%
2015年	1031	48	4.66%
2016年	1052	55	5.23%
2017年	1073	54	5.03%
2018年	1092	54	4.95%
2019年	1121	53	4.73%
2021年	1154	52	4.51%
2023年(臨時)	1157	55	4.75%

0　200　400　600　800　1000　1200 件

登録物件数（危機遺産数　**割合**）

世界遺産委員会別登録物件数の内訳

回次	開催年	登録物件数 自然	登録物件数 文化	登録物件数 複合	登録物件数 合計	登録物件数（累計） 自然	登録物件数（累計） 文化	登録物件数（累計） 複合	登録物件数（累計） 累計
第1回	1977年	0	0	0	**0**	0	0	0	**0**
第2回	1978年	4	8	0	**12**	4	8	0	**12**
第3回	1979年	10	34	1	**45**	14	42	1	**57**
第4回	1980年	6	23	0	**29**	19①	65	2①	**86**
第5回	1981年	9	15	2	**26**	28	80	4	**112**
第6回	1982年	5	17	2	**24**	33	97	6	**136**
第7回	1983年	9	19	1	**29**	42	116	7	**165**
第8回	1984年	7	16	0	**23**	48②	131③	7	**186**
第9回	1985年	4	25	1	**30**	52	156	8	**216**
第10回	1986年	8	23	0	**31**	60	179	8	**247**
第11回	1987年	8	32	1	**41**	68	211	9	**288**
第12回	1988年	5	19	3	**27**	73	230	12	**315**
第13回	1989年	2	4	1	**7**	75	234	13	**322**
第14回	1990年	5	11	1	**17**	77④	245	14	**336**
第15回	1991年	6	16	0	**22**	83	261	14	**358**
第16回	1992年	4	16	0	**20**	86⑤	277	15⑤	**378**
第17回	1993年	4	29	0	**33**	89⑥	306	16⑥	**411**
第18回	1994年	8	21	0	**29**	96⑦	327	17⑦	**440**
第19回	1995年	6	23	0	**29**	102	350	17	**469**
第20回	1996年	5	30	2	**37**	107	380	19	**506**
第21回	1997年	7	38	1	**46**	114	418	20	**552**
第22回	1998年	3	27	0	**30**	117	445	20	**582**
第23回	1999年	11	35	2	**48**	128	480	22	**630**
第24回	2000年	10	50	1	**61**	138	529⑧	23	**690**
第25回	2001年	6	25	0	**31**	144	554	23	**721**
第26回	2002年	0	9	0	**9**	144	563	23	**730**
第27回	2003年	5	19	0	**24**	149	582	23	**754**
第28回	2004年	5	29	0	**34**	154	611	23	**788**
第29回	2005年	7	17	0	**24**	160⑨	628	24⑨	**812**
第30回	2006年	2	16	0	**18**	162	644	24	**830**
第31回	2007年	5	16	1	**22**	166⑩	660	25	**851**
第32回	2008年	8	19	0	**27**	174	679	25	**878**
第33回	2009年	2	11	0	**13**	176	689⑪	25	**890**
第34回	2010年	5	15	1	**21**	180⑫	704	27⑫	**911**
第35回	2011年	3	21	1	**25**	183	725	28	**936**
第36回	2012年	5	20	1	**26**	188	745	29	**962**
第37回	2013年	5	14	0	**19**	193	759	29	**981**
第38回	2014年	4	21	1	**26**	197	779⑬	31⑬	**1007**
第39回	2015年	0	23	1	**24**	197	802	32	**1031**
第40回	2016年	6	12	3	**21**	203	814	35	**1052**
第41回	2017年	3	18	0	**21**	206	832	35	**1073**
第42回	2018年	3	13	3	**19**	209	845	38	**1092**
第43回	2019年	4	24	1	**29**	213	869	39	**1121**
第44回	2021年	5	29	0	**34**	218	897	39	**1154**
臨　時	2023年	0	3	0	**3**	218	900	39	**1157**

備　考

①オフリッド湖〈自然遺産〉（マケドニア*1979年登録）
→文化遺産加わり複合遺産に
*当時の国名はユーゴスラヴィア

②バージェス・シェル遺跡〈自然遺産〉（カナダ1980年登録）
→「カナディアンロッキー山脈公園」として再登録。上記物件を統合

③グアラニー人のイエズス会伝道所〈文化遺産〉（ブラジル1983年登録）
→アルゼンチンにある物件が登録され、1物件とみなされることに

④ウエストランド、マウント・クック国立公園〈自然遺産〉
フィヨルドランド国立公園〈自然遺産〉（ニュージーランド1986年登録）
→「テ・ワヒポナム」として再登録。上記2物件を統合し1物件に

④タラマンカ地方-ラ・アミスタッド保護区群〈自然遺産〉（コスタリカ1983年登録）
→パナマのラ・アミスタッド国立公園を加え再登録。
上記物件を統合し1物件に

⑤リオ・アビセオ国立公園〈自然遺産〉（ペルー）
→文化遺産加わり複合遺産に

⑥トンガリロ国立公園〈自然遺産〉（ニュージーランド）
→文化遺産加わり複合遺産に

⑦ウルル-カタ・ジュタ国立公園〈自然遺産〉（オーストラリア）
→文化遺産加わり複合遺産に

⑧シャンボール城〈文化遺産〉（フランス1981年登録）
→「シュリー・シュルロワールとシャロンヌの間のロワール渓谷」として再登録。上記物件を統合

⑨セント・キルダ〈自然遺産〉（イギリス1986年登録）
→文化遺産加わり複合遺産に

⑩アラビアン・オリックス保護区〈自然遺産〉（オマーン1994年登録）
→登録抹消

⑪ドレスデンのエルベ渓谷〈文化遺産〉（ドイツ2004年登録）
→登録抹消

⑫ンゴロンゴロ保全地域〈自然遺産〉（タンザニア1978年登録）
→文化遺産加わり複合遺産に

⑬カラクムルのマヤ都市〈文化遺産〉（メキシコ2002年登録）
→自然遺産加わり複合遺産に

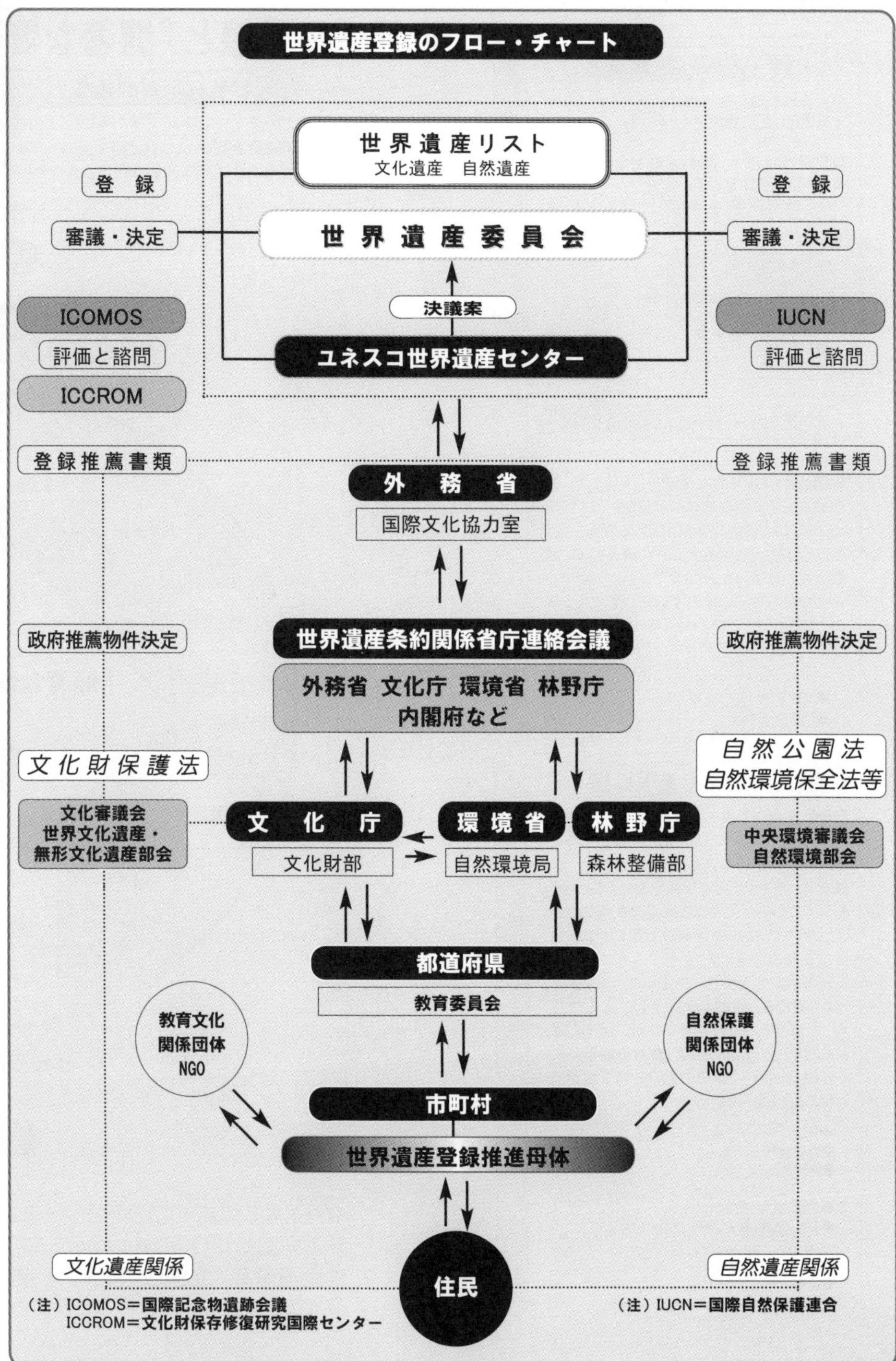
世界遺産登録のフロー・チャート
世界遺産リスト
文化遺産　自然遺産
登　録
登　録
審議・決定
世界遺産委員会
審議・決定
決議案
ICOMOS
評価と諮問
ICCROM
ユネスコ世界遺産センター
IUCN
評価と諮問
登録推薦書類
外務省
国際文化協力室
登録推薦書類
政府推薦物件決定
世界遺産条約関係省庁連絡会議
外務省 文化庁 環境省 林野庁
内閣府など
政府推薦物件決定
文化財保護法
自然公園法
自然環境保全法等
文化審議会
世界文化遺産・
無形文化遺産部会
文化庁
文化財部
環境省
自然環境局
林野庁
森林整備部
中央環境審議会
自然環境部会
都道府県
教育委員会
教育文化
関係団体
NGO
自然保護
関係団体
NGO
市町村
世界遺産登録推進母体
住民
文化遺産関係
自然遺産関係
（注）ICOMOS＝国際記念物遺跡会議
ICCROM＝文化財保存修復研究国際センター
（注）IUCN＝国際自然保護連合

図表で見るユネスコ世界遺産

世界遺産登録と「顕著な普

コア・ゾーン（推薦資産）

登録範囲

登録推薦資産を効果的に保護するたに明確に設定された境界線。

境界線の設定は、資産の「顕著な普遍的価値」及び完全性及び真正性が十分に表現されることを保証するように行われなければならない。

＿＿＿＿＿＿＿ ha

- ●文化財保護法
  国の史跡指定
  国の重要文化的景観指定など
- ●自然公園法
  国立公園、国定公園
- ●都市計画法
  国営公園

バッファー・ゾーン（緩衝地帯）

推薦資産の効果的な保護を目的として、推薦資産を取り囲む地域に、法的または慣習的手法により補完的な利用・開発規制を敷くことにより設けられるもうひとつの保護の網。推薦資産の直接のセッティング（周辺の環境）、重要な景色やその他資産の保護を支える重要な機能をもつ地域または特性が含まれるべきである。

＿＿＿＿＿＿＿ ha

- ●景観条例
- ●環境保全条例

長期的な保存管理計画

担保条件

登録推薦資産の現在及び未来にわたる効果的な保護を担保するために、各資産について、資産の「顕著な普遍的価値」をどのように保全すべきか（参加型手法を用いることが望ましい）について明示した適切な管理計画のこと。どのような管理体制が効果的かは、登録推薦資産のタイプ、特性、ニーズや当該資産が置かれた文化、自然面での文脈によっても異なる。管理体制の形は、文化的視点、資源量その他の要因によって、様々な形式をとり得る。伝統的手法、既存の都市計画や地域計画の手法、その他の計画手法が使われることが考えられる。

- ●管理主体
- ●管理体制
- ●管理計画

- ●記録・保存・継承
- ●公開・活用（教育、観光、まちづくり）

- ●地域計画、都市計画
- ●協働のまちづくり

顕著な普遍的価値（Outst

国家間の境界を超越し、人類全体にとって現代及
文化的な意義及び/又は自然的な価値を意味す
国際社会全体にとって最高水準の重要性を有す

ローカル ⇨ リージョナル ⇨ ナショナ

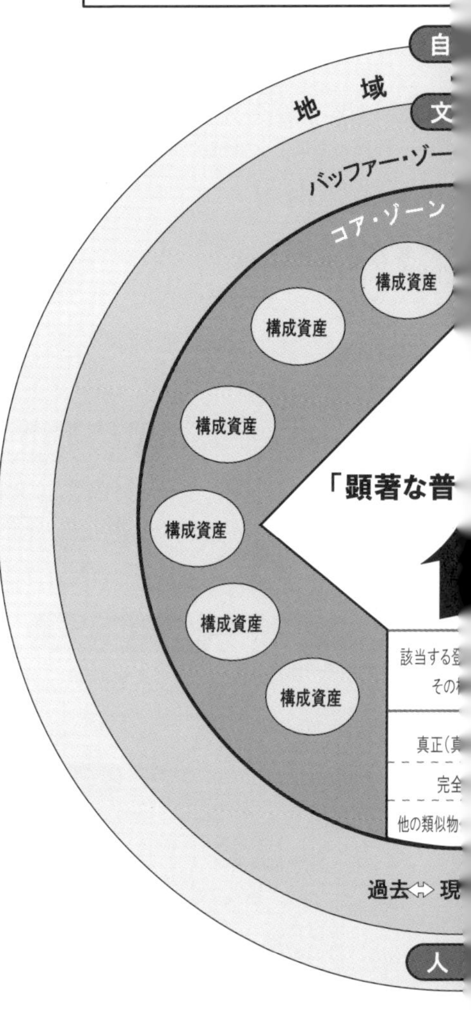

登録遺産名：○○○○○○○○○○○○○
日本語表記：○○○○○○○○○○○○○
位置（経緯度）：北緯○○度○○分　東経
登録遺産の説明と概要：○○○○○○○○
○○○○○○○○○○○○

」の考え方について

al Value＝OUV)

た重要性をもつような、傑出した
遺産を恒久的に保護することは

ョナル ⇨ グローバル

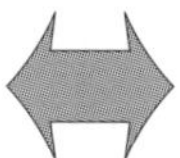

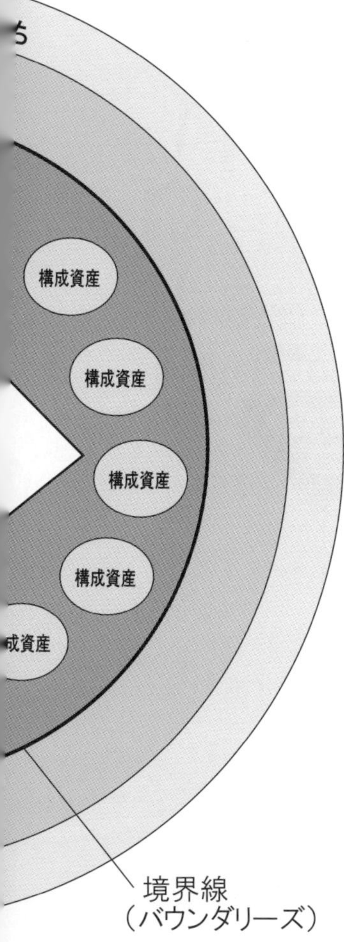

○○(英語)
○○○○
分
○○○○○○○○○
○○○○○

必要十分条件の証明

必要条件

登録基準(クライテリア)

(i) 人類の創造的天才の傑作を表現するもの。
→人類の創造的天才の傑作

(ii) ある期間を通じて、または、ある文化圏において、建築、技術、記念碑的芸術、町並み計画、景観デザインの発展に関し、人類の価値の重要な交流を示すもの。
→人類の価値の重要な交流を示すもの

(iii) 現存する、または、消滅した文化的伝統、または、文明の、唯一の、または、少なくとも稀な証拠となるもの。
→文化的伝統、文明の稀な証拠

(iv) 人類の歴史上重要な時代を例証する、ある形式の建造物、建築物群、技術の集積、または、景観の顕著な例。
→歴史上、重要な時代を例証する優れた例

(v) 特に、回復困難な変化の影響下で損傷されやすい状態にある場合における、ある文化（または、複数の文化）、或は、環境と人間との相互作用、を代表する伝統的集落、または、土地利用の顕著な例。
→存続が危ぶまれている伝統的集落、土地利用の際立つ例

(vi) 顕著な普遍的な意義を有する出来事、現存する伝統、思想、信仰、または、芸術的、文学的作品と、直接に、または、明白に関連するもの。
→普遍的出来事、伝統、思想、信仰、芸術、文学的作品と関連するもの

(vii) もっともすばらしい自然的現象、または、ひときわすぐれた自然美をもつ地域、及び、美的な重要性を含むもの。**→自然景観**

(viii) 地球の歴史上の主要な段階を示す顕著な見本であるもの。
これには、生物の記録、地形の発達における重要な地学的進行過程、或は、重要な地形的、または、自然地理的特性などが含まれる。
→地形・地質

(ix) 陸上、淡水、沿岸、及び、海洋生態系と動植物群集の進化と発達において、進行しつつある重要な生態学的、生物学的プロセスを示す顕著な見本であるもの。**→生態系**

(x) 生物多様性の本来的保全にとって、もっとも重要かつ意義深い自然生息地を含んでいるもの。これには、科学上、または、保全上の観点から、普遍的価値をもつ絶滅の恐れのある種が存在するものを含む。
→生物多様性

※上記の登録基準(i)～(x)のうち、一つ以上の登録基準を満たすと共に、それぞれの根拠となる説明が必要。

十分条件

真正(真実)性(オーセンティシティ)

文化遺産の種類、その文化的文脈によって一様ではないが、資産の文化的価値（上記の登録基準）が、下に示すような多様な属性における表現において真実かつ信用性を有する場合に、真正性の条件を満たしていると考えられ得る。
- ○形状、意匠
- ○材料、材質
- ○用途、機能
- ○伝統、技能、管理体制
- ○位置、セッティング（周辺の環境）
- ○言語その他の無形遺産
- ○精神、感性
- ○その他の内部要素、外部要素

完全性（インテグリティ）

自然遺産及び文化遺産とそれらの特質のすべてが無傷で包含されている度合を測るためのものさしである。従って、完全性の条件を調べるためには、当該資産が以下の条件をどの程度満たしているかを評価する必要がある。
- a)「顕著な普遍的価値」が発揮されるのに必要な要素（構成資産）がすべて含まれているか。
- b) 当該物件の重要性を示す特徴を不足なく代表するために適切な大きさが確保されているか。
- c) 開発及び管理放棄による負の影響を受けていないか。

他の類似物件との比較

当該物件を、国内外の類似の世界遺産、その他の物件と比較した比較分析を行わなければならない。比較分析では、当該物件の国内での重要性及び国際的な重要性について説明しなければならない。

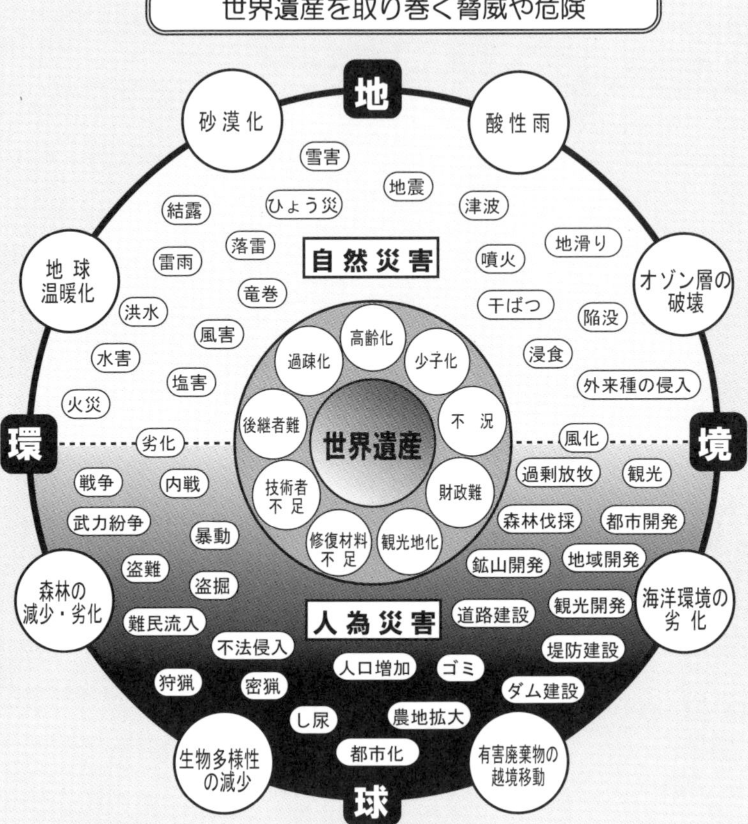

世界遺産を取巻く脅威、危険、危機の因子

固有危険　風化、劣化など

自然災害　地震、津波、地滑り、火山の噴火など

人為災害　タバコの不始末等による火災、無秩序な開発行為など

地球環境問題　地球温暖化、砂漠化、酸性雨、海洋環境の劣化など

社会環境の変化　過疎化、高齢化、後継者難、観光地化など

世界遺産を取巻く脅威、危険、危機の状況

確認危険　遺産が特定の確認された差し迫った危険に直面している状況

潜在危険　遺産固有の特徴に有害な影響を与えかねない脅威に直面している状況

確認危険と潜在危険

遺産種別 / 危険種別	文化遺産	自然遺産
確認危険 Ascertained Danger	● 材質の重大な損壊 ● 構造、或は、装飾的な特徴 ● 建築、或は、都市計画の統一性 ● 歴史的な真正性 ● 文化的な定義	● 病気、密猟、密漁 ● 大規模開発、産業開発 採掘、汚染、森林伐採 ● 境界や上流地域への人間の侵入
潜在危険 Potential Danger	● 遺産の法的地位 ● 保護政策 ● 地域開発計画 ● 都市開発計画 ● 武力紛争 ● 地質、気象、その他の環境的要因	● 指定地域の法的な保護状況 ● 再移転計画、或は開発事業 ● 武力紛争 ● 保護管理計画

危機にさらされている世界遺産

	物件名	国名	危機遺産登録年	登録された主な理由
1	●エルサレム旧市街と城壁	ヨルダン推薦物件	1982年	民族紛争
2	●チャン・チャン遺跡地域	ペルー	1986年	風雨による侵食・崩壊
3	○ニンバ山厳正自然保護区	ギニア／コートジボワール	1992年	鉄鉱山開発、難民流入
4	○アイルとテネレの自然保護区	ニジェール	1992年	武力紛争、内戦
5	○ヴィルンガ国立公園	コンゴ民主共和国	1994年	地域紛争、密猟
6	○ガランバ国立公園	コンゴ民主共和国	1996年	密猟、内戦、森林破壊
7	○オカピ野生動物保護区	コンゴ民主共和国	1997年	武力紛争、森林伐採、密猟
8	○カフジ・ビエガ国立公園	コンゴ民主共和国	1997年	密猟、難民流入、農地開拓
9	○マノボ・グンダ・サンフローリス国立公園	中央アフリカ	1997年	密猟
10	●ザビドの歴史都市	イエメン	2000年	都市化、劣化
11	●アブ・ミナ	エジプト	2001年	土地改良による溢水
12	●ジャムのミナレットと考古学遺跡	アフガニスタン	2002年	戦乱による損傷、浸水
13	●バーミヤン盆地の文化的景観と考古学遺跡	アフガニスタン	2003年	崩壊、劣化、盗窟など
14	●アッシュル（カルア・シルカ）	イラク	2003年	ダム建設、保護管理措置欠如
15	●コロとその港	ヴェネズエラ	2005年	豪雨による損壊
16	●コソヴォの中世の記念物群	セルビア	2006年	政治的不安定による管理と保存の困難
17	○ニオコロ・コバ国立公園	セネガル	2007年	密猟、ダム建設計画
18	●サーマッラの考古学都市	イラク	2007年	宗派対立
19	●カスビのブガンダ王族の墓	ウガンダ	2010年	2010年3月の火災による焼失
20	○アツィナナナの雨林群	マダガスカル	2010年	違法な伐採、キツネザルの狩猟の横行
21	○エバーグレーズ国立公園	アメリカ合衆国	2010年	水界生態系の劣化の継続、富栄養化
22	○スマトラの熱帯雨林遺産	インドネシア	2011年	密猟、違法伐採など
23	○リオ・プラターノ生物圏保護区	ホンジュラス	2011年	違法伐採、密漁、不法占拠、密猟など
24	●トゥンブクトゥー	マリ	2012年	武装勢力による破壊行為
25	●アスキアの墓	マリ	2012年	武装勢力による破壊行為
26	●パナマのカリブ海沿岸のポルトベロ-サン・ロレンソの要塞群	パナマ	2012年	風化や劣化、維持管理の欠如など
27	○イースト・レンネル	ソロモン諸島	2013年	森林の伐採
28	●古代都市ダマスカス	シリア	2013年	国内紛争の激化
29	●古代都市ボスラ	シリア	2013年	国内紛争の激化

	物　件　名	国　　名	危機遺産登録年	登録された主な理由
30	●パルミラの遺跡	シリア	2013年	国内紛争の激化
31	●古代都市アレッポ	シリア	2013年	国内紛争の激化
32	●シュバリエ城とサラ・ディーン城塞	シリア	2013年	国内紛争の激化
33	●シリア北部の古村群	シリア	2013年	国内紛争の激化
34	○セルース動物保護区	タンザニア	2014年	見境ない密猟
35	●ポトシ市街	ボリヴィア	2014年	経年劣化による鉱山崩壊の危機
36	●オリーブとワインの地パレスチナ -エルサレム南部のバティール村の文化的景観	パレスチナ	2014年	分離壁の建設による文化的景観の損失の懸念
37	●ハトラ	イラク	2015年	過激派組織「イスラム国」による破壊、損壊
38	●サナアの旧市街	イエメン	2015年	ハディ政権とイスラム教シーア派との戦闘激化、空爆による遺産の損壊
39	●シバーム城塞都市	イエメン	2015年	ハディ政権とイスラム教シーア派との戦闘激化による潜在危険
40	●ジェンネの旧市街	マリ	2016年	不安定な治安情勢、風化や劣化、都市化、浸食
41	●キレーネの考古学遺跡	リビア	2016年	カダフィ政権崩壊後の国内紛争の激化
42	●レプティス・マグナの考古学遺跡	リビア	2016年	カダフィ政権崩壊後の国内紛争の激化
43	●サブラタの考古学遺跡	リビア	2016年	カダフィ政権崩壊後の国内紛争の激化
44	●タドラート・アカクスの岩絵	リビア	2016年	カダフィ政権崩壊後の国内紛争の激化
45	●ガダミースの旧市街	リビア	2016年	カダフィ政権崩壊後の国内紛争の激化
46	●シャフリサーブスの歴史地区	ウズベキスタン	2016年	ホテルなどの観光インフラの過度の開発、都市景観の変化
47	●ナン・マドール：東ミクロネシアの祭祀センター	ミクロネシア	2016年	マングローブなどの繁茂や遺跡の崩壊
48	●ウィーンの歴史地区	オーストリア	2017年	高層ビル建設プロジェクトによる都市景観問題
49	●ヘブロン/アル・ハリールの旧市街	パレスチナ	2017年	民族紛争、宗教紛争
50	○ツルカナ湖の国立公園群	ケニア	2018年	ダム建設
51	○カリフォルニア湾の諸島と保護地域	メキシコ	2019年	違法操業
52	●ロシア・モンタナの鉱山景観	ルーマニア	2021年	露天掘による文化的景観の喪失
53	●トリポリのラシッド・カラミ国際見本市	レバノン	2023年	保全環境の悪化
54	●オデーサの歴史地区	ウクライナ	2023年	戦争による破壊
55	●古代サバ王国のランドマーク、マーリブ	イエメン	2023年	イエメン内戦による破壊危険

○自然遺産　16件　　●文化遺産　39件　　　　2023年3月現在

図表で見るユネスコ世界遺産

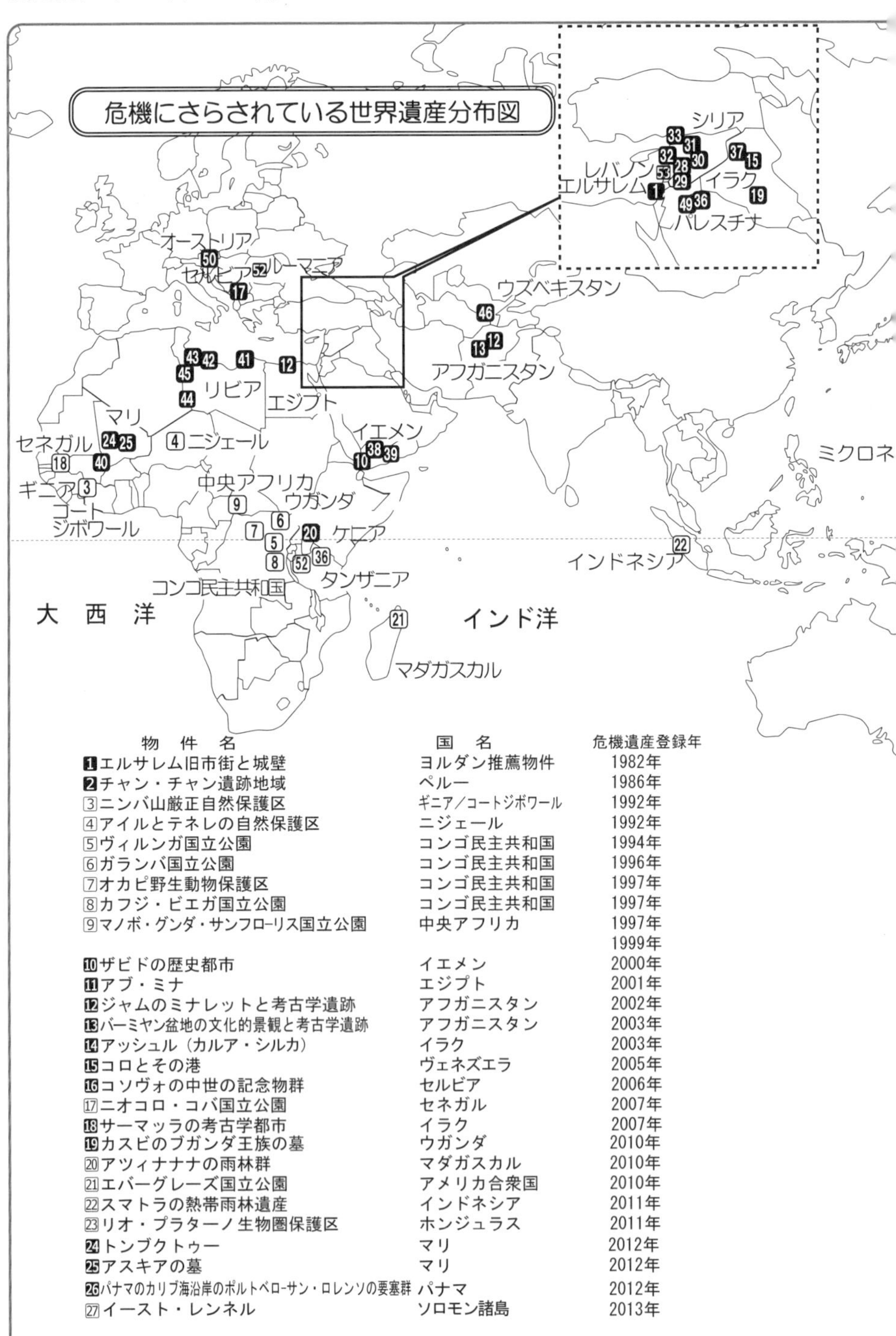

物　件　名	国　名	危機遺産登録年
1 エルサレム旧市街と城壁	ヨルダン推薦物件	1982年
2 チャン・チャン遺跡地域	ペルー	1986年
3 ニンバ山厳正自然保護区	ギニア／コートジボワール	1992年
4 アイルとテネレの自然保護区	ニジェール	1992年
5 ヴィルンガ国立公園	コンゴ民主共和国	1994年
6 ガランバ国立公園	コンゴ民主共和国	1996年
7 オカピ野生動物保護区	コンゴ民主共和国	1997年
8 カフジ・ビエガ国立公園	コンゴ民主共和国	1997年
9 マノボ・グンダ・サンフローリス国立公園	中央アフリカ	1997年 1999年
10 ザビドの歴史都市	イエメン	2000年
11 アブ・ミナ	エジプト	2001年
12 ジャムのミナレットと考古学遺跡	アフガニスタン	2002年
13 バーミヤン盆地の文化的景観と考古学遺跡	アフガニスタン	2003年
14 アッシュル（カルア・シルカ）	イラク	2003年
15 コロとその港	ヴェネズエラ	2005年
16 コソヴォの中世の記念物群	セルビア	2006年
17 ニオコロ・コバ国立公園	セネガル	2007年
18 サーマッラの考古学都市	イラク	2007年
19 カスビのブガンダ王族の墓	ウガンダ	2010年
20 アツィナナナの雨林群	マダガスカル	2010年
21 エバーグレーズ国立公園	アメリカ合衆国	2010年
22 スマトラの熱帯雨林遺産	インドネシア	2011年
23 リオ・プラターノ生物圏保護区	ホンジュラス	2011年
24 トンブクトゥー	マリ	2012年
25 アスキアの墓	マリ	2012年
26 パナマのカリブ海沿岸のポルトベロ-サン・ロレンソの要塞群	パナマ	2012年
27 イースト・レンネル	ソロモン諸島	2013年

物件名	国名	危機遺産登録年
28 古代都市ダマスカス	シリア	2013年
29 古代都市ボスラ	シリア	2013年
30 パルミラの遺跡	シリア	2013年
31 古代都市アレッポ	シリア	2013年
32 シュバリエ城とサラ・ディーン城塞	シリア	2013年
33 シリア北部の古村群	シリア	2013年
34 セルース動物保護区	タンザニア	2014年
35 ポトシ市街	ボリヴィア	2014年
36 オリーブとワインの地パレスチナ-エルサレム南部のバティール村の文化的景観	パレスチナ	2014年
37 ハトラ	イラク	2015年
38 サナアの旧市街	イエメン	2015年
39 シバーム城塞都市	イエメン	2015年
40 ジェンネの旧市街	マリ	2016年
41 キレーネの考古学遺跡	リビア	2016年
42 レプティス・マグナの考古学遺跡	リビア	2016年
43 サブラタの考古学遺跡	リビア	2016年
44 タドラート・アカクスの岩絵	リビア	2016年
45 ガダミースの旧市街	リビア	2016年
46 シャフリサーブスの歴史地区	ウズベキスタン	2016年
47 ナン・マドール：東ミクロネシアの祭祀センター	ミクロネシア	2016年
48 ウィーンの歴史地区	オーストリア	2017年
49 ヘブロン/アル・ハリルの旧市街	パレスチナ	2017年
50 ツルカナ湖の国立公園群	ケニア	2018年
51 カリフォルニア湾の諸島と保護地域	メキシコ	2019年
52 ロシア・モンタナの鉱山景観	ルーマニア	2021年
53 トリポリのラシッド・カラミ国際見本市	レバノン	2023年
54 オデーサの歴史地区	ウクライナ	2023年
55 古代サバ王国のランドマーク、マーリブ	イエメン	2023年

□ 自然遺産
■ 文化遺産

2023年3月現在

危機遺産の登録、解除、抹消の推移表

登録（解除）年	登　録　物　件	解　除　物　件
1979年	★コトルの自然・文化–歴史地域	
1982年	★エルサレム旧市街と城壁	
1984年	☆ンゴロンゴロ保全地域 ☆ジュジ国立鳥類保護区 ☆ガランバ国立公園	
1985年	★アボメイの王宮	
1986年	★チャン・チャン遺跡地域	
1988年	★バフラ城塞	○ジュジ国立鳥類保護区
1989年	★ヴィエリチカ塩坑	○ンゴロンゴロ保全地域
1990年	★トンブクトゥー	
1991年	☆プリトヴィチェ湖群国立公園 ★ドブロブニクの旧市街	
1992年	☆ニンバ山厳正自然保護区 ☆アイルとテネレの自然保護区 ☆マナス野生動物保護区 ☆サンガイ国立公園 ☆スレバルナ自然保護区 ★アンコール	○ガランバ国立公園
1993年	☆エバーグレーズ国立公園	
1994年	☆ヴィルンガ国立公園	
1995年	☆イエロー・ストーン	
1996年	☆リオ・プラターノ生物圏保護区 ☆イシュケウル国立公園 ☆ガランバ国立公園 ☆シミエン国立公園	
1997年	☆オカピ野生動物保護区 ☆カフジ・ビエガ国立公園 ☆マノボ・グンダ・サンフローリス国立公園 ★ブトリント	○プリトヴィチェ湖群国立公園
1998年		●ドブロブニクの旧市街 ●ヴィエリチカ塩坑
1999年	☆ルウェンゾリ山地国立公園 ☆サロンガ国立公園 ☆イグアス国立公園 ★ハンピの建造物群	
2000年	☆ジュジ国立鳥類保護区 ★ザビドの歴史都市 ★ラホールの城塞とシャリマール庭園	
2001年	★フィリピンのコルディリェラ山脈の棚田 ★アブ・ミナ	○イグアス国立公園
2002年	★ジャムのミナレットと考古学遺跡 ★ティパサ	
2003年	☆コモエ国立公園 ★バーミヤン盆地の文化的景観と考古学遺跡 ★アッシュル（カルア・シルカ） ★シルヴァンシャーの宮殿と乙女の塔がある城塞都市バクー ★カトマンズ渓谷	○スレバルナ自然保護区 ○イエロー・ストーン ●コトルの自然・文化–歴史地域
2004年	★バムの文化的景観 ★ケルン大聖堂 ★キルワ・キシワーニとソンゴ・ムナラの遺跡	○ルウェンゾリ山地国立公園 ●アンコール ●バフラ城塞
2005年	★ハンバーストーンとサンタ・ラウラの硝石工場 ★コロとその港	○サンガイ国立公園 ●トンブクトゥー ●ブトリント

登録（解除）年	登　録　物　件	解　除　物　件
2006年	★ドレスデンのエルベ渓谷 ★コソヴォの中世の記念物群	○ジュジ国立鳥類保護区 ○イシュケウル国立公園 ●ティパサ ●ハンピの建造物群 ●ケルン大聖堂
2007年	☆ガラパゴス諸島 ☆ニオコロ・コバ国立公園 ★サーマッラの考古学都市	○エバーグレーズ国立公園 ○リオ・プラターノ生物圏保護区 ●アボメイの王宮 ●カトマンズ渓谷
2009年	☆ベリーズ珊瑚礁保護区 ☆ロス・カティオス国立公園 ★ムツヘータの歴史的建造物群 ~~ドレスデンのエルベ渓谷~~（登録抹消）	●シルヴァンシャーの宮殿と乙女の塔がある城塞都市バクー
2010年	☆アツィナナナの雨林群 ☆エバーグレーズ国立公園 ★バグラチ大聖堂とゲラチ修道院 ★カスビのブガンダ王族の墓	○ガラパゴス諸島
2011年	☆スマトラの熱帯雨林遺産 ☆リオ・プラターノ生物圏保護区	○マナス野生動物保護区
2012年	★トンブクトゥー ★アスキアの墓 ★イエスの生誕地：ベツレヘムの聖誕教会と巡礼の道 ★リヴァプール-海商都市 ★パナマのカリブ海沿岸のポルトベロ-サン・ロレンソの要塞群	●ラホールの城塞とシャリマール庭園 ●フィリピンのコルディリェラ山脈の棚田群
2013年	☆イースト・レンネル ★古代都市ダマスカス　★古代都市ボスラ ★パルミラの遺跡　★古代都市アレッポ ★シュバリエ城とサラ・ディーン城塞 ★シリア北部の古村群	●バムとその文化的景観
2014年	☆セルース動物保護区 ★ポトシ市街 ★オリーブとワインの地パレスチナ－エルサレム南部のバティール村の文化的景観	●キルワ・キシワーニとソンゴ・ムナラの遺跡
2015年	★ハトラ★サナアの旧市街★シバーム城塞都市	○ロス・カティオス国立公園
2016年	★ジェンネの旧市街 ★キレーネの考古学遺跡 ★レプティス・マグナの考古学遺跡 ★サブラタの考古学遺跡 ★タドラート・アカクスの岩絵 ★ガダミースの旧市街 ★シャフリサーブスの歴史地区 ★ナン・マドール：東ミクロネシアの祭祀センター	●ムツヘータの歴史的建造物群
2017年	★ウィーンの歴史地区 ★ヘブロン/アル・ハリルの旧市街	○シミエン国立公園 ○コモエ国立公園 ●ゲラチ修道院
2018年	★ツルカナ湖の国立公園群	○ベリーズ珊瑚礁保護区
2019年	☆カリフォルニア湾の諸島と保護地域	●イエスの生誕地：ベツレヘムの聖誕教会と巡礼の道 ●ハンバーストーンとサンタ・ラウラの硝石工場群
2021年	☆ロシア・モンタナの鉱山景観	○サロンガ国立公園 ●リヴァプール-海商都市→2021年登録抹消
2023年（臨時）	☆トリポリのラシッド・カラミ国際見本市 ☆オデーサの歴史地区 ☆古代サバ王国のランドマーク、マーリブ	

☆危機遺産に登録された文化遺産
★危機遺産に登録された自然遺産

●危機遺産から解除された文化遺産
○危機遺産から解除された自然遺産

2023年3月現在

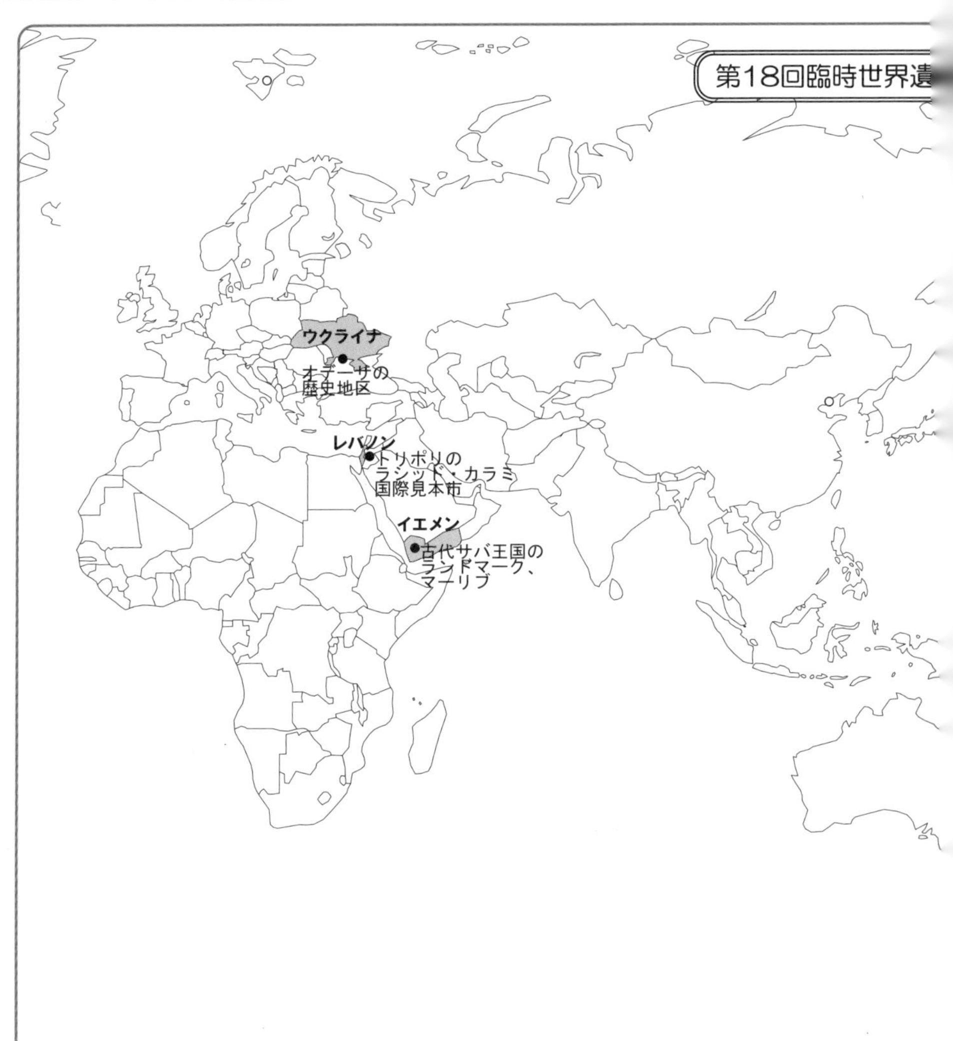
第18回臨時世界遺
ウクライナ
オデーサの
歴史地区
レバノン
トリポリの
ラシッド・カラミ
国際見本市
イエメン
古代サバ王国の
ランドマーク、
マーリブ

新登録物件

新登録物件 分布図

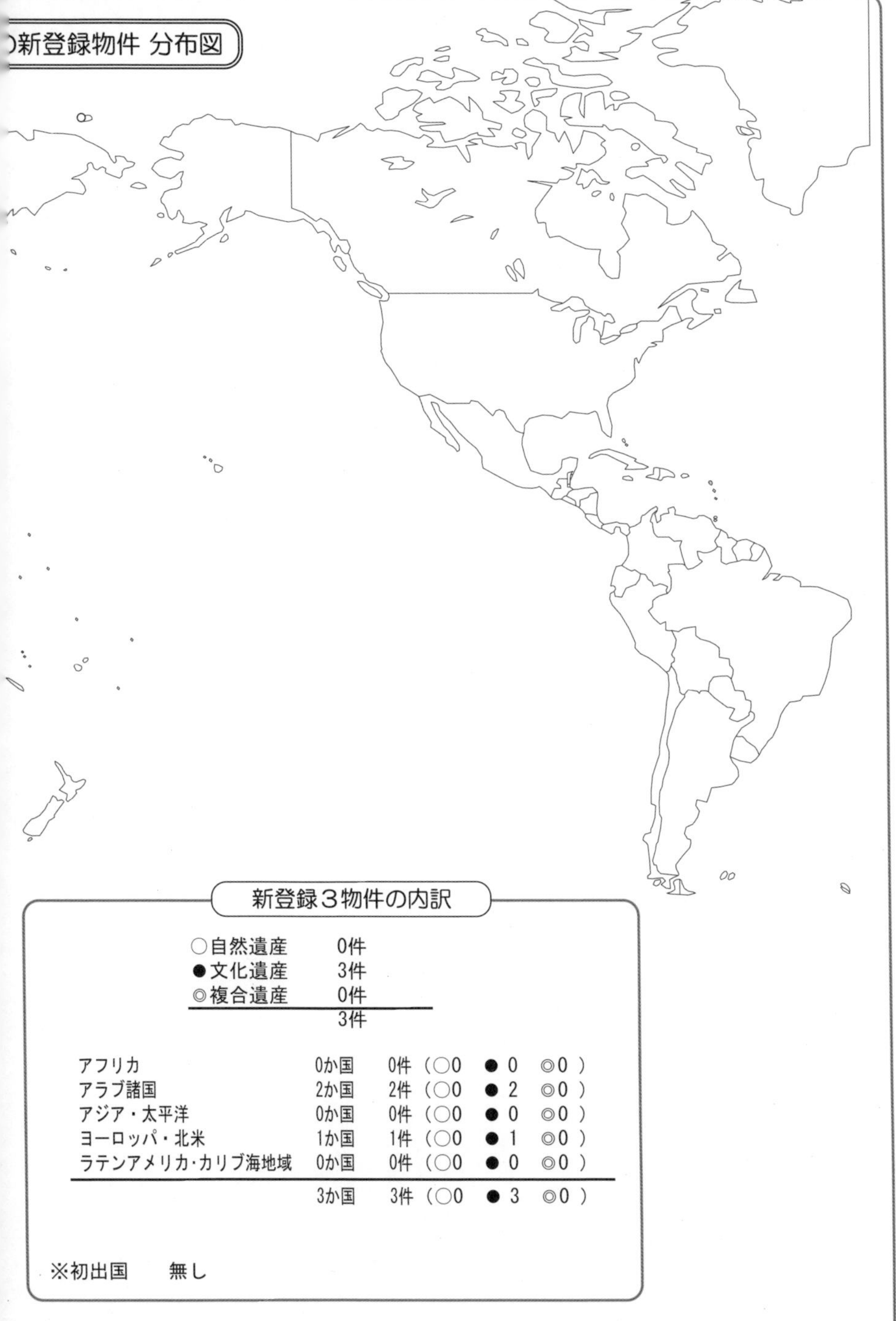

新登録３物件の内訳

○自然遺産	0件
●文化遺産	3件
◎複合遺産	0件
	3件

地域	国数	件数	○	●	◎
アフリカ	0か国	0件	○0	● 0	◎0
アラブ諸国	2か国	2件	○0	● 2	◎0
アジア・太平洋	0か国	0件	○0	● 0	◎0
ヨーロッパ・北米	1か国	1件	○0	● 1	◎0
ラテンアメリカ･カリブ海地域	0か国	0件	○0	● 0	◎0
	3か国	3件	○0	● 3	◎0

※初出国　　無し

新登録物件

地域別・国別データ

※地域分類及び登録基準は、ユネスコ世界遺産センターの分類に準拠しました。

古代サバ王国のランドマーク、マーリブ
（Landmarks of the Ancient Kingdom of Saba, Marib）
文化遺産（登録基準（iii）（iv））　2023年
★【危機遺産】2023年
イエメン

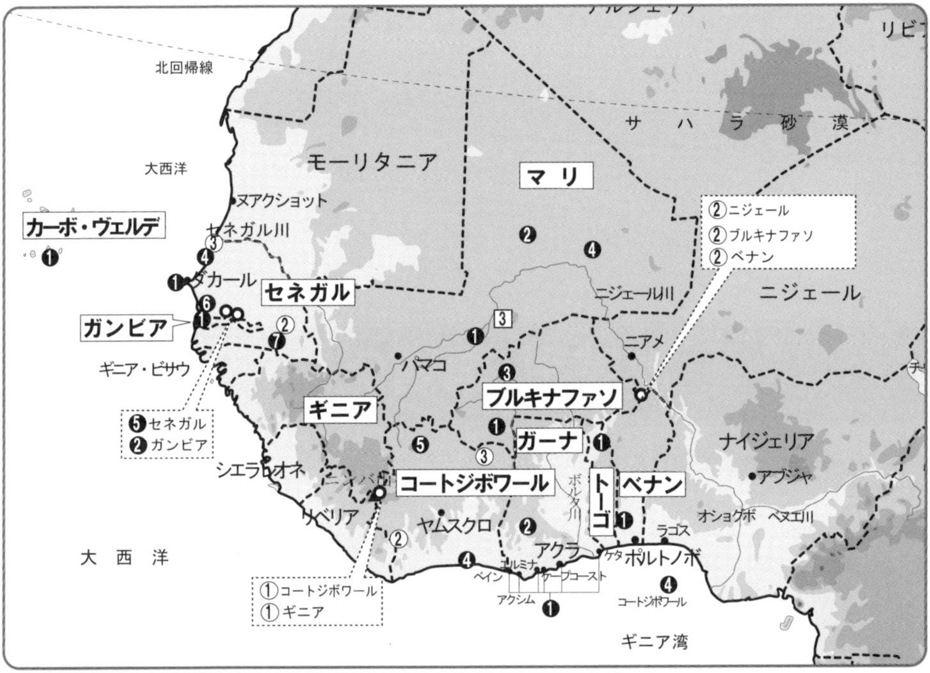

北回帰線
サハラ砂漠
リビア
モーリタニア
マリ
大西洋
ヌアクショット
カーボ・ヴェルデ
セネガル川
ダカール
セネガル
ガンビア
ギニア・ビサウ
❺セネガル
❷ガンビア
バマコ
ニジェール川
ニアメ
②ニジェール
②ブルキナファソ
②ベナン
ニジェール
ブルキナファソ
ギニア
ガーナ
シエラレオネ
ニンバ
コートジボワール
トーゴ
ベナン
ナイジェリア
アブジャ
リベリア
ヤムスクロ
ボルタ川
オショグボ
ベヌエ川
ラゴス
アクラ
ケタ
ポルトノボ
ベイン
エルミナ
ケープコースト
アクシム
コートジボワール
①コートジボワール
①ギニア
大西洋
ギニア湾

ガーナ共和国
Republic of Ghana
首都　アクラ
世界遺産の数　2　世界遺産条約締約年　1975年

❶ヴォルタ、アクラ、中部、西部各州の砦と城塞
（Forts and Castles, Volta, Greater Accra, Central and Western Regions）
文化遺産（登録基準（vi））
1979年

❷アシャンティの伝統建築物
（Asante Traditional Buildings）
文化遺産（登録基準（v））
1980年

ギニア共和国
Republic of Guinea
首都　コナクリ
世界遺産の数　1　世界遺産条約締約年　1979年

①ニンバ山厳正自然保護区
（Mount Nimba Strict Nature Reserve）
自然遺産（登録基準（ix）（x））
1981年／1982年
★【危機遺産】1992年
ギニア／コートジボワール

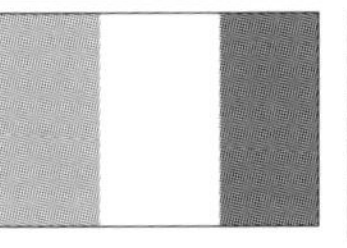

コートジボワール共和国
Republic of Côte d'Ivoire
首都　ヤムスクロ
世界遺産の数　5　世界遺産条約締約年　1981年

①ニンバ山厳正自然保護区
（Mount Nimba Strict Nature Reserve）
自然遺産（登録基準（ix）（x））
1981年／1982年
★【危機遺産】1992年
コートジボワール／ギニア

②タイ国立公園（Taï National Park）
自然遺産（登録基準（vii）（x））
1982年

③コモエ国立公園
（Comoé National Park）
自然遺産（登録基準（ix）（x））
1983年

❹グラン・バッサムの歴史都市
（Historic town of Grand-Bassam）
文化遺産（登録基準（iii）（iv））
2012年

❺コートジボワール北部のスーダン様式のモスク群
（Sudanese style mosques in northern Côte d'Ivoire）
文化遺産（登録基準（ii（iv））
2021年

セネガル共和国
Republic of Senegal
首都　ダカール
世界遺産の数　7　世界遺産条約締約年　1976年

❶ゴレ島（Island of Goree）
文化遺産（登録基準(vi)）　1978年
②ニオコロ・コバ国立公園
（Niokolo-Koba National Park）
自然遺産（登録基準(x)）　1981年
★【危機遺産】2007年
③ジュジ国立鳥類保護区
（Djoudj National Bird Sanctuary）
自然遺産（登録基準(vii)(x)）　1981年
❹サン・ルイ島（Island of Saint-Louis）
文化遺産（登録基準(ii)(iv)）
2000年／2007年
❺セネガンビアの環状列石群
（Stone Circles of Senegambia）
文化遺産（登録基準(i)(iii)）　2006年
セネガル／ガンビア
❻サルーム・デルタ（Saloum Delta）
文化遺産（登録基準(iii)(iv)(v)）　2011年
❼バサリ地方：バサリ族、フラ族、それにベディク族の文化的景観群
（Bassari Country : Bassari, Fula and Bedik Cultural Landscapes）
文化遺産（登録基準(iii)(v)(vi)）　2012年

ガンビア共和国
Republic of The Gambia
首都　バンジュール
世界遺産の数　2　世界遺産条約締約年　1987年

❶クンタ・キンテ島と関連遺跡群
（Kunta Kinteh Island and Related Sites）
文化遺産（登録基準(iii)(vi)）　2003年
❷セネガンビアの環状列石群
（Stone Circles of Senegambia）
文化遺産（登録基準(i)(iii)）　2006年
セネガル／ガンビア

カーボヴェルデ共和国
Republic of Cape Verde
首都　プライア
世界遺産の数　1　世界遺産条約締約年　1988年

❶シダーデ・ヴェリャ、リベイラ・グランデの歴史地区
（Cidade Velha, Historic Centre of Ribeira Grande）
文化遺産（登録基準(ii)(iii)(vi)）
2009年

マリ共和国
Republic of Mali
首都　バマコ
世界遺産の数　4　世界遺産条約締約年　1977年

❶ジェンネの旧市街
（Old Towns of Djenne）
文化遺産（登録基準(iii)(iv)）　1988年
★【危機遺産】2016年
❷トンブクトゥー（Timbuktu）
文化遺産（登録基準(ii)(iv)(v)）　1988年
★【危機遺産】2012年
③バンディアガラの絶壁（ドゴン族の集落）
（Cliff of Bandiagara（Land of the Dogons））
複合遺産（登録基準(v)(vii)）　1989年
❹アスキアの墓（Tomb of Askia）
文化遺産（登録基準(ii)(iii)(iv)）　2004年
★【危機遺産】2012年

ブルキナファソ
Burkina Faso
首都　ワガドゥグー
世界遺産の数　3　世界遺産条約締約年　1987年

❶ロロペニの遺跡群（Ruines of Loropeni）
文化遺産（登録基準(iii)）　2009年
②W・アルリ・ペンジャリ国立公園遺産群
（W-Arly-Pendjari Complex）
自然遺産（登録基準(ix)(x)）　1996年／2017年
ニジェール／ベナン／ブルキナファソ
❸ブルキナファソの古代製鉄遺跡群
（Ancient ferrous Metallurgy Sites of Burkina Faso）
文化遺産（登録基準((iii)(iv)(vi)）　2019年

トーゴ共和国
Republic of Togo
首都　ロメ
世界遺産の数　1　世界遺産条約締約年　1998年

❶バタムマリバ族の地　コウタマコウ
（Koutammakou, the Land of the Batammariba）
文化遺産（登録基準(v)(vi)）　2004年

ベナン共和国
Republic of Benin
首都　ポルトノボ
世界遺産の数　2　世界遺産条約締約年　1982年

❶アボメイの王宮群（Royal Palaces of Abomey）
文化遺産（登録基準(iii)(iv)）
1985年／2007年
②W・アルリ・ペンジャリ国立公園遺産群
（W-Arly-Pendjari Complex）
自然遺産（登録基準(ix)(x)）　1996年／2017年
ニジェール／ベナン／ブルキナファソ

○自然遺産　●文化遺産　□複合遺産　★危機遺産

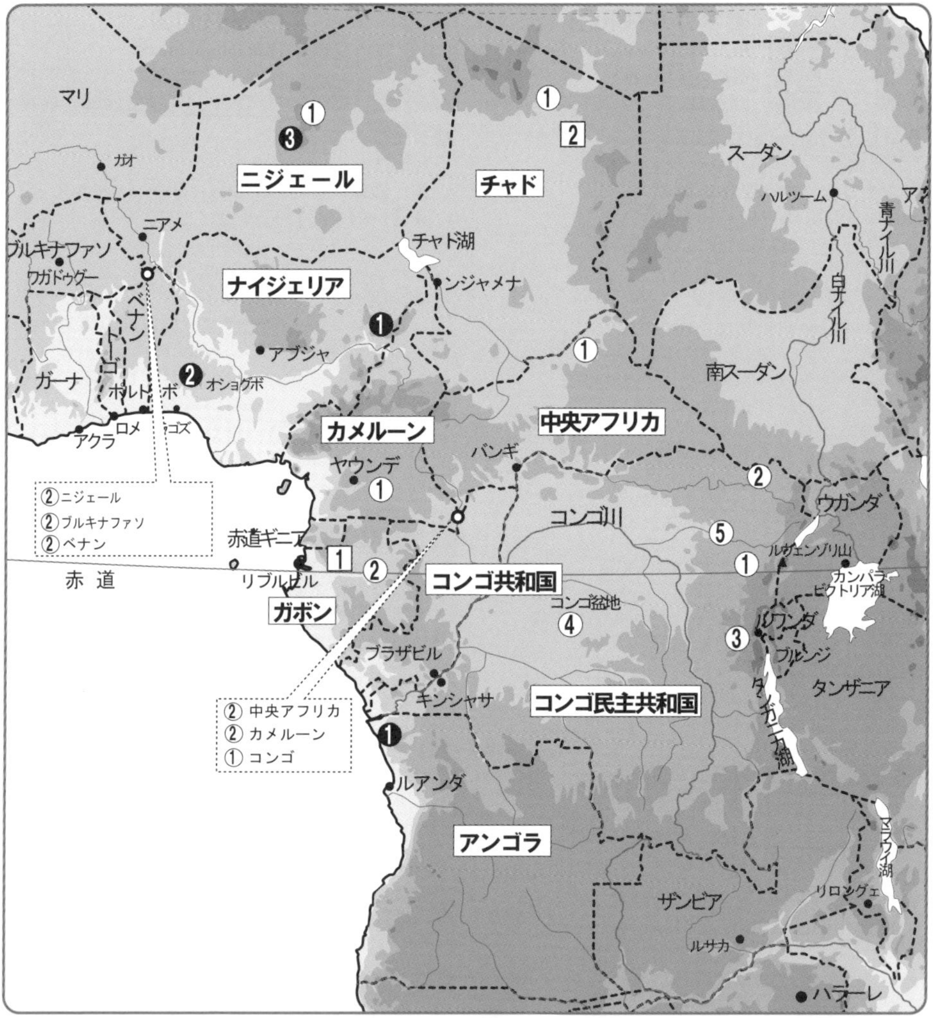

マリ
ガオ
ニジェール
チャド
スーダン
ハルツーム
青ナイル川
白ナイル川
ニアメ
ブルキナファソ
ワガドゥグー
ナイジェリア
チャド湖
ンジャメナ
ベナン
トーゴ
ガーナ
アブジャ
オショグボ
ポルトノボ
アクラ
ロメ
コゾ
南スーダン
カメルーン
中央アフリカ
ヤウンデ
バンギ
ウガンダ
コンゴ川
赤道ギニア
ルウェンゾリ山
カンパラ
ビクトリア湖
赤 道
リブルビル
コンゴ共和国
ガボン
コンゴ盆地
ルワンダ
ブルンジ
ブラザビル
キンシャサ
コンゴ民主共和国
タンザニア
タンガニーカ湖
ルアンダ
アンゴラ
マラウイ湖
リロングェ
ザンビア
ルサカ
ハラーレ

②ニジェール
②ブルキナファソ
②ベナン

②中央アフリカ
②カメルーン
①コンゴ

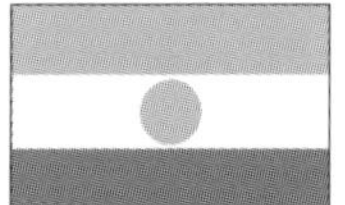

ニジェール共和国

Republic of Niger

首都　ニアメ

世界遺産の数　3　世界遺産条約締約年　1974年

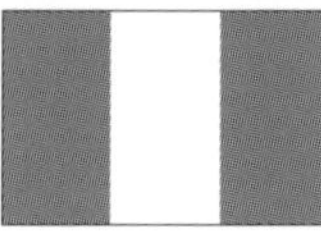

ナイジェリア連邦共和国

Federal Republic of Nigeria

首都　アブジャ

世界遺産の数　2　世界遺産条約締約年　1974年

①アイルとテネレの自然保護区
（Air and Ténéré Natural Reserves）
自然遺産（登録基準（vii）（ix）（x））
1991年　★【危機遺産】1992年

②W・アルリ・ペンジャリ国立公園遺産群
（W-Arly-Pendjari Complex）
自然遺産（登録基準（ix）（x））　1996年／2017年
ニジェール／ベナン／ブルキナファソ

❸アガデスの歴史地区（Historic Centre of Agadez）
文化遺産（登録基準（ii）（iii））　2013年

❶スクルの文化的景観
（Sukur Cultural Landscape）
文化遺産（登録基準（iii）（v）（vi））
1999年

❷オスン・オショグボの聖なる森
（Osun-Osogbo Sacred Grove）
文化遺産（登録基準（ii）（iii）（vi））
2005年

○自然遺産　●文化遺産　□複合遺産　★危機遺産

チャド共和国
Republic of Tchad
首都　ンジャメナ
世界遺産の数　2　世界遺産条約締約年　1999年

①ウニアンガ湖群
(Lakes of Ounianga)
自然遺産(登録基準(vii))　2012年
②エネディ山地の自然と文化的景観
(Ennedi Massif: Natural and Cultural Landscape)
複合遺産(登録基準(iii)(vii)(ix))　2016年

中央アフリカ共和国
Central African Republic
首都　バンギ
世界遺産の数　2　世界遺産条約締約年　1980年

①マノヴォ・グンダ・サン・フローリス国立公園
(Manovo-Gounda St Floris National Park)
自然遺産(登録基準(ix)(x))　1988年
★【危機遺産】1997年
②サンガ川の三か国流域
(Sangha Trinational)
自然遺産(登録基準(ix)(x))　2012年
コンゴ／カメルーン／中央アフリカ

カメルーン共和国
Republic of Cameroon
首都　ヤウンデ
世界遺産の数　2　世界遺産条約締約年　1982年

①ジャ・フォナル自然保護区
(Dja Faunal Reserve)
自然遺産(登録基準(ix)(x))　1987年
②サンガ川の三か国流域
(Sangha Trinational)
自然遺産(登録基準(ix)(x))　2012年
コンゴ／カメルーン／中央アフリカ

ガボン共和国
Gabonese Republic
首都　リーブルビル
世界遺産の数　2　世界遺産条約締約年　1986年

①ロペ・オカンダの生態系と残存する文化的景観
(Ecosystem and Relict Cultural Landscape of Lopé-Okanda)
複合遺産(登録基準(iii)(iv)(ix)(x))　2007年
②イヴィンド国立公園 (Ivindo National Park)
自然遺産(登録基準(ix)(x))　2021年

コンゴ共和国
Republic of Congo
首都　ブラザビル
世界遺産の数　1　世界遺産条約締約年　1987年

①サンガ川の三か国流域
(Sangha Trinational)
自然遺産(登録基準(ix)(x))
2012年
コンゴ／カメルーン／中央アフリカ

コンゴ民主共和国(旧ザイール)
Democratic Republic of Congo
首都　キンシャサ
世界遺産の数　5　世界遺産条約締約年　1974年

①ヴィルンガ国立公園
(Virunga National Park)
自然遺産(登録基準(vii)(viii)(x))
1979年
★【危機遺産】1994年
②ガランバ国立公園 (Garamba National Park)
自然遺産(登録基準(vii)(x))
1980年
★【危機遺産】1996年
③カフジ・ビエガ国立公園
(Kahuzi-Biega National Park)
自然遺産(登録基準(x))
1980年
★【危機遺産】1997年
④サロンガ国立公園 (Salonga National Park)
自然遺産(登録基準(vii)(ix))
1984年
★【危機遺産】1999年
⑤オカピ野生動物保護区
(Okapi Wildlife Reserve)
自然遺産(登録基準(x))
1996年
★【危機遺産】1997年

アンゴラ共和国
Republic of Angola
首都　ルアンダ
世界遺産の数　1　世界遺産条約締約年　1991年

❶ンバンザ・コンゴ、かつてのコンゴ王国の首都の面影
(Mbanza Kongo, Vestiges of the Capital of the former Kingdom of Kongo)
文化遺産(登録基準(iii)(iv)(vi))
2017年

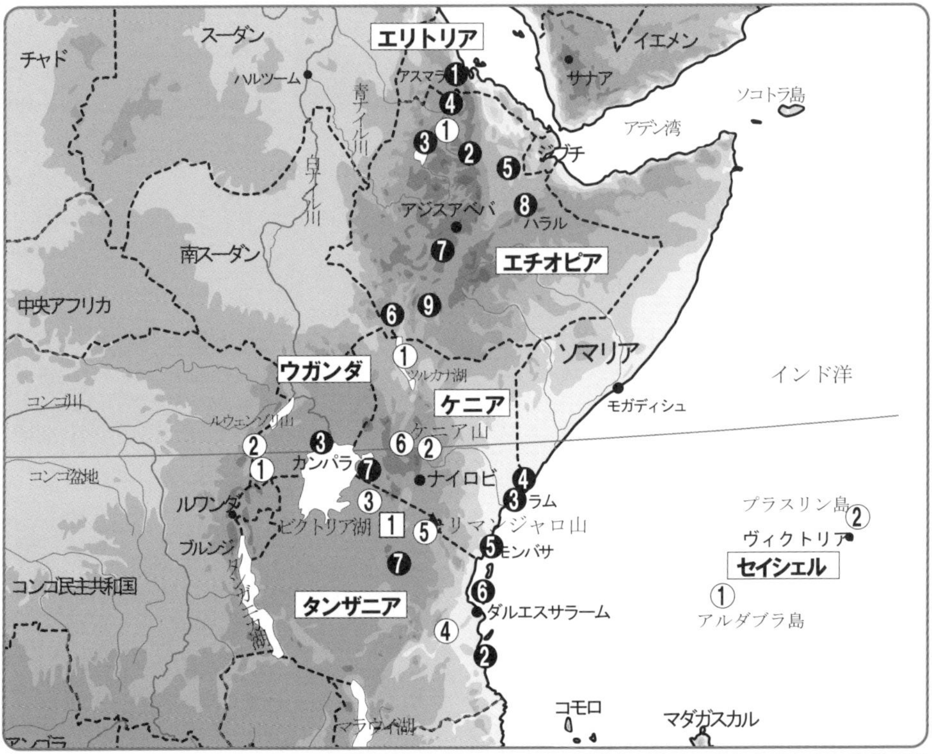

エチオピア連邦民主共和国
Federal Democratic Republic of Ethiopia
首都　アディスアベバ
世界遺産の数　9　世界遺産条約締約年　1977年

①シミエン国立公園
（Simien National Park）
自然遺産（登録基準（vii）（x））　1978年

❷ラリベラの岩の教会
（Rock-Hewn Churches, Lalibela）
文化遺産（登録基準（i）（ii）（iii））　1978年

❸ゴンダール地方のファジル・ゲビ
（Fasil Ghebbi, Gondar Region）
文化遺産（登録基準（ii）（iii））　1979年

❹アクスム（Aksum）
文化遺産（登録基準（i）（iv））　1980年

❺アワッシュ川下流域
（Lower Valley of the Awash）
文化遺産（登録基準（ii）（iii）（iv））
1980年

❻オモ川下流域　（Lower Valley of the Omo）
文化遺産（登録基準（iii）（iv））
1980年

❼ティヤ（Tiya）
文化遺産（登録基準（i）（iv））　1980年

❽ハラール・ジュゴール、要塞歴史都市
（Harar Jugol, the Fortified Historic Town）
文化遺産（登録基準（ii）（iii）（iv）（v））　2006年

❾コンソ族の文化的景観
（Konso Cultural Landscape）
文化遺産（登録基準（iii）（v））　2011年

エリトリア国
State of Eritrea
首都　アスマラ
世界遺産の数　1　世界遺産条約締約年　2001年

❶アスマラ：現代的なアフリカ都市
（Asmara: a Modernist African City）
文化遺産（登録基準（ii）（iv））
2017年　＊2018年、登録遺産名（英語表記）変更。

セイシェル共和国
Republic of Seychelles
首都　ヴィクトリア
世界遺産の数　2　世界遺産条約締約年　1980年

①アルダブラ環礁（Aldabra Atoll）
自然遺産（登録基準（vii）（ix）（x））　1982年

②バレ・ドゥ・メ自然保護区
（Vallée de Mai Nature Reserve）
自然遺産（登録基準（vii）（viii）（ix）（x））　1983年

ウガンダ共和国
Republic of Uganda
首都　カンパラ
世界遺産の数　3　世界遺産条約締約年　1987年

①ブウィンディ原生国立公園
（Bwindi Impenetrable National Park）
自然遺産（登録基準（vii）（x））
1994年

②ルウェンゾリ山地国立公園
（Rwenzori Mountains National Park）
自然遺産（登録基準（vii）（x））
1994年

❸カスビのブガンダ王族の墓
（Tombs of Buganda Kings at Kasubi）
文化遺産（登録基準（i）（iii）（iv）（vi））
2001年　★【危機遺産】2010年

ケニア共和国
Republic of Kenya
首都　ナイロビ
世界遺産の数　7　世界遺産条約締約年　1991年

①ツルカナ湖の国立公園群
（Lake Turkana National Parks）
自然遺産（登録基準（viii）（x））
1997年／2001年
★【危機遺産】2018年

②ケニア山国立公園／自然林
（Mount Kenya National Park/Natural Forest）
自然遺産（登録基準（vii）（ix））
1997年／2013年

❸ラムの旧市街（Lamu Old Town）
文化遺産（登録基準（ii）（iv）（vi））
2001年

❹神聖なミジケンダ族のカヤ森林群
（Sacred Mijikenda Kaya Forests）
文化遺産（登録基準（iii）（v）（vi））
2008年

❺モンバサのジーザス要塞
（Fort Jesus, Mombasa）
文化遺産（登録基準（ii）（v））
2011年

⑥大地溝帯のケニアの湖水システム
（Kenya Lake System in the Great Rift Valley）
自然遺産（登録基準（vii）（ix）（x））
2011年

❼ティムリカ・オヒンガの考古学遺跡
（Thimlich Ohinga Archaeological Site）
文化遺産（登録基準（iii）（iv）（v））
2018年

タンザニア連合共和国
United Republic of Tanzania
首都　ドドマ
世界遺産の数　7　世界遺産条約締約年　1977年

1ンゴロンゴロ保全地域
（Ngorongoro Conservation Area）
複合遺産（登録基準（iv）（vii）（viii）（ix）（x））
1979年／2010年

❷キルワ・キシワーニとソンゴ・ムナラの遺跡
（Ruins of Kilwa Kisiwani and Ruins of Songo Mnara）
文化遺産（登録基準（iii））　1981年

③セレンゲティ国立公園
（Serengeti National Park）
自然遺産（登録基準（vii）（x））　1981年

④セルース動物保護区（Selous Game Reserve）
自然遺産（登録基準（ix）（x））1982年
★【危機遺産】2014年

⑤キリマンジャロ国立公園
（Kilimanjaro National Park）
自然遺産（登録基準（vii））　1987年

❻ザンジバル島のストーン・タウン
（Stone Town of Zanzibar）
文化遺産（登録基準（ii）（iii）（vi））　2000年

❼コンドアの岩画遺跡群（Kondoa Rock-Art Sites）
文化遺産（登録基準（iii）（vi））　2006年

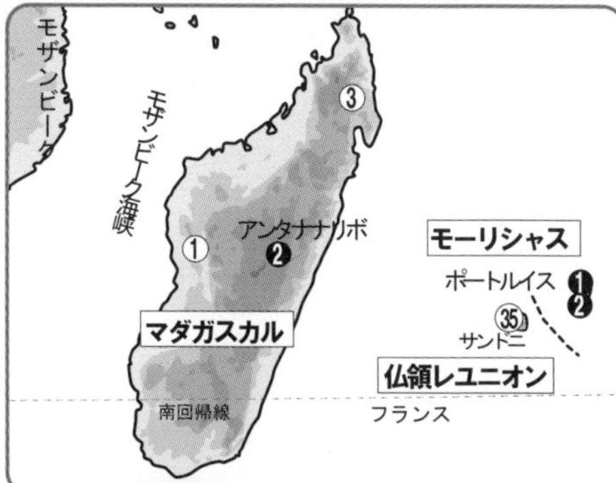

モーリシャス共和国
Republic of Mauritius
首都　ポートルイス
世界遺産の数　2　世界遺産条約締約年　1995年

❶アアプラヴァシ・ガート
（Aapravasi Ghat）
文化遺産（登録基準（vi））　2006年

❷ル・モーンの文化的景観
（Le Morne Cultural Landscape）
文化遺産（登録基準（iii）（vi））　2008年

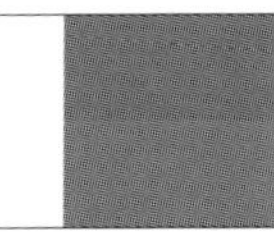

マダガスカル共和国

Republic of Madagascar

首都　アンタナナリボ

世界遺産の数　3　世界遺産条約締約年　1983年

①**ベマラハ厳正自然保護区のチンギ**（Tsingy de Bemaraha Strict Nature Reserve）
自然遺産（登録基準（vii）（x））　1990年

❷**アンボヒマンガの王丘**（Royal Hill of Ambohimanga）
文化遺産（登録基準（iii）（iv）（vi））　2001年

③**アツィナナナの雨林群**（Rainforests of the Atsinanana）
自然遺産（登録基準（ix）（x））　2007年　★【危機遺産】2010年

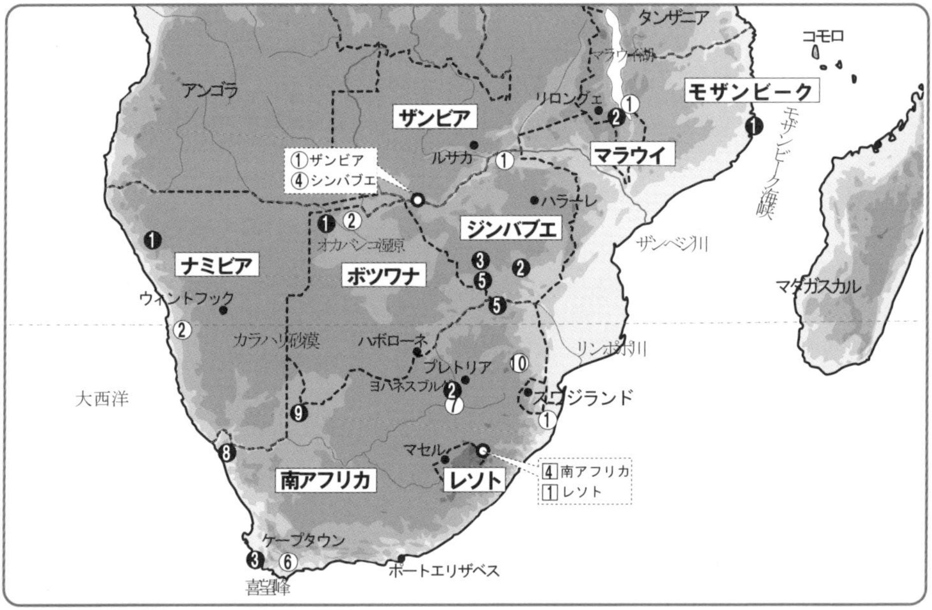

マラウイ共和国

Republic of Malawi

首都　リロングウェ

世界遺産の数　2　世界遺産条約締約年　1982年

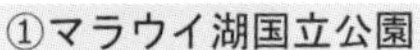

①**マラウイ湖国立公園**
（Lake Malawi National Park）
自然遺産（登録基準（vii）（ix）（x））
1984年

❷**チョンゴニの岩画地域**
（Chongoni Rock-Art Area）
文化遺産（登録基準（iii）（vi））
2006年

モザンビーク共和国

Republic of Mozambique

首都　マプート

世界遺産の数　1　世界遺産条約締約年　1982年

❶**モザンビーク島**（Island of Mozambique）
文化遺産（登録基準（iv）（vi））
1991年

ザンビア共和国

Republic of Zambia

首都　ルサカ

世界遺産の数　1　世界遺産条約締約年　1984年

①**モシ・オア・トゥニャ（ヴィクトリア瀑布）**
（Mosi-oa-Tunya/ Victoria Falls）
自然遺産（登録基準（vii）（viii））
1989年
ザンビア／ジンバブエ

ジンバブエ共和国

Republic of Zimbabwe
首都　ハラーレ
世界遺産の数　5　世界遺産条約締約年　1982年

①マナ・プールズ国立公園、サピとチェウォールのサファリ地域
(Mana Pools National Park, Sapi and Chewore Safari Areas)
自然遺産(登録基準(vii)(ix)(x))
1984年

❷グレート・ジンバブエ遺跡
(Great Zimbabwe National Monument)
文化遺産(登録基準(i)(iii)(vi))
1986年

❸カミ遺跡国立記念物
(Khami Ruins National Monument)
文化遺産(登録基準(iii)(iv))
1986年

④モシ・オア・トゥニャ（ヴィクトリア瀑布）
(Mosi-oa-Tunya/ Victoria Falls)
自然遺産(登録基準(vii)(viii))
1989年
ジンバブエ／ザンビア

❺マトボ丘陵（Matobo Hills)
文化遺産(登録基準(iii)(v)(vi))
2003年

ボツワナ共和国

Republic of Botswana
首都　ハボローネ
世界遺産の数　2　世界遺産条約締約年　1998年

❶ツォディロ（Tsodilo)
文化遺産(登録基準(i)(iii)(vi))
2001年

②オカヴァンゴ・デルタ
(Okavango Delta)
自然遺産(登録基準(vii)(ix)(x))
2014年

ナミビア共和国

Republic of Namibia
首都　ウィントフック
世界遺産の数　2　世界遺産条約締約年　2000年

❶トワイフェルフォンテイン
(Twyfelfontein or /Ui-//aes)
文化遺産(登録基準(iii)(v))　2007年

②ナミブ砂海（Namib Sand Sea)
自然遺産(登録基準(vii)(viii)(ix)(x))
2013年

南アフリカ共和国

Republic of South Africa
首都　プレトリア
世界遺産の数　10　世界遺産条約締約年　1997年

①イシマンガリソ湿潤公園
(iSimangaliso Wetland Park)
自然遺産(登録基準(vii)(ix)(x))　1999年

❷南アフリカの人類化石遺跡群
(Fossil Hominid Sites of South Africa)
文化遺産(登録基準(iii)(vi))
1999年／2005年

❸ロベン島　(Robben Island)
文化遺産(登録基準(iii)(vi))　1999年

④マロティ-ドラケンスバーグ公園
(Maloti-Drakensberg Park)
複合遺産(登録基準(i)(iii)(vii)(x))
2000年／2013年
南アフリカ／レソト

❺マプングブウェの文化的景観
(Mapungubwe Cultural Landscape)
文化遺産(登録基準(ii)(iii)(iv)(v))
2003年

⑥ケープ・フローラル地方の保護地域
(Cape Floral Region Protected Areas)
自然遺産(登録基準(ix)(x))
2004年／2015年

⑦フレデフォート・ドーム
(Vredefort Dome)
自然遺産(登録基準(viii))　2005年

❽リヒターズベルドの文化的な植物景観
(Richtersveld Cultural and Botanical Landscape)
文化遺産(登録基準(iv)(v))　2007年

❾コーマニの文化的景観
(ǂKhomani Cultural Landscape)
文化遺産(登録基準(v)(vi))　2017年

⑩バーバートン・マコンジュワ山脈
(Barberton Makhornjwa Mountains)
自然遺産(登録基準(viii))
2018年

レソト王国

Kingdom of Lesotho
首都　マセル
世界遺産の数　1　世界遺産条約締約年　2003年

①マロティ-ドラケンスバーグ公園
(Maloti-Drakensberg Park)
複合遺産(登録基準(i)(iii)(vii)(x))
2000年／2013年
南アフリカ／レソト

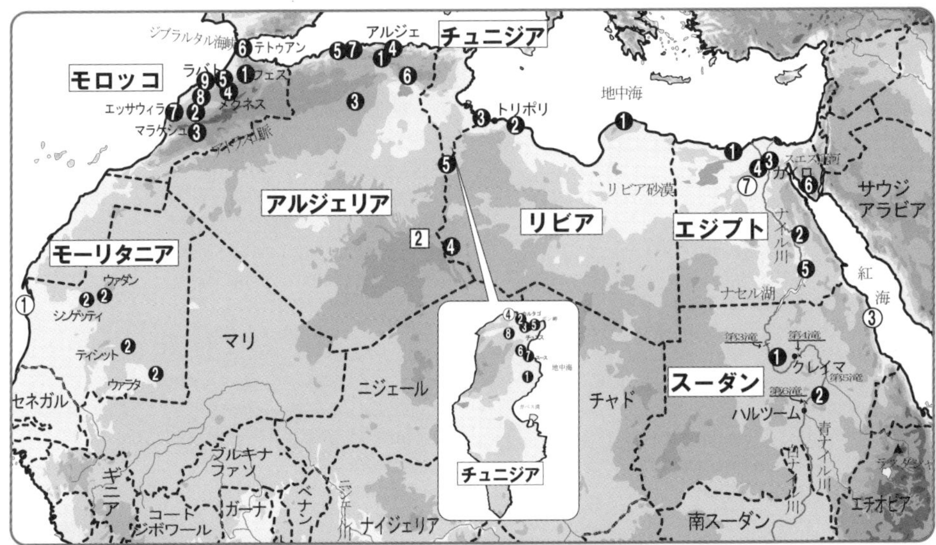

モロッコ王国
Kingdom of Morocco
首都　ラバト
世界遺産の数　9　世界遺産条約締約年　1975年

❶フェズのメディナ（Medina of Fez）
文化遺産（登録基準(ii)(v)）　1981年
❷マラケシュのメディナ
（Medina of Marrakesh）
文化遺産（登録基準(i)(ii)(iv)(v)）　1985年
❸アイット－ベン－ハドゥの集落
（Ksar of Ait-Ben-Haddou）
文化遺産（登録基準(iv)(v)）　1987年
❹古都メクネス（Historic City of Meknes）
文化遺産（登録基準(iv)）　1996年
❺ヴォルビリスの考古学遺跡
（Archaeological Site of Volubilis）
文化遺産（登録基準(ii)(iii)(iv)(vi)）
1997年／2008年
❻テトゥアン（旧ティタウィン）のメディナ
（Medina of Tétouan（formerly known as Titawin））
文化遺産（登録基準(ii)(iv)(v)）　1997年
❼エッサウィラ（旧モガドール）のメディナ
（Medina of Essaouira（formerly Mogador））
文化遺産（登録基準(ii)(iv)）　2001年
❽マサガン（アル ジャディーダ）のポルトガル街区
（Portuguese City of Mazagan（El Jadida））
文化遺産（登録基準(ii)(iv)）　2004年
❾ラバト、現代首都と歴史都市：分担する遺産
（Rabat, modern capital and historic city: a shared heritage）
文化遺産（登録基準(ii)(iv)）　2012年

モーリタニア・イスラム共和国
Islamic Republic of Mauritania
首都　ヌアクショット
世界遺産の数　2　世界遺産条約締約年　1981年

①アルガン岩礁国立公園
（Banc d'Arguin National Park）
自然遺産（登録基準(ix)(x)）　1989年
❷ウァダン、シンゲッティ、ティシット、ウァラタのカザール古代都市
（Ancient *Ksour* of Ouadane, Chinguetti, Tichitt and Oualata）
文化遺産（登録基準(iii)(iv)(v)）　1996年

アルジェリア民主人民共和国
People's Democratic Republic of Algeria
首都　アルジェ
世界遺産の数　7　世界遺産条約締約年　1974年

❶ベニ・ハンマド要塞
（Al Qal'a of Beni Hammad）
文化遺産（登録基準(iii)）　1980年
[2]タッシリ・ナジェール（Tassili n'Ajjer）
複合遺産（登録基準(i)(iii)(vii)(viii)）1982年
❸ムザブの渓谷（M'Zab Valley）
文化遺産（登録基準(ii)(iii)(v)）　1982年
❹ジェミラ（Djemila）
文化遺産（登録基準(iii)(iv)）　1982年
❺ティパサ（Tipasa）
文化遺産（登録基準(iii)(iv)）　1982年
❻ティムガット（Timgad）
文化遺産（登録基準(ii)(iii)(iv)）　1982年
❼アルジェのカスバ（Kasbah of Algiers）
文化遺産（登録基準(ii)(v)）　1992年

○自然遺産　●文化遺産　□複合遺産　★危機遺産

チュニジア共和国
Republic of Tunisia
首都　チュニス
世界遺産の数　8　世界遺産条約締約年　1975年

❶エル・ジェムの円形劇場
(Amphitheatre of El Jem)
文化遺産(登録基準(iv)(vi))
1979年／2010年
❷カルタゴの考古学遺跡
(Archaeological Site of Carthage)
文化遺産(登録基準(ii)(iii)(vi))　1979年
❸チュニスのメディナ　(Medina of Tunis)
文化遺産(登録基準(ii)(iii)(v))
1979年／2010年
④イシュケウル国立公園 (Ichkeul National Park)
自然遺産(登録基準(x))　1980年
❺ケルクアンの古代カルタゴの町とネクロポリス
(Punic Town of Kerkuane and its Necropolis)
文化遺産(登録基準(iii))　1985年／1986年
❻カイルアン (Kairouan)
文化遺産(登録基準(i)(ii)(iii)(v)(vi))
1988年／2010年
❼スースのメディナ　(Medina of Sousse)
文化遺産(登録基準(iii)(iv)(v))
1988年／2010年
❽ドゥッガ／トゥッガ　(Dougga / Thugga)
文化遺産(登録基準(ii)(iii))　1997年

リビア
Libya
首都　トリポリ
世界遺産の数　5　世界遺産条約締約年　1978年

❶キレーネの考古学遺跡
(Archaeological Site of Cyrene)
文化遺産(登録基準(ii)(iii)(vi))　1982年
★【危機遺産】2016年
❷レプティス・マグナの考古学遺跡
(Archaeological Site of Leptis Magna)
文化遺産(登録基準(i)(ii)(iii))　1982年
★【危機遺産】2016年
❸サブラタの考古学遺跡
(Archaeological Site of Sabratha)
文化遺産(登録基準(iii))　1982年
★【危機遺産】2016年
❹タドラート・アカクスの岩絵
(Rock-Art Sites of Tadrart Acacus)
文化遺産(登録基準(iii))　1985年
★【危機遺産】2016年
❺ガダミースの旧市街 (Old Town of Ghadames)
文化遺産(登録基準(v))　1986年
★【危機遺産】2016年

エジプト・アラブ共和国
Arab Republic of Egypt
首都　カイロ
世界遺産の数　7　世界遺産条約締約年　1974年

❶アブ・ミナ (Abu Mena)
文化遺産(登録基準(iv))　1979年
★【危機遺産】2001年
❷古代テーベとネクロポリス
(Ancient Thebes with its Necropolis)
文化遺産(登録基準(i)(iii)(vi))　1979年
❸カイロの歴史地区
(Historic Cairo)
文化遺産(登録基準(i)(v)(vi))　1979年
❹メンフィスとそのネクロポリス／ギザからダハシュールまでのピラミッド地帯
(Memphis and its Necropolis - the Pyramid Fields from Giza to Dahshur)
文化遺産(登録基準(i)(iii)(vi))　1979年
❺アブ・シンベルからフィラエまでのヌビア遺跡群
(Nubian Monuments from Abu Simbel to Philae)
文化遺産(登録基準(i)(iii)(vi))
1979年
❻聖キャサリン地域
(Saint Catherine Area)
文化遺産(登録基準(i)(iii)(iv)(vi))
2002年
⑦ワディ・アル・ヒタン (ホウェール渓谷)
(Wadi Al-Hitan (Whale Valley))
自然遺産(登録基準(viii))　2005年

スーダン共和国
The Republic of the Sudan
首都　ハルツーム
世界遺産の数　3　世界遺産条約締約年　1974年

❶ナパタ地方のゲベル・バーカルと遺跡群
(Gebel Barkal and the Sites of the Napatan Region)
文化遺産(登録基準(i)(ii)(iii)(iv)(vi))
2003年
❷メロエ島の考古学遺跡群
(Archaeological Sites of the Island of Meroe)
文化遺産(登録基準(ii)(iii)(iv)(v))
2011年
③サンガネブ海洋国立公園とドゥンゴナブ湾・ムッカワル島海洋国立公園
(Sanganeb Marine National Park and Dungonab Bay – Mukkawar Island Marine National Park)
自然遺産(登録基準(vii)(ix)(x))
2016年

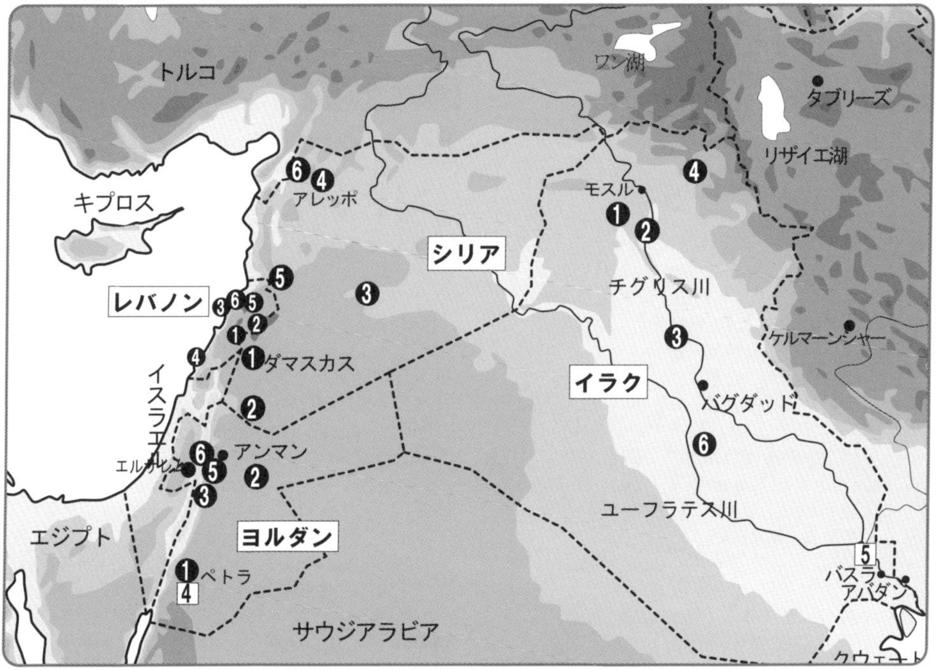

トルコ
ワン湖
タブリーズ
リザイエ湖
キプロス
アレッポ
モスル
シリア
レバノン
チグリス川
ダマスカス
ケルマーンシャー
イスラエル
イラク
バグダッド
アンマン
エルサレム
ユーフラテス川
エジプト
ヨルダン
ペトラ
バスラ
アバダン
サウジアラビア
クウェート

シリア・アラブ共和国

Syrian Arab Republic

首都　ダマスカス

世界遺産の数　6　世界遺産条約締約年　1975年

レバノン共和国

Republic of Lebanon

首都　ベイルート

世界遺産の数　6　世界遺産条約締約年　1983年

❶古代都市ダマスカス
(Ancient City of Damascus)
文化遺産(登録基準(i)(ii)(iii)(iv)(vi))
1979年　★【危機遺産】2013年

❷古代都市ボスラ
(Ancient City of Bosra)
文化遺産(登録基準(i)(iii)(vi))
1980年　★【危機遺産】2013年

❸パルミラの遺跡（Site of Palmyra）
文化遺産(登録基準(i)(ii)(iv))
1980年　★【危機遺産】2013年

❹古代都市アレッポ
(Ancient City of Aleppo)
文化遺産(登録基準(iii)(iv))
1986年　★【危機遺産】2013年

❺シュバリエ城とサラ・ディーン城塞
(Crac des Chevaliers and Qal'at Salah El-Din)
文化遺産(登録基準(ii)(iv))
2006年　★【危機遺産】2013年

❻シリア北部の古村群
(Ancient Villages of Northern Syria)
文化遺産(登録基準(iii)(iv)(v))
2011年　★【危機遺産】2013年

❶アンジャル（Anjar）
文化遺産(登録基準(iii)(iv))
1984年

❷バールベク（Baalbek）
文化遺産(登録基準(i)(iv))
1984年

❸ビブロス（Byblos）
文化遺産(登録基準(iii)(iv)(vi))
1984年

❹ティール（Tyre）
文化遺産(登録基準(iii)(vi))
1984年

❺カディーシャ渓谷(聖なる谷)と神の杉の森(ホルシュ・アルゼ・ラップ)
(Ouadi Qadisha (the Holy Valley) and the Forest of the Cedars of God(Horsh Arz el-Rab))
文化遺産(登録基準(iii)(iv))
1998年

❻トリポリのラシッド・カラミ国際見本市 ***New***
(Rachid Karami International Fair-Tripoli)
文化遺産(登録基準(ii)(iv)　2023年
★【危機遺産】2023年

○自然遺産　●文化遺産　□複合遺産　★危機遺産

ヨルダン・ハシミテ王国
Hashemite Kingdom of Jordan
首都　アンマン
世界遺産の数　6　世界遺産条約締約年　1975年

❶ペトラ（Petra）
文化遺産（登録基準(i)(iii)(iv)）　1985年
❷アムラ城塞（Quseir Amra）
文化遺産（登録基準(i)(iii)(iv)）　1985年
❸ウム･エル･ラサス（カストロン･メファー）
（Um er-Rasas（Kastrom Mefa'a））
文化遺産（登録基準(i)(iv)(vi)）　2004年
④ワディ･ラム保護区（Wadi Rum Protected Area）
複合遺産（登録基準(iii)(v)(vii)）　2011年
❺ヨルダン川の対岸の洗礼の地、ベタニア（アル・マグタス）
（Baptism Site “Bethany Beyond the Jordan” (Al-Maghtas)）
文化遺産（登録基準(ii)(iii)）　2015年
❻サルト－寛容と都会的ホスピタリティの場所
（As-Salt - The Place of Tolerance and Urban Hospitality）
文化遺産（登録基準(ii)(iii)）　2021年

エルサレム
Jerusalem

❶エルサレム旧市街と城壁
（Old City of Jerusalem and its Walls）
文化遺産（登録基準(ii)(iii)(vi)）　1981年
ヨルダン推薦物件　★【危機遺産】1982年

パレスチナ
Palestine
政府所在地　ガザ
世界遺産の数　3　世界遺産条約締約年　2011年

❶イエスの生誕地：ベツレヘムの聖誕教会と巡礼の道
（Birthplace of Jesus: Church of the Nativity and the Pilgrimage Route, Bethlehem）
文化遺産（登録基準(iv)(vi)）　2012年
❷オリーブとワインの地パレスチナ-エルサレム南部バティール村の文化的景観
（Palestine:Land of Olives and Vines-Cultural Landscape of Southern Jerusalem, Battir）
文化遺産（登録基準(iv)(v)）　2014年
★【危機遺産】2014年
❸ヘブロン/アル・ハリールの旧市街
（Hebron/Al-Khalil Old Town）
文化遺産（登録基準(ii)(iv)(vi)）
2017年
★【危機遺産】2017年

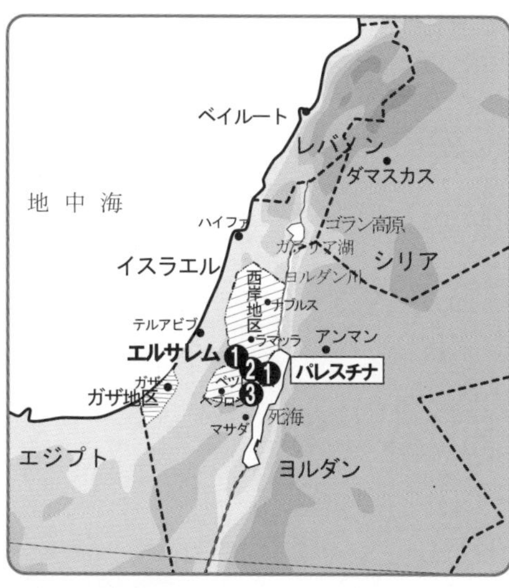

イラク共和国
Republic of Iraq
首都　バグダッド
世界遺産の数　6　世界遺産条約締約年　1974年

❶ハトラ（Hatra）
文化遺産（登録基準(ii)(iii)(iv)(vi)）　1985年
★【危機遺産】2015年
❷アッシュル（カルア・シルカ）
（Ashur（Qala'at Sherqat））
文化遺産（登録基準(iii)(iv)）　2003年
★【危機遺産】2003年
❸サーマッラの考古学都市
（Samarra Archaeological City）
文化遺産（登録基準(ii)(iii)(iv)）　2007年
★【危機遺産】2007年
❹エルビルの城塞（Erbil Citadel）
文化遺産（登録基準(iv)）　2014年
⑤イラク南部の湿原：生物多様性の安全地帯とメソポタミア都市群の残存景観
（The Ahwar of Southern Iraq: Refuge of Biodiversity and the Relict Landscape of the Mesopotamian Cities）
複合遺産（登録基準(iii)(v)(ix)(x)）
2016年
❻バビロン（Babylon）
文化遺産（登録基準((iii)(vi)）　2019年

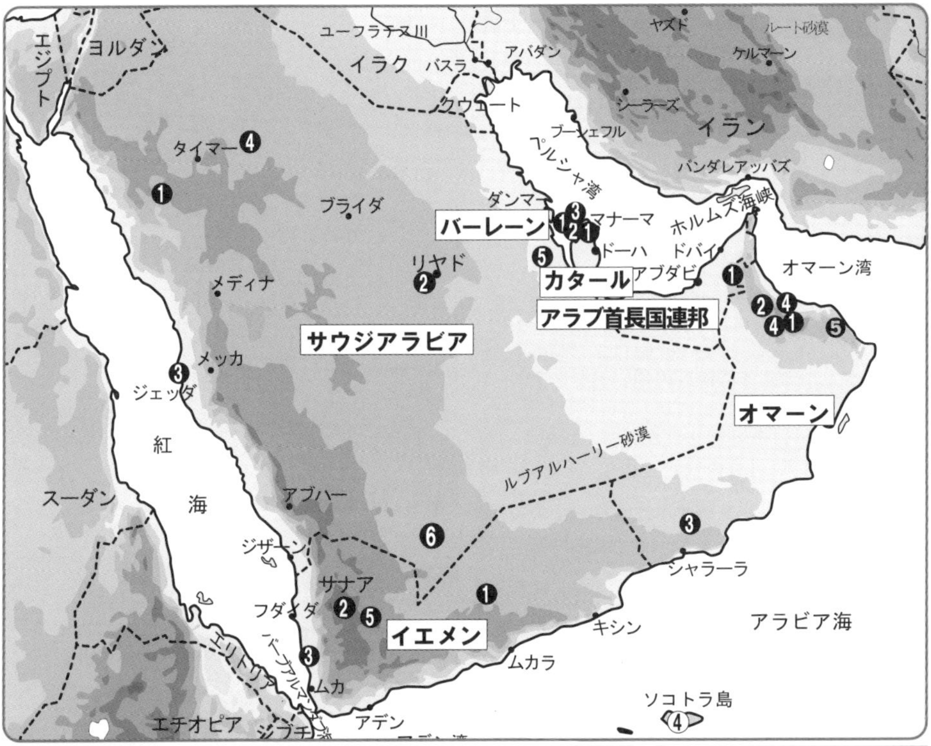

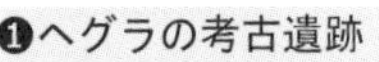

サウジアラビア王国
Kingdom of Saudi Arabia
首都　リヤド
世界遺産の数　6　世界遺産条約締約年　1978年

❶ヘグラの考古遺跡
（アル・ヒジュル/マダイン・サーレハ）
（Hegra Archaeological Site (al-Hijr / Madā' in Ṣāliḥ)）
文化遺産（登録基準(ii)(iii)）
2008年／2021年

❷ディライーヤのツライフ地区
（At-Turaif District in ad-Dir'iyah）
文化遺産（登録基準(iv)(v)(vi)）　2010年

❸歴史都市ジェッダ、メッカへの門
（Historic Jeddah, the Gate to Makkah）
文化遺産（登録基準(ii)(iv)(vi)）　2014年

❹サウジアラビアのハーイル地方の岩絵
（Rock Art in the Hail Region of Saudi Arabia）
文化遺産（登録基準(i)(iii)）　2015年

❺アハサー・オアシス、進化する文化的景観
（Al-Ahsa Oasis, an evolving Cultural Landscape）
文化遺産（登録基準(iii)(iv)(v)）　2018年

❻ヒマーの文化地域（Ḥimā Cultural Area）
文化遺産（登録基準(iii)　2021年

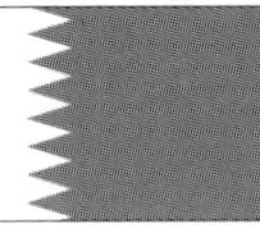

バーレーン王国
Kingdom of Bahrain
首都　マナーマ
世界遺産の数　3　世界遺産条約締約年　1991年

❶バーレーン要塞–古代の港湾とディルムン文明の首都
（Qal'at al-Bahrain-Ancient Harbour and Capital of Dilmun）
文化遺産（登録基準(ii)(iii)(iv)）　2005年／2008年

❷真珠採り、島の経済の証し
（Pearling, Testimony of an Island Economy）
文化遺産（登録基準(iii)）　2012年

❸ディルムンの墳墓群
（Dilmun Burial Mounds）
文化遺産（登録基準((iii)(iv)）　2019年

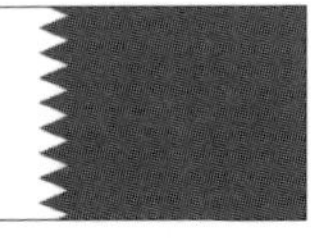

カタール国
State of Qatar
首都　ドーハ
世界遺産の数　1　世界遺産条約締約年　1984年

❶アル・ズバラ考古学遺跡
（Al Zubarah Archaeological Site）
文化遺産（登録基準(iii)(iv)(v)）
2013年

○自然遺産　●文化遺産　□複合遺産　★危機遺産

アラブ首長国連邦
United Arab Emirates（UAE）
首都　アブダビ
世界遺産の数　1　世界遺産条約締約年　2001年

❶アル・アインの文化遺跡群（ハフィート、ヒリ、ビダー・ビント・サウドとオアシス地域群）
（Cultural Sites of Al Ain（Hafit, Hili, Bidaa Bint Saud and Oases Areas））
文化遺産（登録基準(iii)(iv)(v)）　2011年

イエメン共和国
Republic of Yemen
首都　サナア
世界遺産の数　5　世界遺産条約締約年　1980年

❶シバーム城塞都市（Old Walled City of Shibam）
文化遺産（登録基準(iii)(iv)(v)）　1982年
★【危機遺産】2015年
❷サナアの旧市街　（Old City of Sana'a）
文化遺産（登録基準(iv)(v)(vi)）　1986年
★【危機遺産】2015年
❸ザビドの歴史都市（Historic Town of Zabid）
文化遺産（登録基準(ii)(iv)(vi)）　1993年
★【危機遺産】2000年
④ソコトラ諸島（Socotra Archipelago）
自然遺産（登録基準(x)）　2008年
❺古代サバ王国のランドマーク、マーリブ　*New*
（Landmarks of the Ancient Kingdom of Saba, Marib ）
文化遺産（登録基準(iii)(iv) ）　2023年
★【危機遺産】2023年

オマーン国
Sultanate of Oman
首都　マスカット
世界遺産の数　5　世界遺産条約締約年　1981年

❶バフラ城塞（Bahla Fort）
文化遺産（登録基準(iv)）　1987年
❷バット、アルフトゥムとアルアインの考古学遺跡
（Archaeological Sites of Bat, Al-Khutm and Al-Ayn）
文化遺産（登録基準(iii)(iv)）　1988年
❸フランキンセンスの地
（The Land of Frankincense）
文化遺産（登録基準(iii)(iv)）　2000年
❹オマーンのアフラジ灌漑施設
（*Aflaj* Irrigation System of Oman）
文化遺産（登録基準(v)）　2006年
❺古代都市カルハット
（Ancient City of Qalhat）
文化遺産（登録基準(ii)(iii)）　2018年

※アラビアン・オリックス保護区
（Arabian Oryx Sanctuary）
自然遺産（登録基準(x)）
1994年世界遺産登録　→2007年登録抹消。

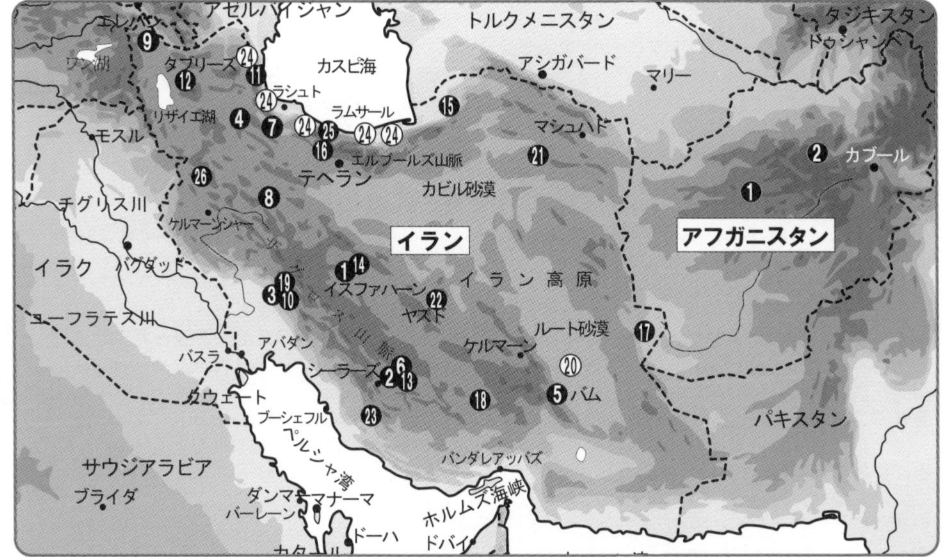

○自然遺産　●文化遺産　□複合遺産　★危機遺産

イラン・イスラム共和国
Islamic Republic of Iran
首都　テヘラン
世界遺産の数　26　世界遺産条約締約年　1975年

❶イスファハンのイマーム広場
（Meidan Emam, Esfahan）
文化遺産（登録基準(i)(v)(vi)）
1979年

❷ペルセポリス（Persepolis）
文化遺産（登録基準(i)(iii)(vi)）　1979年

❸チョーガ・ザンビル（Tchogha Zanbil）
文化遺産（登録基準(iii)(iv)）　1979年

❹タクテ・ソレイマン（Takht-e Soleyman）
文化遺産（登録基準(i)(ii)(iii)(iv)(vi)）
2003年

❺バムとその文化的景観
（Bam and its Cultural Landscape）
文化遺産（登録基準(ii)(iii)(iv)(v)）
2004年／2007年

❻パサルガディ（Pasargadae）
文化遺産（登録基準(i)(ii)(iii)(iv)）　2004年

❼ソルタニーイェ（Soltaniyeh）
文化遺産（登録基準(ii)(iii)(iv)）　2005年

❽ビソトゥーン（Bisotun）
文化遺産（登録基準(ii)(iii)）
2006年

❾イランのアルメニア正教の修道院建築物群
（Armenian Monastic Ensembles of Iran）
文化遺産（登録基準(ii)(iii)(vi)）
2008年

❿シューシュタルの歴史的水利施設
（Shushtar Historical Hydraulic System）
文化遺産（登録基準(i)(ii)(v)）　2009年

⓫アルダビールのシェイフ・サフィール・ディーン聖殿の建築物群
（Sheikh Safi al-din Khānegāh and Shrine Ensemble in Ardabil）
文化遺産（登録基準(i)(ii)(iv)）　2010年

⓬タブリーズの歴史的なバザールの建造物群
（Tabriz Historical Bazaar Complex）
文化遺産（登録基準(ii)(iii)(iv)）　2010年

⓭ペルシャの庭園（The Persian Garden）
文化遺産（登録基準(i)(ii)(iii)(iv)(vi)）
2011年

⓮イスファハンの金曜モスク
（Masjed-e Jāmé of Isfahan）
文化遺産（登録基準(ii)）　2012年

⓯カーブース墓廟（Gonbad-e Qābus）
文化遺産（登録基準(i)(ii)(iii)(iv)）　2012年

⓰ゴレスタン宮殿（Golestan Palace）
文化遺産（登録基準(i)(ii)(iii)(iv)）
2013年

⓱シャフリ・ソフタ（Sharhr-i Sokhta）
文化遺産（登録基準(ii)(iii)(iv)）
2014年

⓲メイマンドの文化的景観
（Cultural Landscape of Maymand）
文化遺産（登録基準(v)）　2015年

⓳スーサ（Susa）
文化遺産（登録基準(i)(ii)(iii)(iv)）
2015年

⑳ルート砂漠（Lut Desert）
自然遺産（登録基準(vii)(viii)）　2016年

㉑ペルシャのカナート（The Persian Qanat）
文化遺産（登録基準(iii)(iv)）
2016年

㉒ヤズドの歴史都市
（Historic City of Yazd）
文化遺産（登録基準(iii)(v)）　2017年

㉓ファールス地域のサーサーン朝の考古学景観
（Sassanid　Archaeological Landscape of Fars Region）
文化遺産（登録基準(ii)　(iii)　(v)　）
2018年

㉔ヒルカニア森林群
（Hyrcanian Forests）
自然遺産（登録基準((ix)）　2019年

㉕イラン縦貫鉄道（Trans-Iranian Railway）
文化遺産（登録基準(ii)(iv)　2021年

㉖ハウラマン／ウラマナトの文化的景観
（Cultural Landscape of Hawraman/Uramanat）
文化遺産（登録基準(iii)　(v)　2021年

アフガニスタン・イスラム国
Islamic State of Afghanistan
首都　カブール
世界遺産の数　2　世界遺産条約締約年　1979年

❶ジャムのミナレットと考古学遺跡
（Minaret and Archaeological Remains of Jam）
文化遺産（登録基準(ii)(iii)(iv)）
2002年
★【危機遺産】2002年

❷バーミヤン盆地の文化的景観と考古学遺跡
（Cultural Landscape and Archaeological Remains of the Bamiyan Valley）
文化遺産（登録基準(i)(ii)(iii)(iv)(vi)）
2003年
★【危機遺産】2003年

アジア

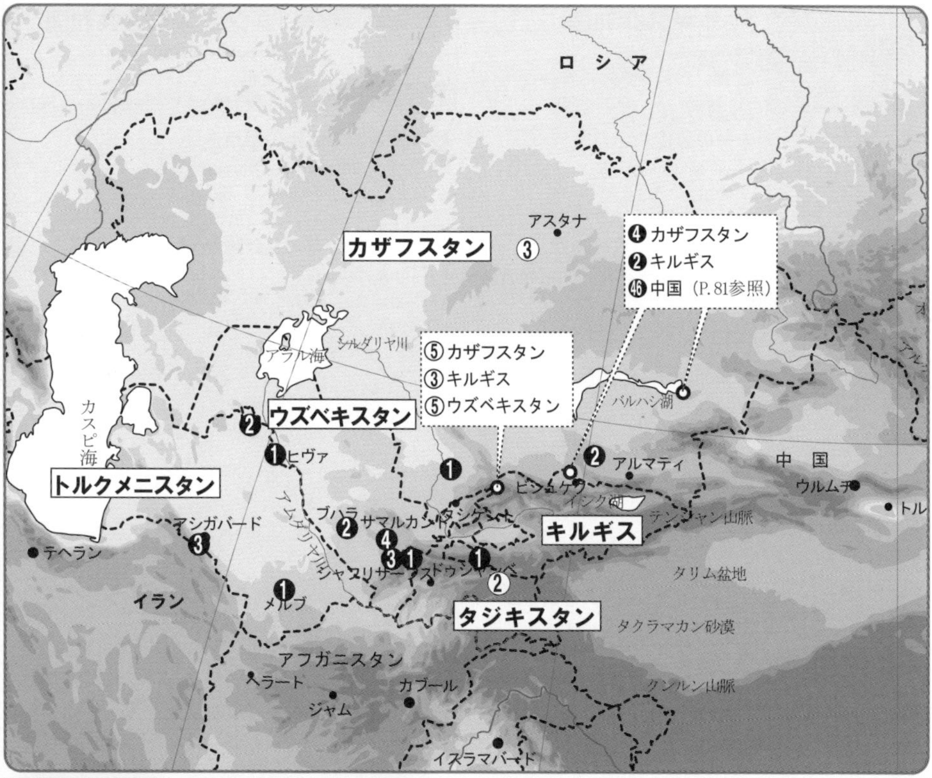

カザフスタン共和国

Republic of Kazakhstan

首都　アスタナ

世界遺産の数　5　世界遺産条約締約年　1994年

❶コジャ・アフメド・ヤサウィ廟
（Mausoleum of Khoja Ahmed Yasawi）
文化遺産（登録基準(i)(iii)(iv)）　2003年

❷タンバリの考古的景観にある岩絵群
（Petroglyphs within the Archaeological Landscape of Tamgaly）
文化遺産（登録基準(iii)）　2004年／2021年

③サリ・アルカ−カザフスタン北部の草原と湖沼群
（Saryarka - Steppe and Lakes of Northern Kazakhstan）
自然遺産（登録基準(ix)(x)）　2008年

❹シルクロード：長安・天山回廊の道路網
（Silk Roads: the Routes Network of Chang'an Tianshan Corridor）
文化遺産（登録基準(ii)(iii)(v)(vi)）　2014年
中国／カザフスタン／キルギス

⑤西天山（Western Tien-Shan）
自然遺産（登録基準(x)）　2016年
カザフスタン／キルギス／ウズベキスタン

キルギス共和国
Kyrgyz Republic
首都　ビシュケク
世界遺産の数　3　世界遺産条約締約年　1995年

❶スライマン・トォーの聖山
（Sulamain-Too Sacred Mountain）
文化遺産（登録基準(iii)(vi)）
2009年
❷シルクロード：長安・天山回廊の道路網
（Silk Roads: the Routes Network of Chang'an Tianshan Corridor）
文化遺産（登録基準(ii)(iii)(v)(vi)）
2014年
中国／カザフスタン／キルギス
③西天山（Western Tien-Shan）
自然遺産（登録基準(x)）　2016年
カザフスタン／キルギス／ウズベキスタン

タジキスタン共和国
Republic of Tajikistan
首都　ドゥシャンベ
世界遺産の数　2　世界遺産条約締約年　1992年

❶サラズムの原始の都市遺跡
（Proto-urban site of Sarazm）
文化遺産（登録 基準(ii)(iii)）
2010年
②タジキスタン国立公園（パミールの山脈）
（Tajik National Park（Mountains of the Pamirs））
自然遺産（登録基準(vii)(viii)）
2013年

ウズベキスタン共和国
Republic of Uzbekistan
首都　タシケント
世界遺産の数　5　世界遺産条約締約年　1993年

❶イチャン・カラ（Itchan Kala）
文化遺産（登録基準(iii)(iv)(v)）
1990年
❷ブハラの歴史地区
（Historic Centre of Bukhara）
文化遺産（登録基準(ii)(iv)(vi)）
1993年
❸シャフリサーブスの歴史地区
（Historic Centre of Shakhrisyabz）
文化遺産（登録基準(iii)(iv)）
2000年
★【危機遺産】2016年
❹サマルカンド‐文明の十字路
（Samarkand - Crossroad of Cultures）
文化遺産（登録基準(i)(ii)(iv)）
2001年
⑤西天山（Western Tien-Shan）
自然遺産（登録基準(x)）
2016年
カザフスタン／キルギス／ウズベキスタン

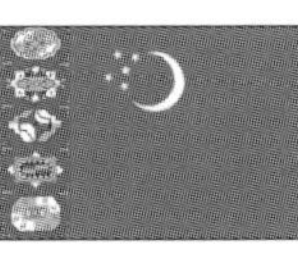

トルクメニスタン
Turkmenistan
首都　アシガバード
世界遺産の数　3　世界遺産条約締約年　1994年

❶「古都メルブ」州立歴史文化公園
（State Historical and Cultural Park"Ancient Merv"）
文化遺産（登録基準(ii)(iii)）
1999年
❷クフナ・ウルゲンチ（Kunya-Urgench）
文化遺産（登録基準(ii)(iii)）
2005年
❸ニサのパルティア時代の要塞群
（Parthian Fortresses of Nisa）
文化遺産（登録基準(ii)(iii)）
2007年

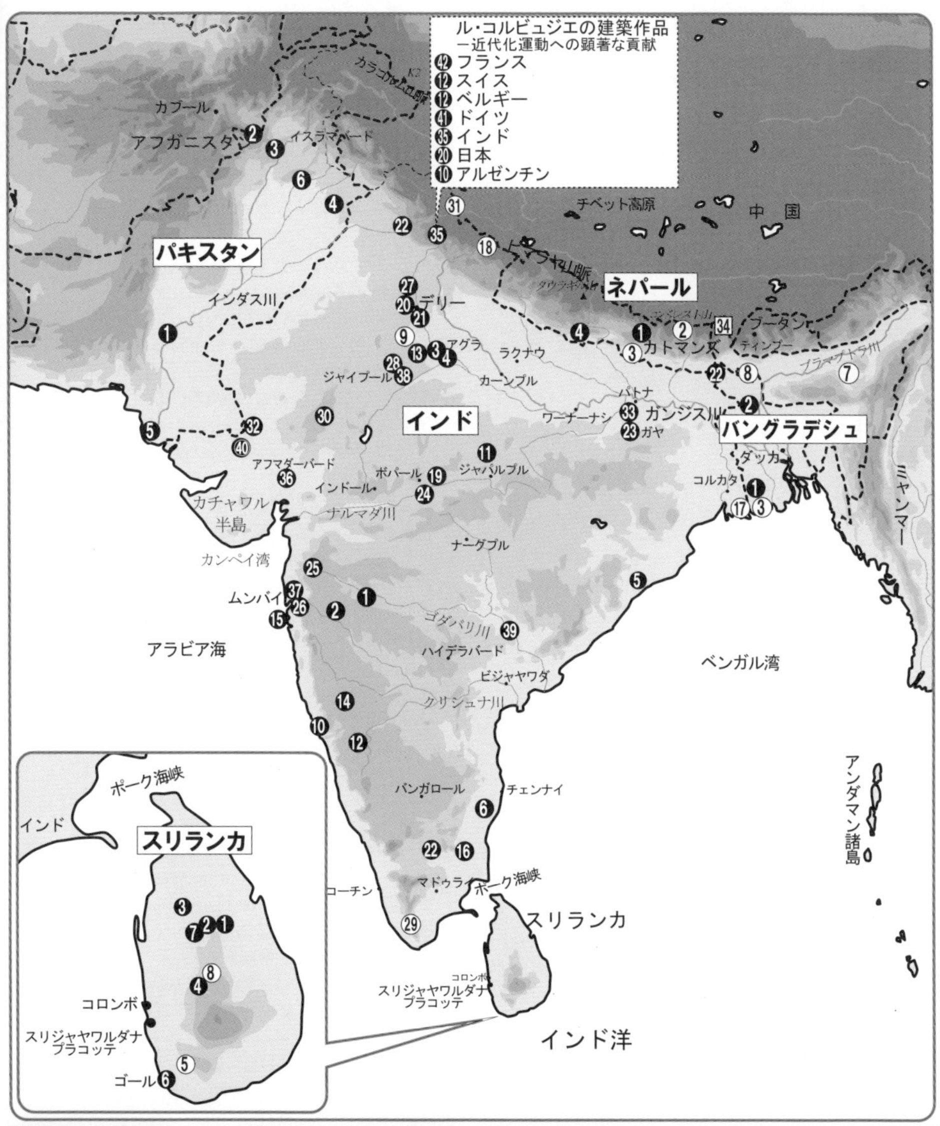

バングラデシュ人民共和国

People's Republic of Bangladesh

首都　ダッカ

世界遺産の数　3　世界遺産条約締約年　1983年

❶バゲラートのモスク都市（Historic Mosque City of Bagerhat）
文化遺産（登録基準(iv)）　1985年

❷パハルプールの仏教寺院遺跡（Ruins of the Buddhist Vihara at Paharpur）
文化遺産（登録基準(i)(ii)(vi)）　1985年

③サンダーバンズ（The Sundarbans）
自然遺産（登録基準(ix)(x)）　1997年

○自然遺産　●文化遺産　□複合遺産　★危機遺産

ネパール連邦民主共和国
Federal Democratic Republic of Nepal
首都　カトマンズ
世界遺産の数　4　世界遺産条約締約年　1978年

❶カトマンズ渓谷
（Kathmandu Valley）
文化遺産（登録基準（iii）（iv）（vi））
1979年／2006年
②サガルマータ国立公園
（Sagarmatha National Park）
自然遺産（登録基準（vii））　1979年
③チトワン国立公園
（Chitwan National Park）
自然遺産（登録基準（vii）（ix）（x））
1984年
❹釈迦生誕地ルンビニー
（Lumbini, the Birthplace of the Lord Buddha）
文化遺産（登録基準（iii）（vi））
1997年

インド
India
首都　ニューデリー
世界遺産の数　40　世界遺産条約締約年　1977年

❶アジャンター石窟群（Ajanta Caves）
文化遺産（登録基準（i）（ii）（iii）（vi））　1983年
❷エローラ石窟群　（Ellora Caves）
文化遺産（登録基準（i）（iii）（vi））　1983年
❸アグラ城塞（Agra Fort）
文化遺産（登録基準（iii））　1983年
❹タージ・マハル（Taj Mahal）
文化遺産（登録基準（i））　1983年
❺コナーラクの太陽神寺院
（Sun Temple,Konarak）
文化遺産（登録基準（i）（iii）（vi））　1984年
❻マハーバリプラムの建造物群
（Group of Monuments at Mahabalipuram）
文化遺産（登録基準（i）（ii）（iii）（vi））1984年
⑦カジランガ国立公園（Kaziranga National Park）
自然遺産（登録基準（ix）（x））　1985年
⑧マナス野生動物保護区
（Manas Wildlife Sanctuary）
自然遺産（登録基準（vii）（ix）（x））
1985年
⑨ケオラデオ国立公園（Keoladeo National Park）
自然遺産（登録基準（x））　1985年
❿ゴアの教会と修道院
（Churches and Convents of Goa）
文化遺産（登録基準（ii）（iv）（vi））　1986年
⓫カジュラホの建造物群
（Khajuraho Group of Monuments）
文化遺産（登録基準（i）（iii））　1986年
⓬ハンピの建造物群
（Group of Monuments at Hampi）
文化遺産（登録基準（i）（iii）（iv））
1986年
⓭ファテープル・シクリ（Fatehpur Sikri）
文化遺産（登録基準（ii）（iii）（iv））　1986年
⓮パッタダカルの建造物群
（Group of Monuments at Pattadakal）
文化遺産（登録基準（iii）（iv））　1987年
⓯エレファンタ石窟群（Elephanta Caves）
文化遺産（登録基準（i）（iii））　1987年
⓰チョーラ朝の現存する大寺院群
（Great Living Chola Temples）
文化遺産（登録基準（i）（ii）（iii）（iv））
1987年／2004年
⑰スンダルバンス国立公園
（Sundarbans National Park）
自然遺産（登録基準（ix）（x））　1987年
⑱ナンダ・デヴィ国立公園とフラワーズ渓谷国立公園
（Nanda Devi and Valley of Flowers National Parks）
自然遺産（登録基準（vii）（x））1988年／2005年
⓳サーンチーの仏教遺跡
（Buddhist Monuments at Sanchi）
文化遺産（登録基準（i）（ii）（iii）（iv）（vi））1989年
⓴デリーのフマユーン廟
（Humayun's Tomb, Delhi）
文化遺産（登録基準（ii）（iv））　1993年
㉑デリーのクトゥブ・ミナールと周辺の遺跡群
（Qutb Minar and its Monuments, Delhi）
文化遺産（登録基準（iv））　1993年
㉒インドの山岳鉄道群（Mountain Railways of India）
文化遺産（登録基準（ii）（iv））
1999年／2005年／2008年
㉓ブッダ・ガヤのマハボディ寺院の建造物群
（Mahabodhi Temple Complex at Bodh Gaya）
文化遺産（登録基準（i）（ii）（iii）（iv）（vi））
2002年
㉔ビムベトカの岩窟群
（Rock Shelters of Bhimbetka）
文化遺産（登録基準（iii）（v））　2003年
㉕チャンパネル・パヴァガドゥ考古学公園
（Champaner-Pavagadh Archaeological Park）
文化遺産（登録基準（iii）（iv）（v）（vi））2004年
㉖チャトラパティ・シヴァージー駅
（旧ヴィクトリア・ターミナス駅）
（Chhatrapati Shivaji Terminus（formerly Victoria Terminus））
文化遺産（登録基準（ii）（iv））　2004年
㉗レッド・フォートの建築物群

（Red Fort Complex）
文化遺産（登録基準（ii）（iii）（vi））　2007年
㉘ジャイプールのジャンタル・マンタル
（The Jantar Mantar, Jaipur）
文化遺産（登録基準（iii）（iv））　2010年
㉙西ガーツ山脈（Western Ghats）
自然遺産（登録基準（ix）（x））　2012年
㉚ラジャスタン地方の丘陵城塞群
（Hill Forts of Rajasthan）
文化遺産（登録基準（ii）（iii））　2013年
㉛グレート・ヒマラヤ国立公園保護地域
（Great Himalayan National Park Consevation Area）
自然遺産（登録基準（x））　2014年
㉜グジャラート州のパタンにあるラニ・キ・ヴァヴ（王妃の階段井戸）
（Rani-ki-Vav（the Queen's Stepwell）at Patan, Gujarat）
文化遺産（登録基準（i）（iv））　2014年
㉝ビハール州ナーランダにあるナーランダ・マハーヴィハーラの考古学遺跡
（Archaeological Site of Nalanda Mahavihara at Nalanda, Bihar）
文化遺産（登録基準（iv）（vi））　2016年
＊2018年、登録遺産名を変更。
㉞カンチェンジュンガ国立公園
（Khangchendzonga National Park）
複合遺産（登録基準（iii）（vi）（vii）（x））2016年
㉟ル・コルビュジエの建築作品－近代化運動への顕著な貢献
（The Architectural Work of Le Corbusier, an Outstanding Contribution to the Modern Movement）
文化遺産（登録基準（i）（ii）（vi））
2016年
フランス／スイス／ドイツ／ベルギー／日本／インド／アルゼンチン
㊱アフマダーバードの歴史都市
（Historic City of Ahmadabad）
文化遺産（登録基準（ii）（v））　2017年
㊲ムンバイのヴィクトリア様式とアール・デコ様式の建造物群
（Victorian and Art Deco Ensemble of Mumbai）
文化遺産（登録基準（ii）（iv））　2018年
㊳ラージャスターン州のジャイプル市街
（Jaipur City, Rajasthan）
文化遺産（登録基準（（ii）（iv）（vi））　2019年
㊴テランガーナ州のカカティヤ・ルドレシュワラ（ラマッパ）寺院（Kakatiya Rudreshwara (Ramappa) Temple, Telangana）
文化遺産（登録基準（（i）（iii）））　2021年
㊵ドーラビーラ：ハラッパーの都市
（Dholavira: A Harappan City）
文化遺産（登録基準（（iii）（iv））　2021年

スリランカ民主社会主義共和国
Democratic Socialist Republic of Sri Lanka
首都　スリジャヤワルダナプラコッテ
世界遺産の数　8　世界遺産条約締約年　1980年

❶古代都市ポロンナルワ
（Ancient City of Polonnaruwa）
文化遺産（登録基準（i）（iii）（vi））
1982年
❷古代都市シギリヤ
（Ancient City of Sigiriya）
文化遺産（登録基準（ii）（iii）（iv））
1982年
❸聖地アヌラダプラ
（Sacred City of Anuradhapura）
文化遺産（登録基準（ii）（iii）（vi））
1982年
❹聖地キャンディ（Sacred City of Kandy）
文化遺産（登録基準（iv）（vi））
1988年
⑤シンハラジャ森林保護区
（Sinharaja Forest Reserve）
自然遺産（登録基準（ix）（x））
1988年
❻ゴールの旧市街と城塞
（Old Town of Galle and its Fortifications）
文化遺産（登録基準（iv））
1988年
❼ランギリ・ダンブッラの石窟寺院
（Rangiri Dambulla Cave Temple）
文化遺産（登録基準（i）（vi））
1991年
⑧スリランカの中央高地
（Central Highlands of Sri Lanka）
自然遺産（登録基準（ix）（x））
2010年

パキスタン･イスラム共和国

Islamic Republic of Pakistan

首都　イスラマバード

世界遺産の数　6　世界遺産条約締約年　1976年

❶モヘンジョダロの考古学遺跡
（Archaeological Ruins at Moenjodaro）
文化遺産（登録基準（ii）（iii））
1980年

❷タクティ・バヒーの仏教遺跡と近隣のサハリ・バハロルの都市遺跡
（Buddhist Ruins of Takht-i-Bahi and Neighbouring City Remains at Sahr-i-Bahlol）
文化遺産（登録基準（iv））
1980年

❸タキシラ（Taxila）
文化遺産（登録基準（iii）（vi））
1980年

❹ラホールの城塞とシャリマール庭園
（Fort and Shalamar Gardens in Lahore）
文化遺産（登録基準（i）（ii）（iii））
1981年

❺タッタ、マクリの丘の歴史的記念物群
（Historical Monuments at Makli, Thatta）
文化遺産（登録基準（iii））
1981年

❻ロータス要塞（Rohtas Fort）
文化遺産（登録基準（ii）（iv））
1997年

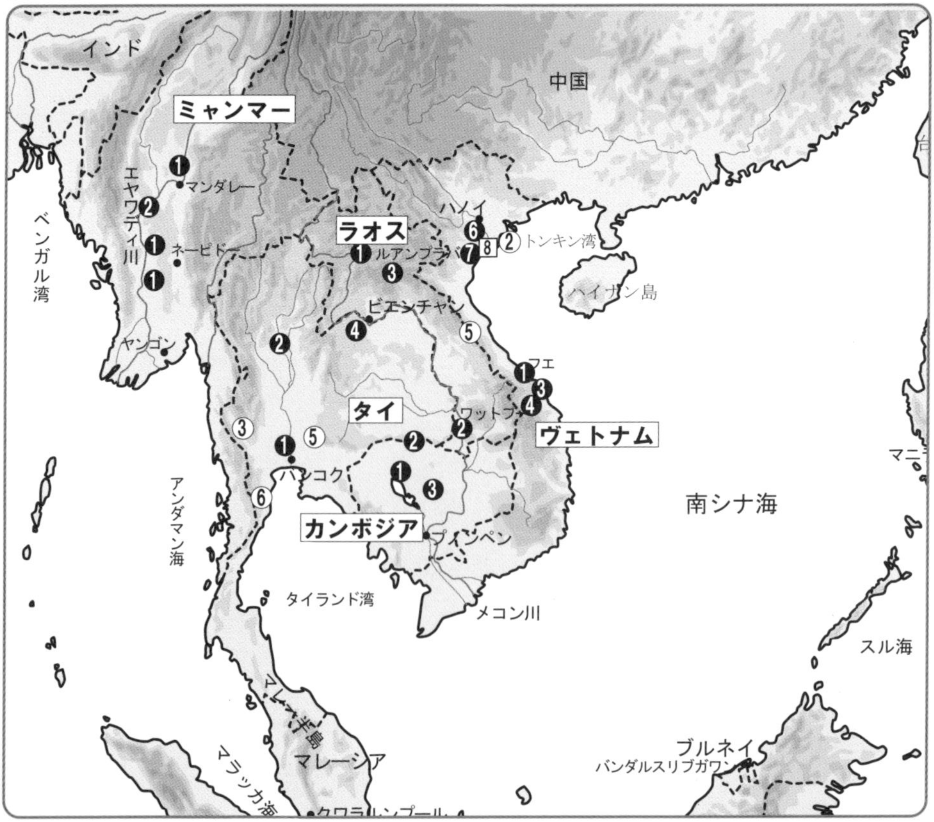

○自然遺産　●文化遺産　□複合遺産　★危機遺産

ミャンマー連邦共和国
Republic of the Union of Myanmar
首都　ネーピドー
世界遺産の数　2　世界遺産条約締約年　1994年

❶ピュー王朝の古代都市群
（Pyu Ancient Cities）
文化遺産（登録基準（ii）（iii）（iv））　2014年
❷バガン（Bagan）
文化遺産（登録基準（（iii）（iv）（vi））　2019年

ラオス人民民主共和国
Lao People's Democratic Republic
首都　ビエンチャン
世界遺産の数　3　世界遺産条約締約年　1987年

❶ルアン・プラバンの町
（Town of Luang Prabang）
文化遺産（登録基準（ii）（iv）（v））　1995年
❷チャムパサックの文化的景観の中にあるワット・プーおよび関連古代集落群
（Vat Phou and Associated Ancient Settlements within the Champasak Cultural Landscape）
文化遺産（登録基準（iii）（iv）（vi））　2001年
❸シェンクワン県のジャール平原巨大石壷群
（Megalithic Jar Sites in Xiengkhuang – Plain of Jars）
文化遺産（登録基準（（iii））　2019年

タイ王国
Kingdom of Thailand
首都　バンコク
世界遺産の数　6　世界遺産条約締約年　1987年

❶アユタヤの歴史都市
（Historic City of Ayutthaya）
文化遺産（登録基準（iii））　1991年
❷古都スコータイと周辺の歴史地区
（Historic Town of Sukhothai and Associated Historic Towns）
文化遺産（登録基準（i）（iii））　1991年
③トゥンヤイ-ファイ・カ・ケン野生生物保護区
（Thungyai-Huai Kha Khaeng Wildlife Sanctuaries）
自然遺産（登録基準（vii）（ix）（x））　1991年
❹バン・チェーン遺跡
（Ban Chiang Archaeological Site）
文化遺産（登録基準（iii））　1992年
⑤ドン・ファヤエン-カオヤイ森林保護区
（Dong Phayayen - Khao Yai Forest Complex）
自然遺産（登録基準（x））　2005年
⑥ケーン・クラチャン森林保護区群
（Kaeng Krachan Forest Complex）
自然遺産（登録基準（x））2021年

ヴェトナム社会主義共和国
Socialist Republic of Viet Nam
首都　ハノイ
世界遺産の数　8　世界遺産条約締約年　1987年

❶フエの建築物群
（Complex of Hué Monuments）
文化遺産（登録基準（iii）（iv））
1993年
②ハー・ロン湾（Ha Long Bay）
自然遺産（登録基準（vii）（viii））
1994年／2000年
❸古都ホイアン（Hoi An Ancient Town）
文化遺産（登録基準（ii）（v））
1999年
❹聖地ミーソン（My Son Sanctuary）
文化遺産（登録基準（ii）（iii））
1999年
⑤フォン・ニャ・ケ・バン国立公園
（Phong Nha - Ke Bang National Park）
自然遺産（登録基準（viii）（ix）（x））
2003年／2015年
❻ハノイのタンロン皇城の中心区域
（Central Sector of the Imperial Citadel of Thang Long - Hanoi）
文化遺産（登録基準（ii）（iii）（vi））　2010年
❼胡（ホー）朝の城塞
（Citadel of the Ho Dynasty）
文化遺産（登録基準（ii）（iv））　2011年
[8]チャンアン景観遺産群
（Trang An Landscape Complex）
複合遺産（登録基準（v）（vii）（viii））　2014年

カンボジア王国
Kingdom of Cambodia
首都　プノンペン
世界遺産の数　3　世界遺産条約締約年　1991年

❶アンコール（Angkor）
文化遺産（登録基準（i）（ii）（iii）（iv））　1992年
❷プレア・ヴィヒア寺院
（Temple of Preah Vihear）
文化遺産（登録基準（i））　2008年
❸サンボー・プレイ・クック寺院地帯、古代イーシャナプラの考古学遺跡
（Temple Zone of Sambor Prei Kuk, Archaeological Site of Ancient Ishanapura）
文化遺産（登録基準（ii）（iii）（vi））
2017年

アジア

ヴェトナム
タイ
カンボジア
プノンペン
タイランド湾
メコン川
フィリピン
マニラ
太平洋
南シナ海
スル海
ブルネイ
バンダルスリブガワン
マレーシア
マラッカ海峡
クワラルンプール
マレーシア
セレベス海
シンガポール
カリマンタン島
（ボルネオ）
マカッサル海峡
モルッカ海
セレベス島
スマトラ島
カリマタ海峡
インドネシア
ジャワ海

フィリピン共和国
Republic of the Philippines
首都　マニラ
世界遺産の数　6　世界遺産条約締約年　1985年

マレーシア
Malaysia
首都　クアラルンプール
世界遺産の数　4　世界遺産条約締約年　1988年

❶フィリピンのバロック様式の教会群
（Baroque Churches of the Philippines）
文化遺産（登録基準（ii）（iv））　1993年

②トゥバタハ珊瑚礁群自然公園
（Tubbataha Reefs Natural Park）
自然遺産（登録基準（vii）（ix）（x））
1993年／2009年

❸フィリピンのコルディリェラ山脈の棚田群
（Rice Terraces of the Philippine Cordilleras）
文化遺産（登録基準（iii）（iv）（v））
1995年

❹ヴィガンの歴史都市
（Historic City of Vigan）
文化遺産（登録基準（ii）（iv））　1999年

⑤プエルト・プリンセサ地底川国立公園
（Puerto-Princesa Subterranean River National Park）
自然遺産（登録基準（vii）（x））
1999年

⑥ハミギタン山脈野生生物保護区
（Mount Hamiguitan Range Wildelife Sanctuary）
自然遺産（登録基準（x））　2014年

①ムル山国立公園
（Gunung Mulu National Park）
自然遺産（登録基準（vii）（viii）（ix）（x））
2000年

②キナバル公園（Kinabalu Park）
自然遺産（登録基準（ix）（x））　2000年

❸ムラカとジョージタウン、マラッカ海峡の歴史都市群
（Melaka and George Town, Historic Cities of the Straits of Malacca）
文化遺産（登録基準（ii）（iii）（iv））
2008年

❹レンゴン渓谷の考古遺産
（Archaelogical Heritage of the Lenggong Valley）
文化遺産（登録基準（iii）（iv））　2012年

○自然遺産　●文化遺産　□複合遺産　★危機遺産

アジア

シンガポール共和国

Republic of Singapore

首都　シンガポール

世界遺産の数　1　世界遺産条約締約年　2012年

❶シンガポール植物園
（Singapore Botanic Gardens）
文化遺産（登録基準（ii）（iv））　2015年

インドネシア共和国

Republic of Indonesia

首都　ジャカルタ

世界遺産の数　9　世界遺産条約締約年　1989年

❶ボロブドール寺院遺跡群
（Borobudur Temple Compounds）
文化遺産（登録基準（i）（ii）（vi）
1991年

②コモド国立公園（Komodo National Park）
自然遺産（登録基準（vii）（x））
1991年

❸プランバナン寺院遺跡群
（Prambanan Temple Compounds）
文化遺産（登録基準（i）（iv））
1991年

④ウジュン・クロン国立公園
（Ujung Kulon National Park）
自然遺産（登録基準（vii）（x））
1991年

❺サンギラン初期人類遺跡
（Sangiran Early Man Site）
文化遺産（登録基準（iii）（vi）　1996年

⑥ローレンツ国立公園
（Lorentz National Park）
自然遺産（登録基準（viii）（ix）（x））
1999年

⑦スマトラの熱帯雨林遺産
（Tropical Rainforest Heritage of Sumatra）
自然遺産（登録基準（vii）（ix）（x））
2004年
★【危機遺産】2011年

❽バリ州の文化的景観：トリ・ヒタ・カラナの哲学を現すスバック・システム
（Cultural Landscape of Bali Province: the *Subak* System as a Manifestation of the *Tri Hita Karana* Philosophy）
文化遺産（登録基準（ii）（iii）（v）（vi））
2012年

❾サワルントのオンビリン炭鉱遺産
（Ombilin Coal Mining Heritage of Sawahlunto）
文化遺産（登録基準（（ii）（iv））
2019年

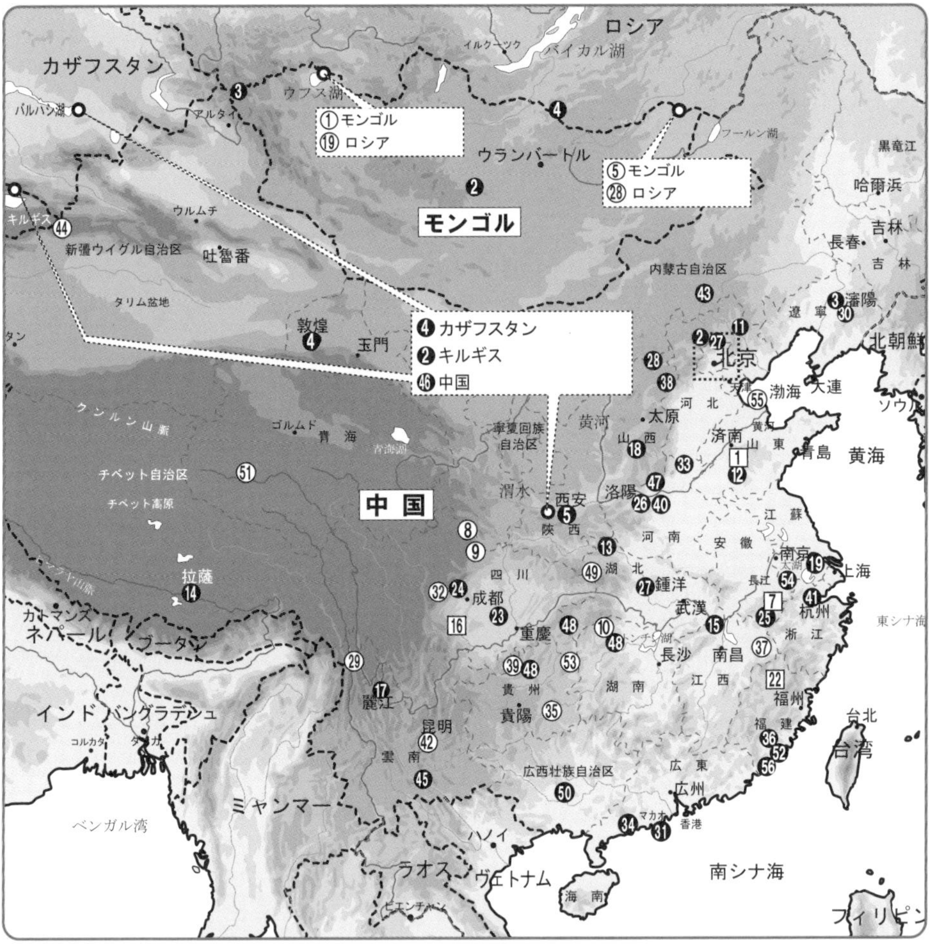

アジア

①モンゴル
⑲ロシア

⑤モンゴル
㉘ロシア

❹カザフスタン
❷キルギス
㊻中国

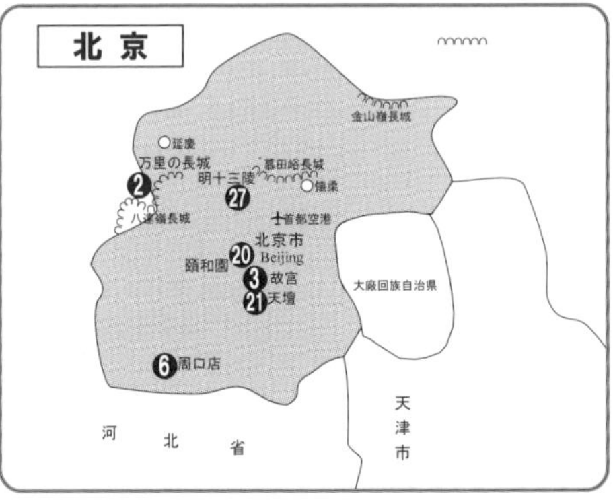

モンゴル国

Mongolia

首都　ウランバートル

世界遺産の数　5　世界遺産条約締約年　1990年

①ウフス・ヌール盆地（Uvs Nuur Basin）
自然遺産（登録基準(ix)(x)）
2003年
モンゴル／ロシア連邦

❷オルホン渓谷の文化的景観
（Orkhon Valley Cultural Landscape）
文化遺産（登録基準(ii)(iii)(iv)）
2004年

❸モンゴル・アルタイ山脈の岩壁画群
（Petroglyphic Complexes of the Mongolian Altai）
文化遺産（登録基準(iii)）
2011年

❹グレート・ブルカン・カルドゥン山とその周辺の神聖な景観
（Great Burkhan Khaldun Mountain and its surrounding sacred landscape）
文化遺産（登録基準(iv)(vi)）
2015年

⑤ダウリアの景観群
（Landscapes of Dauria）
自然遺産（登録基準(ix)(x)）　2017年
モンゴル／ロシア連邦

中華人民共和国

People's Republic of China

首都　ペキン（北京）

世界遺産の数　56　世界遺産条約締約年　1985年

⊡1泰山（Mount Taishan）
複合遺産（登録基準(i)(ii)(iii)(iv)(v)(vi)(vii)）
1987年

❷万里の長城（The Great Wall）
文化遺産（登録基準(i)(ii)(iii)(iv)(vi)）
1987年

❸北京と瀋陽の明・清王朝の皇宮
（Imperial Palaces of the Ming and Qing Dynasties in Beijing and Shenyang）
文化遺産（登録基準(i)(ii)(iii)(iv)）
1987年／2004年

❹莫高窟（Mogao Caves）
文化遺産（登録基準(i)(ii)(iii)(iv)(v)(vi)）
1987年

❺秦の始皇帝陵
（Mausoleum of the First Qin Emperor）
文化遺産（登録基準(i)(iii)(iv)(vi)）
1987年

❻周口店の北京原人遺跡
（Peking Man Site at Zhoukoudian）
文化遺産（登録基準(iii)(vi)）　1987年

⊡7黄山（Mount Huangshan）
複合遺産（登録基準(ii)(vii)(x)）
1990年

⑧九寨溝の自然景観および歴史地区
（Jiuzhaigou Valley Scenic and Historic Interest Area）
自然遺産（登録基準(vii)）　1992年

⑨黄龍の自然景観および歴史地区
（Huanglong Scenic and Historic Interest Area）
自然遺産（登録基準(vii)）　1992年

⑩武陵源の自然景観および歴史地区
（Wulingyuan Scenic and Historic Interest Area）
自然遺産（登録基準(vii)）　1992年

⓫承徳の避暑山荘と外八廟
（Mountain Resort and its Outlying Temples, Chengde）
文化遺産（登録基準(ii)(iv)）　1994年

⓬曲阜の孔子邸、孔子廟、孔子林
（Temple and Cemetery of Confucius, and the Kong Family Mansion in Qufu）
文化遺産（登録基準(i)(iv)(vi)）　1994年

⓭武当山の古建築群
（Ancient Building Complex in the Wudang Mountains）
文化遺産（登録基準(i)(ii)(vi)）　1994年

⓮ラサのポタラ宮の歴史的遺産群
（Historic Ensemble of the Potala Palace, Lhasa）
文化遺産（登録基準(i)(iv)(vi)）
1994年／2000年／2001年

⓯廬山国立公園（Lushan National Park）
文化遺産（登録基準(ii)(iii)(iv)(vi)）　1996年

⊡16楽山大仏風景名勝区を含む峨眉山風景名勝区
（Mount Emei Scenic Area, including Leshan Giant Buddha Scenic Area）
複合遺産（登録基準(iv)(vi)(x)）　1996年

⓱麗江古城（Old Town of Lijiang）
文化遺産（登録基準(ii)(iv)(v)）　1997年

⓲平遥古城（Ancient City of Ping Yao）
文化遺産（登録基準(ii)(iii)(iv)）　1997年

⓳蘇州の古典庭園（Classical Gardens of Suzhou）
文化遺産（登録基準(i)(ii)(iii)(iv)(v)）
1997年／2000年

⓴北京の頤和園
（Summer Palace, an Imperial Garden in Beijing）
文化遺産（登録基準(i)(ii)(iii)）
1998年

㉑北京の天壇
（Temple of Heaven:an Imperial Sacrificial Altar in Beijing）
文化遺産（登録基準(i)(ii)(iii)）　1998年

⊡22武夷山（Mount Wuyi）
複合遺産（登録基準(iii)(vi)(vii)(x)）
1999年

㉓大足石刻（Dazu Rock Carvings）
文化遺産（登録基準(i)(ii)(iii)）
1999年

㉔青城山と都江堰の灌漑施設
（Mount Qincheng and the Dujiangyan Irrigation System）
文化遺産（登録基準(ii)(iv)(vi)）　2000年

㉕安徽省南部の古民居群-西逓村と宏村
（Ancient Villages in Southern Anhui-Xidi and Hongcun）
文化遺産（登録基準(iii)(iv)(v)）　2000年

㉖龍門石窟（Longmen Grottoes）
文化遺産（登録基準(i)(ii)(iii)）　2000年

㉗明・清皇室の陵墓群
（Imperial Tombs of the Ming and Qing Dynasties）
文化遺産（登録基準(i)(ii)(iii)(iv)(vi)）
2000年／2003年／2004年

❷⑧雲崗石窟（Yungang Grottoes）
文化遺産（登録基準(i)(ii)(iii)(iv)）
2001年
㉙雲南保護地域の三江併流
（Three Rarallel Rivers of Yunnan Protected Areas）
自然遺産（登録基準(vii)(viii)(ix)(x)）
2003年／2010年
❸⓪古代高句麗王国の首都群と古墳群
（Capital Cities and Tombs of the Ancient Koguryo Kingdom）
文化遺産（登録基準(i)(ii)(iii)(iv)(v)）
2004年
❸①澳門（マカオ）の歴史地区
（Historic Centre of Macao）
文化遺産（登録基準(ii)(iii)(iv)(vi)）
2005年
㉜四川省のジャイアント・パンダ保護区群 –臥龍、四姑娘山、夾金山脈
（Sichuan Giant Panda Sanctuaries - Wolong, Mt. Siguniang and Jiajin Mountains）
自然遺産（登録基準(x)）　2006年
❸③殷墟（Yin Xu）
文化遺産（登録基準(ii)(iii)(iv)(vi)）
2006年
❸④開平の望楼と村落群
（Kaiping Diaolou and Villages）
文化遺産（登録基準(ii)(iii)(iv)）
2007年
㉟中国南方カルスト（South China Karst）
自然遺産（登録基準(vii)(viii)）
2007年／2014年
❸⑥福建土楼（Fujian *Tulou*）
文化遺産（登録基準(iii)(iv)(v)）
2008年
㊲三清山国立公園
（Mount Sanqingshan National Park）
自然遺産（登録基準(vii)）　2008年
❸⑧五台山（Mount Wutai）
文化遺産（登録基準(ii)(iii)(iv)(vi)）
2009年
㊴中国丹霞（China Danxia）
自然遺産（登録基準(vii)(viii)）
2010年
❹⓪「天地の中心」にある登封の史跡群
（Historic Monuments of Dengfeng in "The Centre of Heaven and Earth"）
文化遺産（登録基準(iii)(vi)）
2010年
❹①杭州西湖の文化的景観
（West Lake Cultural Landscape of Hangzhou）
文化遺産（登録基準(ii)(iii)(vi)）
2011年
㊷澄江（チェンジャン）の化石発掘地
（Chengjiang Fossil Site）
自然遺産（登録基準(viii)）　2012年
❹③上都遺跡（Site of Xanadu）
文化遺産（登録基準(ii)(iii)(iv)(vi)）
2012年
㊹新疆天山（Xinjiang Tianshan）
自然遺産（登録基準(vii)(ix)）　2013年
❹⑤紅河ハニ族の棚田群の文化的景観
（Cultural Landscape of Honghe Hani Rice Terraces）
文化遺産（登録基準(iii)(v)）
2013年
❹⑥シルクロード：長安・天山回廊の道路網
（Silk Roads: the Routes Network of Chang'an Tianshan Corridor）
文化遺産（登録基準(ii)(iii)(v)(vi)）
2014年
中国／カザフスタン／キルギス
❹⑦大運河（The Grand Canal）
文化遺産（登録基準(i)(iii)(iv)(vi)）
2014年
❹⑧土司遺跡群（Tusi Sites）
文化遺産（登録基準(ii)(iii)）
2015年
㊾湖北省の神農架景勝地（Hubei Shennongjia）
自然遺産（登録基準(ix)(x)）
2016年
❺⓪左江の花山岩画の文化的景観
（Zuojiang Huashan Rock Art Cultural Landscape）
文化遺産（登録基準(iii)(vi)）
2016年
51青海可可西里
（Qinghai Hoh Xil）
自然遺産（登録基準(vii)(x)）　2017年
❺②鼓浪嶼（コロンス島）：歴史的万国租界
（Kulangsu: a Historic International Settlement）
文化遺産（登録基準(ii)(iv)）
2017年
53梵浄山（Fanjingshan）
自然遺産（登録基準(x)）　2018年
❺④良渚古城遺跡
（Archaeological Ruins of Liangzhu City）
文化遺産（登録基準（(iii)(iv)）　2019年
55中国の黄海・渤海湾沿岸の渡り鳥保護区群（第1段階）
（Migratory Bird Sanctuaries along the Coast of Yellow Sea-Bohai Gulf of China (Phase I)）
自然遺産（登録基準((x)）　2019年
❺⑥泉州：宋元中国の世界海洋商業・貿易センター
（Quanzhou: Emporium of the World in Song-Yuan China）
文化遺産（登録基準((iv)）　2021年

アジア

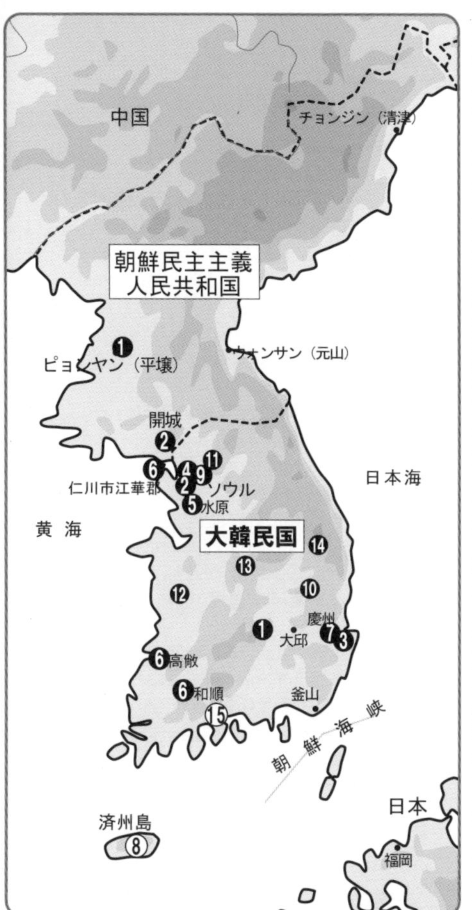

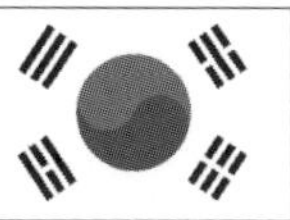

大韓民国
Republic of Korea
首都　ソウル
世界遺産の数　15　世界遺産条約締約年　1988年

❶八萬大蔵経のある伽倻山海印寺
（Haeinsa Temple Janggyeong Panjeon, the Depositories for the *Tripitaka Koreana* Woodblocks）
文化遺産（登録基準（iv）（vi））　1995年

❷宗廟（Jongmyo Shrine）
文化遺産（登録基準（iv））　1995年

❸石窟庵と仏国寺
（Seokguram Grotto and Bulguksa Temple）
文化遺産（登録基準（i）（iv））　1995年

❹昌徳宮（Changdeokgung Palace Complex）
文化遺産（登録基準（ii）（iii）（iv））
1997年

❺水原の華城（Hwaseong Fortress）
文化遺産（登録基準（ii）（iii））　1997年

❻高敞、和順、江華の支石墓群
（Gochang, Hwasun, and Ganghwa Dolmen Sites）
文化遺産（登録基準（iii））　2000年

❼慶州の歴史地域（Gyeongju Historic Areas）
文化遺産（登録基準（ii）（iii））　2000年

⑧済州火山島と溶岩洞窟群
（Jeju Volcanic Island and Lava Tubes）
自然遺産（登録基準（vii）（viii））
2007年

❾朝鮮王朝の陵墓群
（Royal Tombs of the Joseon Dynasty）
文化遺産（登録基準（iii）（iv）（vi））
2009年

❿韓国の歴史村：河回と良洞
（Historic Villages of Korea: Hahoe and Yangdong）
文化遺産（登録基準（iii）（iv））　2010年

⓫南漢山城（Namhansanseong）
文化遺産（登録基準（ii）（iv））　2014年

⓬百済の歴史地区群
（Baekje Historic Areas）
文化遺産（登録基準（ii）（iii））
2015年

⓭山寺（サンサ）、韓国の仏教山岳寺院群
（Sansa, Buddhist Mountain Monasteries in Korea）
文化遺産（登録基準（iii））　2018年
※左上の地図で示した⓭は法住寺（報恩郡）

⓮韓国の書院（ソウォン）
（Seowon, Korean Neo-Confucian Academies）
文化遺産（登録基準（（iii））2019年
※左上の地図で示した⓮は陶山書院（安東市）

⑮韓国の干潟（Getbol, Korean Tidal Flats）
自然遺産（登録基準（x））　2021年

朝鮮民主主義人民共和国（北朝鮮）
Democratic People's Republic of Korea
首都　ピョンヤン（平壌）
世界遺産の数　2　世界遺産条約締約年　1998年

❶高句麗古墳群
（Complex of Koguryo Tombs）
文化遺産（登録基準（i）（ii）（iii）（iv））
2004年

❷開城の史跡群
（Historic Monuments and Sites in Kaesong）
文化遺産（登録基準（ii）（iii））
2013年

日本

Japan
首都　東京
世界遺産の数　25　世界遺産条約締約年　1992年

アジア

❶法隆寺地域の仏教建造物
（Buddhist Monuments in the Horyu-ji Area）
文化遺産（登録基準（i）（ii）（iv）（vi））
1993年

❷姫路城（Himeji-jo）
文化遺産（登録基準（i）（iv））
1993年

③白神山地（Shirakami-Sanchi）
自然遺産（登録基準（ix））
1993年

④屋久島（Yakushima）
自然遺産（登録基準（vii）（ix））
1993年

❺古都京都の文化財（京都市、宇治市、大津市）
（Historic Monuments of Ancient Kyoto
（Kyoto, Uji and Otsu Cities））
文化遺産（登録基準（ii）（iv））
1994年

❻白川郷・五箇山の合掌造り集落
（Historic Villages of Shirakawa-go and Gokayama）
文化遺産（登録基準（iv）（v））
1995年

❼広島の平和記念碑（原爆ドーム）
（Hiroshima Peace Memorial（Genbaku Dome））
文化遺産（登録基準（vi））　1996年

❽厳島神社（Itsukushima Shinto Shrine）
文化遺産（登録基準（i）（ii）（iv）（vi））
1996年

❾古都奈良の文化財
（Historic Monuments of Ancient Nara）
文化遺産（登録基準（ii）（iii）（iv）（vi））
1998年

❿日光の社寺（Shrines and Temples of Nikko）
文化遺産（登録基準（i）（iv）（vi））
1999年

⓫琉球王国のグスク及び関連遺産群
（Gusuku Sites and Related Properties of the Kingdom of Ryukyu）
文化遺産（登録基準（ii）（iii）（vi））　2000年

⓬紀伊山地の霊場と参詣道
（Sacred Sites and Pilgrimage Routes in the Kii Mountain Range）
文化遺産（登録基準（ii）（iii）（iv）（vi））2004年

⑬知床（Shiretoko）
自然遺産（登録基準（ix）（x））　2005年

⓮石見銀山遺跡とその文化的景観
（Iwami Ginzan Silver Mine and its Cultural Landscape）
文化遺産（登録基準（ii）（iii）（v））
2007年／2010年

⓯平泉−仏国土（浄土）を表す建築・庭園及び考古学的遺跡群
（Hiraizumi-Temples, Gardens and Archaeological Sites Representing the Buddhist Pure Land）
文化遺産（登録基準（ii）（vi））　2011年

⑯小笠原諸島（Ogasawara Islands）
自然遺産（登録基準（ix））
2011年

⓱富士山−信仰の対象と芸術の源泉
（Fujisan, sacred place and source of artistic inspiration）
文化遺産（登録基準（iii）（vi））2013年

⓲富岡製糸場と絹産業遺産群
（Tomioka Silk Mill and Related Sites）
文化遺産（登録基準（ii）（iv））　2014年

⓳明治日本の産業革命遺産：製鉄・製鋼、造船、石炭産業
（Sites of Japan's Meiji Industrial Revolution: Iron and Steel, Shipbuilding and Coal Mining）
文化遺産（登録基準（ii）（iv））　2015年

⓴ル・コルビュジエの建築作品－近代化運動への顕著な貢献
（The Architectural Work of Le Corbusier, an Outstanding Contribution to the Modern Movement）
文化遺産（登録基準（i）（ii）（vi））
2016年
フランス／スイス／ドイツ／ベルギー／日本／インド／アルゼンチン

㉑「神宿る島」宗像・沖ノ島と関連遺産群
（Sacred Island of Okinoshima and Associated Sites in the Munakata Region）
文化遺産（登録基準（ii）（iii））　2017年

㉒長崎と天草地方の潜伏キリシタン関連遺産
（Hidden Christian Sites in the Nagasaki Region）
文化遺産（登録基準（iii））　2018年

㉓百舌鳥・古市古墳群：古代日本の墳墓群
（Mozu-Furuichi Kofun Group: Mounded Tombs of Ancient Japan）
文化遺産（登録基準（（iii）（iv）））　2019年

㉔奄美大島、徳之島、沖縄島北部及び西表島
（Amami-Oshima Island, Tokunoshima Island, Northern part of Okinawa Island, and Iriomote Islan）自然遺産（登録基準（x））　2021年

㉕北海道・北東北の縄文遺跡群
（Jomon Prehistoric Sites in Northern Japan）
文化遺産（登録基準（（iii）（v）））　2021年

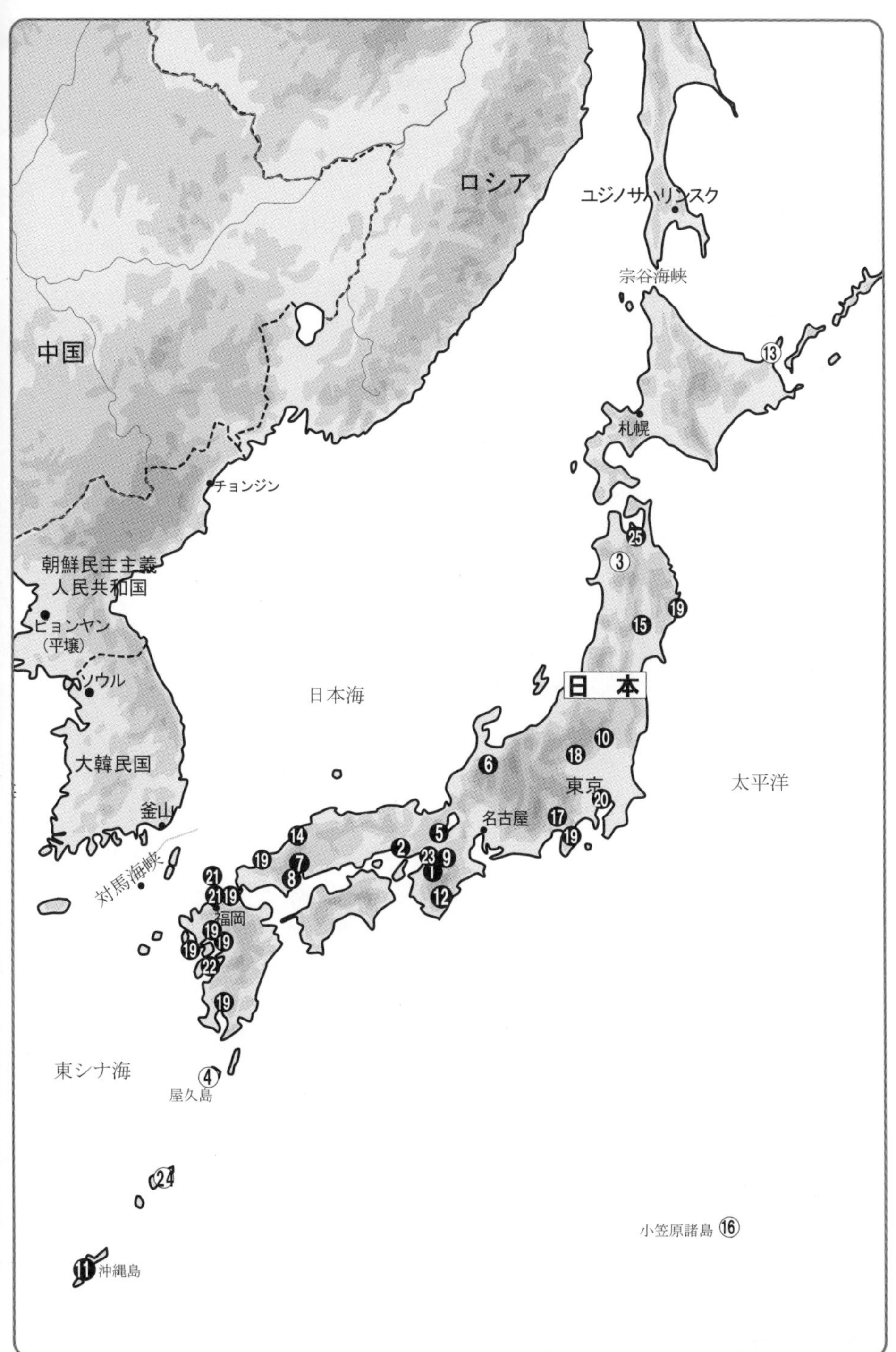

○自然遺産　●文化遺産　□複合遺産　★危機遺産

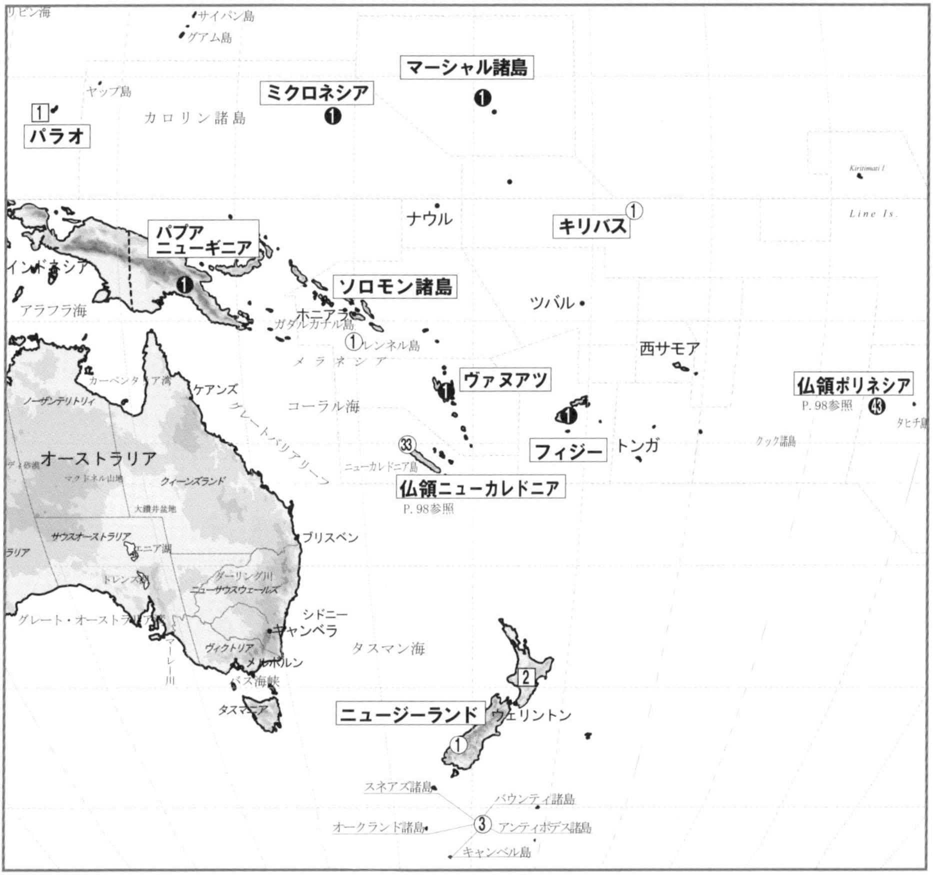

パラオ共和国
Republic of Palau
首都　マルキョク
世界遺産の数　1　世界遺産条約締約年　2002年

1 ロックアイランドの南部の干潟
(Rock Islands Southern Lagoon)
複合遺産(登録基準(iii) (v) (vii) (ix) (x))
2012年

ミクロネシア連邦
Federated States of Micronesia
首都　パリキール
世界遺産の数　1　世界遺産条約締約年　2002年

❶ナン・マドール：東ミクロネシアの祭祀センター
(Nan Madol : Ceremonial Centre of Eastern Micronesia)
文化遺産(登録基準(i) (iii) (iv) (vi))　2016年
★【危機遺産】2016年

マーシャル諸島共和国
Republic of the Marshall Islands
首都　マジュロ
世界遺産の数　1　世界遺産条約締約年　2002年

❶ビキニ環礁核実験地
(Bikini Atoll Nuclear Test Site)
文化遺産(登録基準(iv) (vi))
2010年

パプア・ニューギニア独立国

Independent State of Papua New Guinea

首都　ポートモレスビー

世界遺産の数　1　世界遺産条約締約年　1997年

❶ククの初期農業遺跡
（Kuk Early Agricultural Site）
文化遺産（登録基準（iii）（iv））
2008年

キリバス共和国

Republic of Kiribati

首都　タラワ

世界遺産の数　1　世界遺産条約締約年　2000年

①フェニックス諸島保護区
（Phoenix Islands Protected Area）
自然遺産（登録基準（vii）（ix））
2010年

ソロモン諸島

Solomon Islands

首都　ホニアラ

世界遺産の数　1　世界遺産条約締約年　1992年

①イースト・レンネル（East Rennell）
自然遺産（登録基準（ix））
1998年
★【危機遺産】2013年

フィジー共和国

Republic of Fiji

首都　スヴァ

世界遺産の数　1　世界遺産条約締約年　1990年

❶レヴカの歴史的な港町
（Levuka Historical Port Town）
文化遺産（登録基準（ii）（iv））
2013年

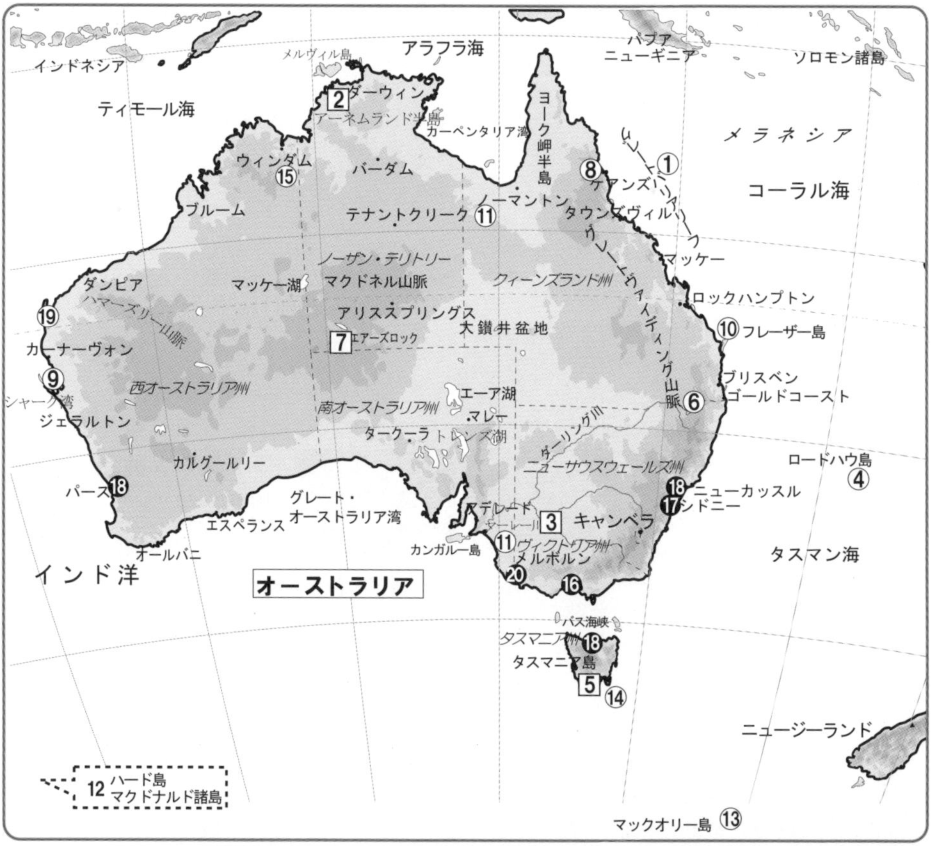

○自然遺産　●文化遺産　□複合遺産　★危機遺産

オーストラリア連邦
Commonwealth of Australia
首都　キャンベラ
世界遺産の数　20　世界遺産条約締約年　1974年

①グレート・バリア・リーフ
（Great Barrier Reef）
自然遺産（登録基準（vii）（viii）（ix）（x））1981年
2カカドゥ国立公園（Kakadu National Park）
複合遺産（登録基準（i）（vi）（vii）（ix）（x））
1981年／1987年／1992年
3ウィランドラ湖群地域
（Willandra Lakes Region）
複合遺産（登録基準（iii）（viii））
1981年
④ロードハウ諸島（Lord Howe Island Group）
自然遺産（登録基準（vii）（x））　1982年
5タスマニア原生地域（Tasmanian Wilderness）
複合遺産
（登録基準（iii）（iv）（vi）（vii）（viii）（ix）（x））
1982年／1989年／2010年
⑥オーストラリアのゴンドワナ雨林群
（Gondwana Rainforests of Australia）
自然遺産（登録基準（viii）（ix）（x））
1986年／1994年
7ウルル-カタ・ジュタ国立公園
（Uluṟu-Kata Tjuṯa National Park）
複合遺産（登録基準（v）（vi）（vii）（viii））
1987年／1994年
⑧クィーンズランドの湿潤熱帯地域
（Wet Tropics of Queensland）
自然遺産（登録基準（vii）（viii）（ix）（x））1988年
⑨西オーストラリアのシャーク湾
（Shark Bay, Western Australia）
自然遺産（登録基準（vii）（viii）（ix）（x））1991年
⑩クガリ（フレーザー島）（K'gari (Fraser Island)）
自然遺産（登録基準（vii）（viii）（ix））
1992年／2021年
⑪オーストラリアの哺乳類の化石遺跡
（リバースリーとナラコーテ）
（Australian Fossil Mammal Sites
（Riversleigh / Naracoorte））
自然遺産（登録基準（viii）（ix））　1994年
⑫ハード島とマクドナルド諸島
（Heard and McDonald Islands）
自然遺産（登録基準（viii）（ix））　1997年
⑬マックォーリー島（Macquarie Island）
自然遺産（登録基準（vii）（viii））　1997年
⑭グレーター・ブルー・マウンテンズ地域
（Greater Blue Mountains Area）
自然遺産（登録基準（ix）（x））　2000年
⑮パヌルル国立公園（Purnululu National Park）
自然遺産（登録基準（vii）（viii））　2003年
⓰王立展示館とカールトン庭園
（Royal Exhibition Building and Carlton Gardens）
文化遺産（登録基準（ii））　2004年／2010年
⓱シドニーのオペラ・ハウス
（Sydney Opera House）
文化遺産（登録基準（i））　2007年
⓲オーストラリアの囚人遺跡群
（Australian Convict Sites）
文化遺産（登録基準（iv）（vi））　2010年
⑲ニンガルー・コースト
（Ningaloo Coast）
自然遺産（登録基準（vii）（x））2011年
⓴バジ・ビムの文化的景観
（Budj Bim Cultural Landscape）
文化遺産（登録基準（（iii）（v））2019年

ニュージーランド
New Zealand
首都　ウェリントン
世界遺産の数　3　世界遺産条約締約年　1984年

①テ・ワヒポウナム-南西ニュージーランド
（Te Wahipounamu-South West New Zealand）
自然遺産（登録基準（vii）（viii）（ix）（x））
1990年
2トンガリロ国立公園（Tongariro National Park）
複合遺産（登録基準（vi）（vii）（viii））
1990年／1993年
③ニュージーランドの亜南極諸島
（New Zealand Sub-Antarctic Islands）
自然遺産（登録基準（ix）（x））　1998年

ヴァヌアツ共和国
Republic of Vanuatu
首都　ポートビラ
世界遺産の数　1　世界遺産条約締約年　2002年

❶ロイマタ酋長の領地
（Chief Roi Mata' s Domain）
文化遺産（登録基準（iii）（v）（vi））
2008年

太平洋

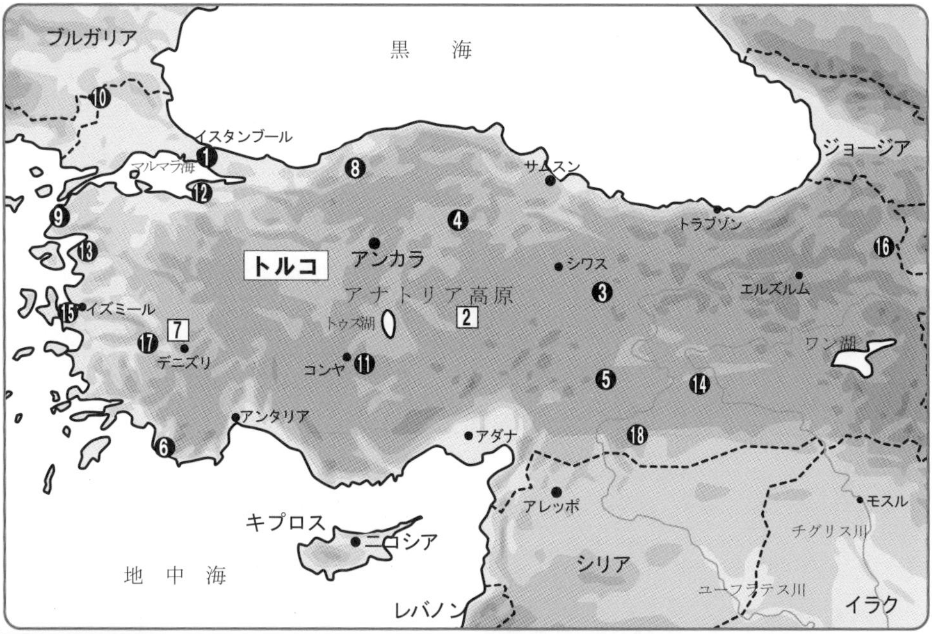

トルコ共和国

Republic of Turkey

首都　アンカラ

世界遺産の数　19　世界遺産条約締約年　1983年

❶イスタンブールの歴史地区
（Historic Areas of Istanbul）
文化遺産（登録基準（i）（ii）（iii）（iv））　1985年

②ギョレメ国立公園とカッパドキアの岩窟群
（Göreme National Park and the Rock Sites of Cappadocia）
複合遺産（登録基準（i）（iii）（v）（vii））　1985年

❸ディヴリイの大モスクと病院
（Great Mosque and Hospital of Divriği）
文化遺産（登録基準（i）（iv））　1985年

❹ハットシャ：ヒッタイト王国の首都
（Hattusha:the Hittite Capital）
文化遺産（登録基準（i）（ii）（iii）（iv））　1986年

❺ネムルト・ダウ（Nemrut Dağ）
文化遺産（登録基準（i）（iii）（iv））　1987年

❻クサントス-レトーン（Xanthos-Letoon）
文化遺産（登録基準（ii）（iii））　1988年

⑦ヒエラポリス・パムッカレ
（Hierapolis-Pamukkale）
複合遺産（登録基準（iii）（iv）（vii））　1988年

❽サフランボルの市街（City of Safranbolu）
文化遺産（登録基準（ii）（iv）（v））　1994年

❾トロイの考古学遺跡（Archaeological Site of Troy）
文化遺産（登録基準（ii）（iii）（vi））　1998年

❿セリミエ・モスクとその社会的複合施設
（Selimiye Mosque and its Social Complex）
文化遺産（登録基準（i）（iv））　2011年

⓫チャタルヒュユクの新石器時代の遺跡
（Neolithic Site of Çatalhöyük）
文化遺産（登録基準（ii）（iv））　2012年

⓬ブルサとジュマルクズック：オスマン帝国発祥の地（Bursa and Cumalikizik: the Birth of the Ottoman Empire）
文化遺産（登録基準（i）（ii）（iii）（iv）（vi））
2014年

⓭ペルガモンとその重層的な文化的景観
（Pergamon and its Multi-Layered Cultural Landscape）
文化遺産（登録基準（i）（ii）（iii）（iv）（vi））
2014年

⓮ディヤルバクル城壁とエヴセルガーデンの文化的景観
（Diyarbakir Fortress and Hevsel Gardens Cultural Landscape）
文化遺産（登録基準（iv））　2015年

⓯エフェソス遺跡（Ephesus）
文化遺産（登録基準（iii）（iv）（vi）　2015年

⓰アニの考古学遺跡
（Archaeological Site of Ani）
文化遺産（登録基準（ii）（iii）（iv））　2016年

⓱アフロディシャス遺跡
（Aphrodisias）
文化遺産（登録基準（ii）（iii）（iv）（vi））
2017年

ヨーロッパ

⓲ギョベクリ・テペ
（Göbekli Tepe）
文化遺産（登録基準（i）（ii）（iv））　2018年
⓳アルスラーンテペの墳丘
（Arslantepe Mound）
文化遺産（登録基準（iii）　2021年

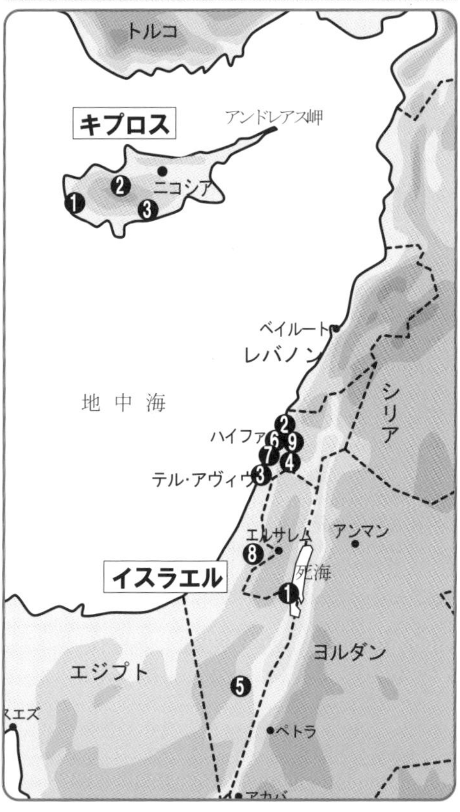

キプロス共和国
Republic of Cyprus
首都　ニコシア
世界遺産の数　3　世界遺産条約締約年　1975年

❶パフォス（Paphos）
文化遺産（登録基準（iii）（vi））　1980年
❷トロードス地方の壁画教会群
（Painted Churches in the Troodos Region）
文化遺産（登録基準（ii）（iii）（iv））
1985年／2001年
❸ヒロキティア（Choirokoitia）
文化遺産（登録基準（ii）（iii）（iv））
1998年

イスラエル国
State of Israel
首都　エルサレム
世界遺産の数　9　世界遺産条約締約年　1999年

❶マサダ（Masada）
文化遺産（登録基準（iii）（iv）（vi））
2001年
❷アクルの旧市街
（Old City of Acre）
文化遺産（登録基準（ii）（iii）（v））
2001年
❸テル・アヴィヴのホワイト・シティ－近代運動
（White City of Tel-Aviv -the Modern Movement）
文化遺産（登録基準（ii）（iv））
2003年
❹聖書ゆかりの遺跡の丘－メギド、ハツォール、ベール・シェバ
（Biblical Tels - Megiddo, Hazor, Beer Sheba）
文化遺産（登録基準（ii）（iii）（iv）（vi））
2005年
❺香料の道 － ネゲヴの砂漠都市群
（Incense Route - Desert Cities in the Negev）
文化遺産（登録基準（iii）（v））
2005年
❻ハイファと西ガリラヤのバハイ教の聖地
（Bahá'i Holy Places in Haifa and the Western Galilee）
文化遺産（登録基準（iii）（vi））
2008年
❼カルメル山の人類進化の遺跡群：ナハル・メアロット洞窟とワディ・エル・ムガラ洞窟群
（Sites of Human Evolution at Mount Carmel : The Nahal Me'arot/Wadi el-Mughara Caves）
文化遺産（登録基準（iii）（v））
2012年
❽ユダヤ低地にあるマレシャとベトグヴリンの洞窟群：洞窟の大地の小宇宙
（Caves of Maresha and Bet-Guvrin in the Judean Lowlands as a Microcosm of the Land of the Caves）
文化遺産（登録基準（v））
2014年
❾ベイト・シェアリムのネクロポリス、ユダヤ人の再興を示す象徴
（Necropolis of Bet She'arim: A Landmark of Jewish Renewal）
文化遺産（登録基準（ii）（iii））
2015年

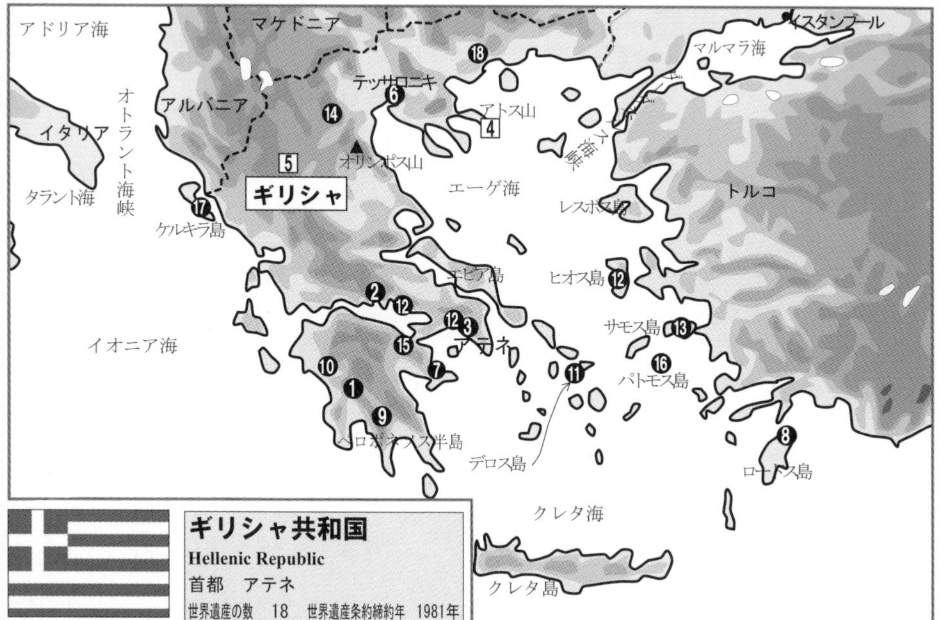

ギリシャ共和国
Hellenic Republic
首都　アテネ
世界遺産の数　18　世界遺産条約締約年　1981年

❶バッセのアポロ・エピクリオス神殿
（Temple of Apollo Epicurius at Bassae）
文化遺産（登録基準(i)(ii)(iii)）　1986年

❷デルフィの考古学遺跡
（Archaeological Site of Delphi）
文化遺産（登録基準(i)(ii)(iii)(iv)(vi)）1987年

❸アテネのアクロポリス（Acropolis, Athens）
文化遺産（登録基準(i)(ii)(iii)(iv)(vi)）1987年

④アトス山（Mount Athos）
複合遺産（登録基準(i)(ii)(iv)(v)(vi)(vii)）
1988年

⑤メテオラ（Meteora）
複合遺産（登録基準(i)(ii)(iv)(v)(vii)）1988年

❻テッサロニキの初期キリスト教とビザンチン様式の建造物群
（Paleochristian and Byzantine Monuments of Thessalonika）
文化遺産（登録基準(i)(ii)(iv)）　1988年

❼エピダウロスのアスクレピオスの聖地
（Sanctuary of Asklepios at Epidaurus）
文化遺産（登録基準(i)(ii)(iii)(iv)(vi)）1988年

❽ロードスの中世都市（Medieval City of Rhodes）
文化遺産（登録基準(ii)(iv)(v)）　1988年

❾ミストラの考古学遺跡
（Archaeological Site of Mystras）
文化遺産（登録基準(ii)(iii)(iv)）　1989年

❿オリンピアの考古学遺跡
（Archaeological Site of Olympia）
文化遺産（登録基準(i)(ii)(iii)(iv)(vi)）1989年

⓫デロス（Delos）
文化遺産（登録基準(ii)(iii)(iv)(vi)）　1990年

⓬ダフニの修道院、オシオス・ルカス修道院とヒオス島のネアモニ修道院
（Monasteries of Daphni, Hosios Loukas and Nea Moni of Chios）
文化遺産（登録基準(i)(iv)）　1990年

⓭サモス島のピタゴリオンとヘラ神殿
（Pythagoreion and Heraion of Samos）
文化遺産（登録基準(ii)(iii)）　1992年

⓮アイガイの考古学遺跡（現在名 ヴェルギナ）
（Archaeological Site of Aigai (modern name Vergina)）
文化遺産（登録基準(i)(iii)）　1996年

⓯ミケーネとティリンスの考古学遺跡
（Archaelogical Sites of Mycenae and Tiryns）
文化遺産（登録基準(i)(ii)(iii)(iv)(vi)）
1999年

⓰パトモス島の聖ヨハネ修道院のある歴史地区（ホラ）と聖ヨハネ黙示録の洞窟
（Historic Centre (Chorá) with the Monastery of Saint John "theTheologian" and the Cave of the Apocalypse on the Island of Pátmos）
文化遺産（登録基準(iii)(iv)(vi)）　1999年

⓱コルフの旧市街（Old Town of Corfu）
文化遺産（登録基準(iv)）　2007年

⓲フィリッピの考古学遺跡
（Archaeological Site of Philippi）
文化遺産（登録基準(iii)(iv)）
2016年

アルプス山脈周辺の先史時代の杭上住居群
㊼ イタリア（19か所）
オーストリア、フランス、ドイツ、イタリア、スロヴェニア、スイスの6か国の111か所に点在する。
16～17世紀のヴェネツィアの防衛施設群：スタート・ダ・テーラ－西スタート・ダ・マール　3か国の6資産からなる。
㊸イタリア（3か所）
⑩クロアチア（2か所）
❹モンテネグロ（1か所）
スイス
㊺イタリア
⑥スイス
㊸イタリア
❽スイス
オーストリア
ハンガリー
スロヴェニア
クロアチア
カルダ湖
ヴェローナ
ミラノ
ヴェネチア
アディジェ川
ポー川
トリノ
ジェノバ
ボローニャ
ラヴェンナ
フランス
モナコ
ピサ
フィレンツェ
サンマリノ
サンジミニャーノ
ウルビーノ
リグリア海
シエナ
アッシジ
イタリア
エルバ島
アペニン山脈
テベレ川
コルシカ島（仏）
ヴァチカン市国
ヴァチカン･シティ ❷
コルノ山
ティボリ
ローマ
ボニファチオ海峡
❸イタリア
❶ヴァチカン市国
ナポリ
ヴェスヴィオ山
バリ
アルベロベッロ
カルパチア山脈とヨーロッパの他の地域の原生ブナ林群
構成資産　12か国 78か所
④ウクライナ
⑥スロヴァキア
㊱ドイツ
③アルバニア
⑩オーストリア
⑬ベルギー
⑩ブルガリア
⑨クロアチア
㊿イタリア（10か所）
⑧ルーマニア
④スロヴェニア
㊻スペイン
㊻ イタリアのロンゴバルド族　権力の場所（568年～774年）
フリウリ・ヴェネツィア・ジュリア州、ロンバルディア州、ウンブリア州、カンパニア州、プーリア州の7か所に点在する。
サルデーニャ島
タラント湾
エオリエ諸島
カラブリア半島
パレルモ
イオニア海
シチリア島
エトナ山
メッシナ海峡
アグリジェント
シラクーザ
ラグサ
マルタ
地中海
サンマリノ
イタリア
ドガーナ
セラヴァッレ
アックアヴィーヴァ
ドマニャーノ
ボルゴマッジョーレ
❶サンマリノ
ファエターノ
キエザヌオーヴァ
フィオレンティーノ
0 1 2km

○自然遺産　●文化遺産　□複合遺産　★危機遺産

ヴァチカン市国

ヴァチカンとは，法皇を国家元首とする独立国家たるヴァチカン市国と，法皇を首長として世界のカトリック教会を支配する法王聖座の聖俗両面の総称とされている。

ヴァチカン市国
State of the city of Vatican
首都　ヴァチカン
世界遺産の数　2　世界遺産条約締約年　1982年

❶ローマの歴史地区、教皇領とサンパオロ・フォーリ・レ・ムーラ大聖堂
（Historic Centre of Rome, the Properties of the Holy See in that City Enjoying Extraterritorial Rights and San Paolo Fuori le Mura）
文化遺産（登録基準(i)(ii)(iii)(iv)(vi)）
1980年／1990年
ヴァチカン／イタリア

❷ヴァチカン・シティー（Vatican City）
文化遺産（登録基準(i)(ii)(iv)(vi)）
1984年

イタリア共和国
Republic of Italy
首都　ローマ
世界遺産の数　58　世界遺産条約締約年　1978年

❶ヴァルカモニカの岩石画
（Roch Drawings in Valcamonica）
文化遺産（登録基準(iii)(vi)）　1979年

❷レオナルド・ダ・ヴィンチ画「最後の晩餐」があるサンタマリア・デレ・グラツィエ教会とドメニコ派修道院
（Church and Dominican Convent of Santa Maria delle Grazie with "The Last Supper" by Leonardo da Vinci）
文化遺産（登録基準(i)(ii)）　1980年

❸ローマの歴史地区、教皇領とサンパオロ・フォーリ・レ・ムーラ大聖堂
（Historic Centre of Rome, the Properties of the Holy See in that City Enjoying Extraterritorial Rights and San Paolo Fuori le Mura）
文化遺産（登録基準(i)(ii)(iii)(iv)(vi)）
1980年／1990年　イタリア／ヴァチカン

❹フィレンツェの歴史地区
（Historic Centre of Florence）
文化遺産（登録基準(i)(ii)(iii)(iv)(vi)）
1982年

❺ヴェネツィアとその潟（Venice and its Lagoon）
文化遺産（登録基準(i)(ii)(iii)(iv)(v)(vi)）
1987年

❻ピサのドゥオモ広場（Piazza del Duomo, Pisa）
文化遺産（登録基準(i)(ii)(iv)(vi)）
1987年／2007年

❼サン・ジミニャーノの歴史地区
（Historic Centre of San Gimignano）
文化遺産（登録基準(i)(iii)(iv)）　1990年

❽マテーラの岩穴住居と岩窟教会群の公園
（The Sassi and the Park of the Rupestrian Churches of Matera）
文化遺産（登録基準(iii)(iv)(v)）　1993年

❾ヴィチェンツァの市街とベネトのパッラーディオのヴィラ
（City of Vicenza and the Palladian Villas of the Veneto）
文化遺産（登録基準(i)(ii)）1994年／1996年

❿シエナの歴史地区（Historic Centre of Siena）
文化遺産（登録基準(i)(ii)(iv)）　1995年

⓫ナポリの歴史地区（Historic Centre of Naples）
文化遺産（登録基準(ii)(iv)）　1995年

⓬クレスピ・ダッダ（Crespi d'Adda）
文化遺産（登録基準(iv)(v)）　1995年

⓭フェラーラ：ルネサンスの都市とポー･デルタ
（Ferrara,City of the Renaissance and its Po Delta）
文化遺産（登録基準(ii)(iii)(iv)(v)(vi)）
1995年／1999年

⓮カステル・デル・モンテ
（Castel del Monte）
文化遺産（登録基準(i)(ii)(iii)）　1996年

⓯アルベロベッロのトゥルッリ
（The *Trulli* of Alberobello）
文化遺産（登録基準(iii)(iv)(v)）　1996年

⓰ラヴェンナの初期キリスト教記念物
（Early Christian Monuments of Ravenna）
文化遺産（登録基準(i)(ii)(iii)(iv)）
1996年

⓱ピエンツァ市街の歴史地区
（Historic Centre of the City of Pienza）
文化遺産（登録基準(i)(ii)(iv)）
1996年

⑱カゼルタの18世紀王宮と公園、ヴァンヴィテリの水道橋とサン・レウチョ邸宅
(18th-Century Royal Palace at Caserta with the Park, the Aqueduct of Vanvitelli, and the San Leucio Complex)
文化遺産(登録基準(i)(ii)(iii)(iv))　1997年

⑲サヴォイア王家王宮
(Residences of the Royal House of Savoy)
文化遺産(登録基準(i)(ii)(iv)(v))
1997年／2010年

⑳パドヴァの植物園（オルト・ボタニコ）
(Botanical Garden (Orto Botanico), Padua)
文化遺産(登録基準(ii)(iii))　1997年

㉑ポルトヴェーネレ、チンクエ・テッレと諸島（パルマリア、ティーノ、ティネット）
(Portovenere, Cinque Terre, and the Islands (Palmaria, Tino and Tinetto))
文化遺産(登録基準(ii)(iv)(v))　1997年

㉒モデナの大聖堂、市民の塔、グランデ広場
(Cathedral, Torre Civica and Piazza Grande, Modena)
文化遺産(登録基準(i)(ii)(iii)(iv))　1997年

㉓ポンペイ、ヘルクラネウム、トッレ・アヌンツィアータの考古学地域
(Archaeological Areas of Pompei, Herculaneum, and Torre Annunziata)
文化遺産(登録基準(iii)(iv)(v))　1997年

㉔アマルフィターナ海岸（Costiera Amalfitana）
文化遺産(登録基準(ii)(iv)(v))　1997年

㉕アグリジェントの考古学地域
(Archaeological Area of Agrigento)
文化遺産(登録基準(i)(ii)(iii)(iv))　1997年

㉖ヴィッラ・ロマーナ・デル・カザーレ
(Villa Romana del Casale)
文化遺産（登録基準(i)(ii)(iii))　1997年

㉗バルーミニのス・ヌラージ(Su Nuraxi di Barumini)
文化遺産(登録基準(i)(iii)(iv))　1997年

㉘アクイレリアの考古学地域とバシリカ総主教聖堂
(Archaeological Area and the Patriarchal Basilica of Aquileia)
文化遺産(登録基準(iii)(iv)(vi))　1998年

㉙ウルビーノの歴史地区(Historic Centre of Urbino)
文化遺産（登録基準(ii)(iv))　1998年

㉚ペストゥムとヴェリアの考古学遺跡とパドゥーラの僧院があるチレント・ディアーナ渓谷国立公園
(Cilento and Vallo di Diano National Park with the Archeological sites of Paestum and Velia, and the Certosa di Padula)
文化遺産(登録基準(iii)(iv))　1998年

㉛ティヴォリのヴィッラ・アドリアーナ
(Villa Adriana (Tivoli))
文化遺産(登録基準(i)(ii)(iii))　1999年

㉜ヴェローナの市街（City of Verona）
文化遺産(登録基準(ii)(iv))　2000年

㉝エオリエ諸島（エオーリアン諸島）
(Isole Eolie (Aeolian Islands))
自然遺産(登録基準(viii))　2000年

㉞アッシジの聖フランチェスコのバシリカとその他の遺跡群
(Assisi, the Basilica of San Francesco and Other Franciscan Sites)
文化遺産(登録基準(i)(ii)(iii)(iv)(vi))
2000年

㉟ティヴォリのヴィッラ･デステ(Villa d'Este,Tivoli)
文化遺産(登録基準(i)(ii)(iii)(iv)(vi))
2001年

㊱ノート渓谷（シチリア島南東部）の後期バロック都市群
(Late Baroque Towns of the Val di Noto (South-Eastern Sicily))
文化遺産(登録基準(i)(ii)(iv)(v))
2002年

㊲ピエモント州とロンバルディア州の聖山群
(*Sacri Monti* of Piedmont and Lombardy)
文化遺産(登録基準(ii)(iv))　2003年

㊳チェルヴェテリとタルクィニアのエトルリア墳墓群
(Etruscan Necropolises of Cerveteri and Tarquinia)
文化遺産(登録基準(i)(iii)(iv))
2004年

㊴オルチャ渓谷（Val d' Orcia）
文化遺産(登録基準(iv)(vi))　2004年

㊵シラクーサとパンタリアの岩の墓
(Syracuse and the Rocky Necropolis of Pantalica)
文化遺産(登録基準(ii)(iii)(iv)(vi))
2005年

㊶ジェノバ；新道とロッリの館群
(Genoa: *Le Strade Nuove* and the system of the *Palazzi dei Rolli*)
文化遺産(登録基準(ii)(iv))　2006年

㊷マントヴァとサッビオネータ
(Mantua and Sabbioneta)
文化遺産(登録基準(ii)(iii))　2008年

㊸レーティッシュ鉄道アルブラ線とベルニナ線の景観群（Rhaetian Railway in the Albula / Bernina Landscapes)
文化遺産(登録基準(ii)(iv))
2008年　イタリア／スイス

㊹ドロミーティ山群（The Dolomites）
自然遺産(登録基準(vii)(viii))
2009年

㊺モン・サン・ジョルジオ（Monte San Giorgio）
自然遺産(登録基準(viii))
2003年／2010年
イタリア／スイス

㊻イタリアのロンゴバルド族　権力の場所（568～774年）
（Longobards in Italy. Places of the power（568-774 A.D.））
文化遺産（登録基準（ii）（iii）（vi））　2011年
㊼アルプス山脈周辺の先史時代の杭上住居群
（Prehistoric Pile Dwellings around the Alps）
文化遺産（登録基準（iii）（v））
2011年
スイス／オーストリア／フランス／ドイツ／イタリア／スロヴェニア
㊽エトナ山（Mount Etna）
自然遺産（登録基準（viii））　2013年
㊾トスカーナ地方のメディチ家の館群と庭園群
（Medici Villas and Gardens in Tuscany）
文化遺産（登録基準（ii）（iv）（vi））
2013年
㊿ピエモンテの葡萄畑の景観：ランゲ・ロエロ・モンフェッラート
（Vineyard Landscape of Piedmont: Langhe-Roero and Monferrato）
文化遺産（登録基準（iii）（v））　2014年
51パレルモのアラブ・ノルマン様式の建造物群とチェファル大聖堂とモンレアーレ大聖堂
（Arab-Norman Palermo and the Cathedral Churches of Cefalu and Monreale）
文化遺産（登録基準（ii）（iv））
2015年
52カルパチア山脈とヨーロッパの他の地域の原生ブナ林群
（Primeval Beech Forests of the Carpathians and Other Regions of Europe）
自然遺産（登録基準（ix））
2007年／2011年／2017年／2021年
アルバニア／オーストリア／ベルギー／ボスニアヘルツェゴビナ／ブルガリア／クロアチア／チェコ／フランス／ドイツ／イタリア／北マケドニア／ポーランド／ルーマニア／スロヴェニア／スロヴァキア／スペイン／スイス／ウクライナ
53 16～17世紀のヴェネツィアの防衛施設群：スタート・ダ・テーラ-西スタート・ダ・マール
（Venetian Works of Defence between the 16th and 17th Centuries: *Stato da Terra* – Western *Stato da Mar*）文化遺産（登録基準（iii）（vi））
2017年
イタリア／クロアチア／モンテネグロ
54イヴレーア、20世紀の工業都市
（Ivrea, industrial city of the 20th century）
文化遺産（登録基準（iv））　2018年
55コネリアーノとヴァルドッビアーデネのプロセッコ丘陵群
（Le Colline del Prosecco di Conegliano e Valdobbiadene）
文化遺産（登録基準（（v））　2019年
56パドヴァ・ウルブス・ピクタ：ジョットのスクロヴェーニ礼拝堂とパドヴァの14世紀のフレスコ画作品群
（'Padova Urbs picta', Giotto's Scrovegni Chapel and Padua's fourteenth-century fresco cycles）
文化遺産（登録基準（ii））　2021年
57ボローニャの柱廊群
（The Porticoes of Bologna）
文化遺産（登録基準（iv））　2021年
58ヨーロッパの大温泉群
（The Great Spas of Europe）
文化遺産（登録基準（ii）（iii））2021年
イタリア／オーストリア／ベルギー／チェコ／フランス／ドイツ／英国

サンマリノ共和国
Republic of San Marino
首都　サンマリノ
世界遺産の数　1　世界遺産条約締約年　1991年

❶サンマリノの歴史地区とティターノ山
（San Marino Historic Centre and Mount Titano）
文化遺産（登録基準（iii））
2008年

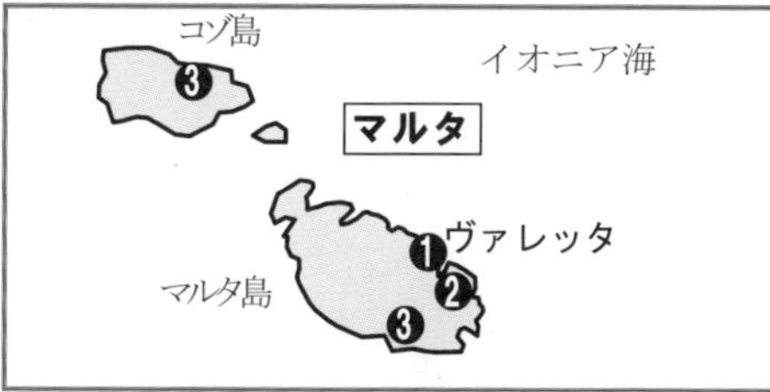

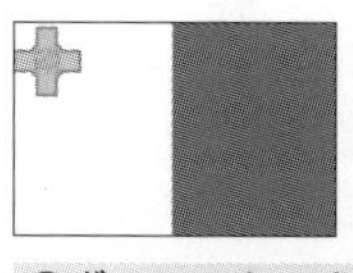

マルタ共和国
Republic of Malta
首都　ヴァレッタ
世界遺産の数　3　世界遺産条約締約年　1978年

❶ヴァレッタの市街（City of Valletta）
文化遺産（登録基準（i）（vi））
1980年
❷ハル・サフリエニの地下墳墓
（Ħal Saflieni Hypogeum）
文化遺産（登録基準（iii））
1980年
❸マルタの巨石神殿群
（Megalithic Temples of Malta）
文化遺産（登録基準（iv））
1980年／1992年

ヨーロッパ

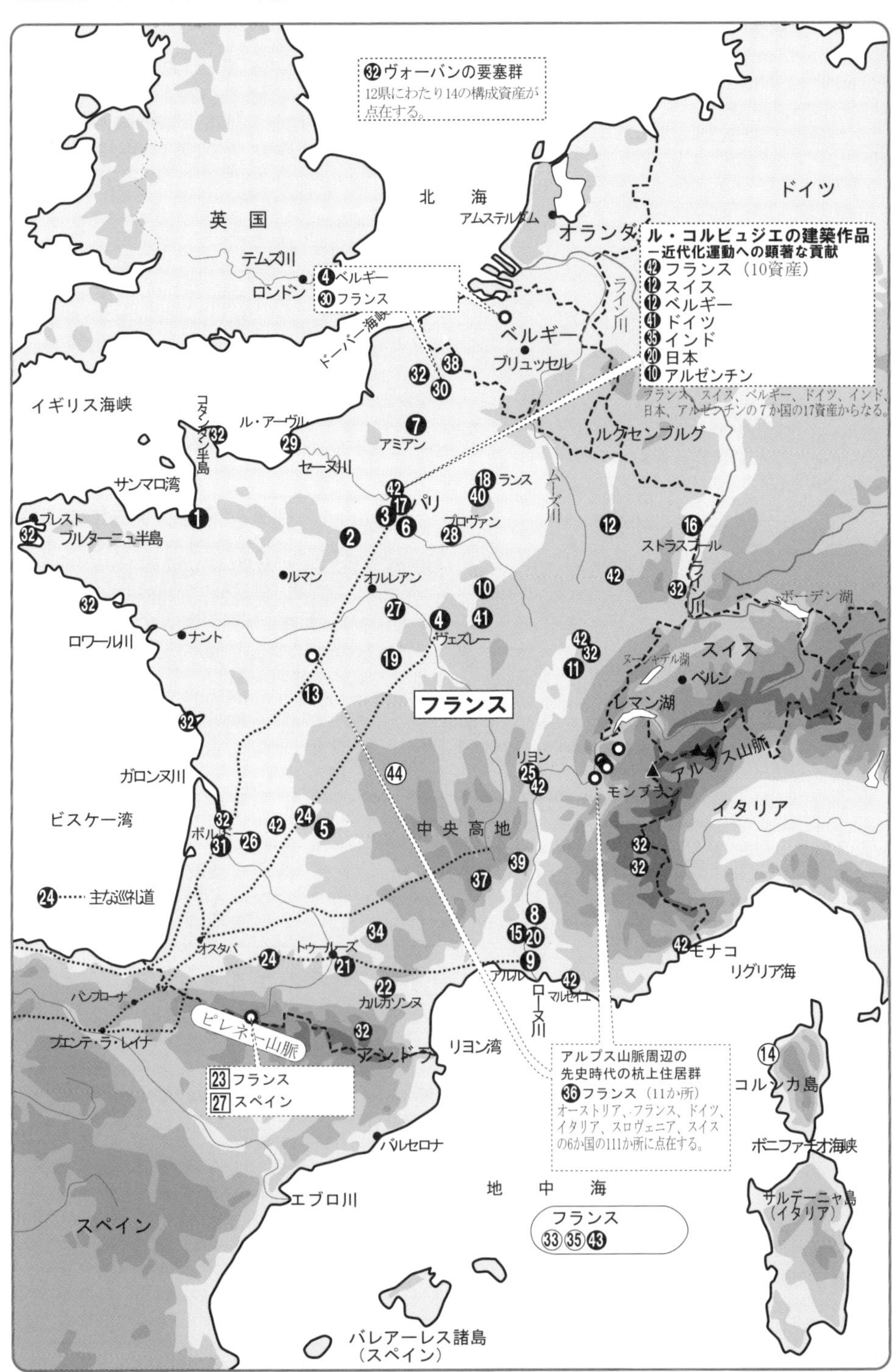

○自然遺産　●文化遺産　□複合遺産　★危機遺産

フランス共和国

French Republic

首都　パリ

世界遺産の数　48　世界遺産条約締約年　1975年

❶モン・サン・ミッシェルとその湾
（Mont-Saint-Michel and its Bay）
文化遺産（登録基準（i）（iii）（vi））
1979年／2007年

❷シャルトル大聖堂（Chartres Cathedral）
文化遺産（登録基準（i）（ii）（iv））
1979年／2009年

❸ヴェルサイユ宮殿と庭園
（Palace and Park of Versailles）
文化遺産（登録基準（i）（ii）（vi））
1979年／2007年

❹ヴェズレーの教会と丘
（Vézelay, Church and Hill）
文化遺産（登録基準（i）（vi））
1979年／2007年

❺ヴェゼール渓谷の先史時代の遺跡群と装飾洞窟群（Prehistoric Sites and Decorated Caves of the Vézère Valley）
文化遺産（登録基準（i）（iii））　1979年

❻フォンテーヌブロー宮殿と庭園
（Palace and Park of Fontainebleau）
文化遺産（登録基準（ii）（vi））
1981年

❼アミアン大聖堂　（Amiens Cathedral）
文化遺産（登録基準（i）（ii））
1981年

❽オランジュのローマ劇場とその周辺ならびに凱旋門
（Roman Theatre and its Surroundings and the "Triumphal Arch" of Orange）
文化遺産（登録基準（iii）（vi））
1981年／2007年

❾アルル、ローマおよびロマネスク様式のモニュメント
（Arles, Roman and Romanesque Monuments）
文化遺産（登録基準（ii）（iv））
1981年

❿フォントネーのシトー会修道院
（Cistercian Abbey of Fontenay）
文化遺産（登録基準（iv））
1981年／2007年

⓫サラン・レ・バンの大製塩所からアルケスナンの王立製塩所までの開放式平釜製塩
（From Great Saltworks of Salins-les-Bains to the Royal Saltworks of Arc-et-Senans, the Production of Open-pan Salt）
文化遺産（登録基準（i）（ii）（iv））
1982年／2009年

⓬ナンシーのスタニスラス広場、カリエール広場、アリャーンス広場
（Place Stanislas, Place de la Carriere and Place d'Alliance in Nancy）
文化遺産（登録基準（i）（iv））　1983年

⓭サン・サヴァン・シュル・ガルタンプ修道院付属教会（Abbey Church of Saint-Savin sur Gartempe）
文化遺産（登録基準（i）（iii））
1983年／2007年

⑭ポルト湾：ピアナ・カランシェ、ジロラッタ湾、スカンドラ保護区
（Gulf of Porto:Calanche of Piana, Gulf of Girolata, Scandola Reserve）
自然遺産（登録基準（vii）（viii）（x））
1983年

⓯ポン・デュ・ガール（ローマ水道）
（Pont du Gard（Roman Aqueduct））
文化遺産（登録基準（i）（iii）（iv））
1985年／2007年

⓰ストラスブールの旧市街と新市街
（Strasbourg: Grande-île and *Neustadt*）
文化遺産（登録基準（ii）（iv））
1988年／2017年
＊2017年、登録範囲拡大、物件名変更、登録基準変更

⓱パリのセーヌ河岸（Paris, Banks of the Seine）
文化遺産（登録基準（i）（ii）（iv））
1991年

⓲ランスのノートル・ダム大聖堂、サンレミ旧修道院、トー宮殿
（Cathedral of Notre-Dame, Former Abbey of Saint-Rémi and Palace of Tau, Reims）
文化遺産（登録基準（i）（ii）（vi））
1991年

⓳ブールジュ大聖堂（Bourges Cathedral）
文化遺産（登録基準（i）（iv））　1992年

⓴アヴィニョンの歴史地区：法王庁宮殿、司教建造物群とアヴィニョンの橋
（Historic Centre of Avignon:Papal Palace, Episcopal Ensemble and Avignon Bridge）
文化遺産（登録基準（i）（ii）（iv））
1995年

㉑ミディ運河（Canal du Midi）
文化遺産（登録基準（i）（ii）（iv）（vi））
1996年

㉒カルカソンヌの歴史城塞都市
（Historic Fortified City of Carcassonne）
文化遺産（登録基準（ii）（iv））
1997年

ヨーロッパ

㉓ピレネー地方-ペルデュー山
(Pyrénées-Mont Perdu)
複合遺産(登録基準(iii)(iv)(v)(vii)(viii))
1997年／1999年　フランス／スペイン

㉔サンティアゴ・デ・コンポステーラへの巡礼道（フランス側）
(Routes of Santiago de Compostela in France)
文化遺産(登録基準(ii)(iv)(vi))
1998年

㉕リヨンの歴史地区（Historic Site of Lyons）
文化遺産(登録基準(ii)(iv))
1998年

㉖サン・テミリオン管轄区
(Jurisdiction of Saint-Emilion)
文化遺産(登録基準(iii)(iv))
1999年

㉗シュリー・シュルロワールとシャロンヌの間のロワール渓谷（The Loire Valley between Sully- sur- Loire and Chalonnes）
文化遺産(登録基準(i)(ii)(iv))
2000年

㉘中世の交易都市プロヴァン
(Provins, Town of Medieval Fairs)
文化遺産(登録基準(ii)(iv))
2001年

㉙オーギュスト・ペレによって再建されたル・アーヴル
(Le Havre, the City Rebuilt by Auguste Perret)
文化遺産(登録基準(ii)(iv))
2005年

㉚ベルギーとフランスの鐘楼群
(Belfries of Belgium and France)
文化遺産(登録基準(ii)(iv))
1999年／2005年　フランス／ベルギー

㉛ボルドー、月の港(Bordeaux, Port of the Moon)
文化遺産(登録基準(ii)(iv))　2007年

㉜ヴォーバンの要塞群(Fortifications of Vauban)
文化遺産(登録基準(i)(ii)(iv))　2008年

㉝ニューカレドニアのラグーン群：珊瑚礁の多様性と関連する生態系群
(Lagoons of Caledonia : Reef Diversity and Associated Ecosystems)
自然遺産(登録基準(vii)(ix)(x))　2008年

㉞アルビの司教都市（Episcopal City of Albi）
文化遺産(登録基準(iv)(v))　2010年

㉟レユニオン島の火山群、圏谷群、絶壁群
(Pitons, cirques and remparts of Reunion Island)
自然遺産(登録基準(vii)(x))　2010年

㊱アルプス山脈周辺の先史時代の杭上住居群
(Prehistoric Pile Dwellings around the Alps)
文化遺産(登録基準(iii)(v))　2011年
スイス／オーストリア／フランス／ドイツ／イタリア／スロヴェニア

㊲コース地方とセヴェンヌ地方の地中海農業や牧畜の文化的景観
(The Causses and the Cevennes, Mediterranean agro-pastoral Cultural Landscape)
文化遺産(登録基準(iii)(v))　2011年

㊳ノール・パ・ド・カレ地方の鉱山地帯
(Nord-Pas de Calais Mining Basin)
文化遺産(登録基準(ii)(iv)(vi))
2012年

㊴アルデシュ県のショーヴェ・ポンダルク洞窟として知られるポンダルク装飾洞窟
(Decorated cave of Pont d'Arc, known as Grotte Chauvet-Pont d'Arc, Ardeche)
文化遺産(登録基準(i)(iii))　2014年

㊵シャンパーニュ地方の丘陵群、家屋群、貯蔵庫群
(Champagne Hillsides, Houses and Cellars)
文化遺産(登録基準(iii)(iv)(vi))　2015年

㊶ブルゴーニュ地方のブドウ畑の気候風土
(The Climats, terroirs of Burgundy)
文化遺産(登録基準(iii)(v))　2015年

㊷ル・コルビュジエの建築作品－近代化運動への顕著な貢献
(The Architectural Work of Le Corbusier, an Outstanding Contribution to the Modern Movement)
文化遺産(登録基準(i)(ii)(vi))　2016年
フランス／スイス／ドイツ／ベルギー／日本／インド／アルゼンチン

㊸タプタプアテア（Taputapuātea）
文化遺産(登録基準(iii)(iv)(vi))　2017年

㊹ピュイ山脈とリマーニュ断層の地殻変動地域
(Chaine des Puys- Limagne fault tectonic arena)
自然遺産(登録基準(viii))　2018年

㊺フランス領の南方・南極地域の陸と海
(French Austral Lands and Seas)
自然遺産(登録基準((vii)(ix)(x))　2019年

㊻コルドゥアン灯台（Cordouan Lighthouse）
文化遺産(登録基準(i)(iv))　2021年

㊼ニース、冬のリゾート地リヴィエラ
(Nice, Winter Resort Town of the Riviera)
文化遺産(登録基準(ii)　2021年

㊽カルパチア山脈とヨーロッパの他の地域の原生ブナ林群
(Primeval Beech Forests of the Carpathians and Other Regions of Europe)
自然遺産(登録基準(ix))
2007年／2011年／2017年／2021年
アルバニア／オーストリア／ベルギー／ボスニアヘルツェゴビナ／ブルガリア／クロアチア／チェコ／フランス／ドイツ／イタリア／北マケドニア／ポーランド／ルーマニア／スロヴェニア／スロヴァキア／スペイン／スイス／ウクライナ

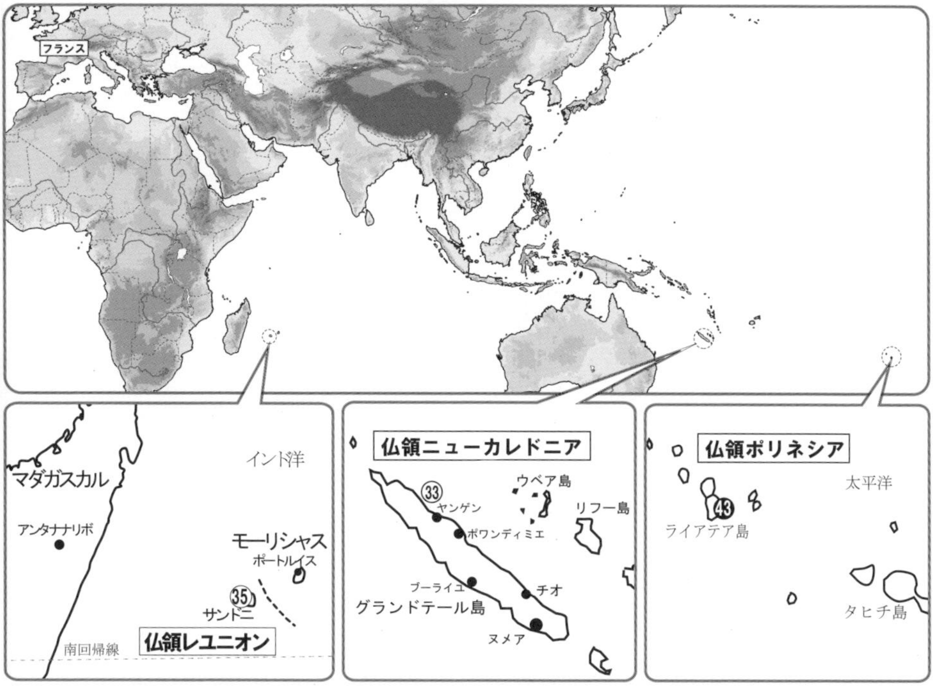

フランス

仏領レユニオン
マダガスカル
インド洋
アンタナナリボ
モーリシャス
ポートルイス
35
サントニ
南回帰線

仏領ニューカレドニア
33
ヤンゲン
ウベア島
リフー島
ボワンディミエ
ブーライユ
チオ
グランドテール島
ヌメア

仏領ポリネシア
太平洋
43
ライアテア島
タヒチ島

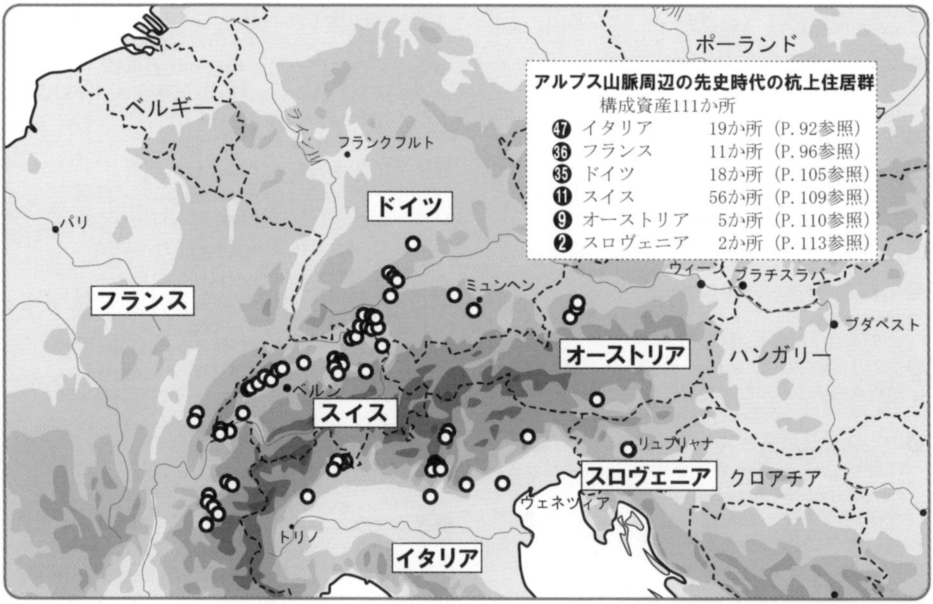

ヨーロッパ

ポーランド
ベルギー
フランクフルト
ドイツ
パリ
フランス
ミュンヘン
ウィーン
ブラチスラバ
ブダペスト
オーストリア
ハンガリー
ベルン
スイス
リュブリャナ
スロヴェニア
クロアチア
ヴェネツィア
トリノ
イタリア

アルプス山脈周辺の先史時代の杭上住居群
構成資産111か所

47	イタリア	19か所	(P. 92参照)
36	フランス	11か所	(P. 96参照)
35	ドイツ	18か所	(P. 105参照)
11	スイス	56か所	(P. 109参照)
9	オーストリア	5か所	(P. 110参照)
2	スロヴェニア	2か所	(P. 113参照)

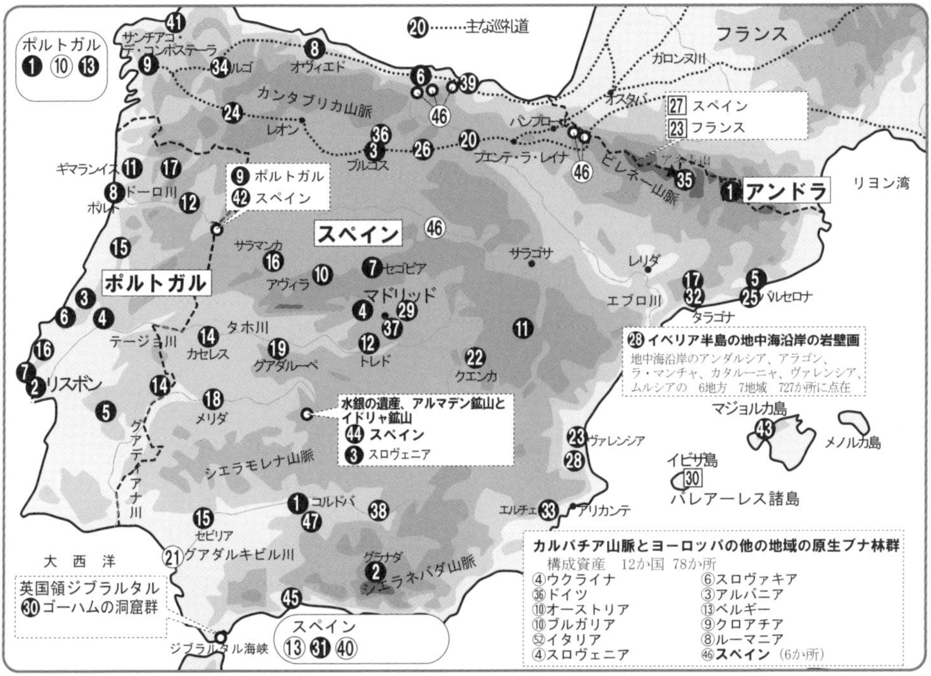

❷❽イベリア半島の地中海沿岸の岩壁画
地中海沿岸のアンダルシア、アラゴン、ラ・マンチャ、カタルーニャ、ヴァレンシア、ムルシアの　6地方　7地域　727か所に点在

水銀の遺産、アルマデン鉱山とイドリャ鉱山
❹❹スペイン
❸スロヴェニア

カルパチア山脈とヨーロッパの他の地域の原生ブナ林群
構成資産　12か国　78か所
④ウクライナ　⑥スロヴァキア
㊱ドイツ　③アルバニア
⑩オーストリア　⑬ベルギー
⑩ブルガリア　⑨クロアチア
52イタリア　⑧ルーマニア
④スロヴェニア　㊻スペイン（6か所）

英国領ジブラルタル
❸⓪ゴーハムの洞窟群

ヨーロッパ

スペイン
Spain
首都　マドリッド
世界遺産の数　49　世界遺産条約締約年　1982年

❶コルドバの歴史地区（Historic Centre of Cordoba）
文化遺産（登録基準(i)(ii)(iii)(iv)）
1984年／1994年
❷グラナダのアルハンブラ、ヘネラリーフェ、アルバイシン
(Alhambra, Generalife and Albayzín, Granada)
文化遺産（登録基準(i)(iii)(iv)） 1984年／1994年
❸ブルゴス大聖堂（Burgos Cathedral）
文化遺産（登録基準(ii)(iv)(vi)）　1984年
❹マドリッドのエル・エスコリアル修道院と旧王室
(Monastery and Site of the Escurial, Madrid)
文化遺産（登録基準(i)(ii)(vi)）　1984年
❺アントニ・ガウディの作品群
(Works of Antoni Gaudí)
文化遺産（登録基準(i)(ii)(iv)） 1984年／2005年
❻アルタミラ洞窟とスペイン北部の旧石器時代の洞窟芸術（Cave of Altamira and Paleolithic Cave Art of Northern Spain）
文化遺産（登録基準(i)(iii)）　1985年／2008年
❼セゴビアの旧市街とローマ水道
(Old Town of Segovia and its Aqueduct)
文化遺産（登録基準(i)(iii)(iv)）　1985年
❽オヴィエドとアストゥリアス王国の記念物
(Monuments of Oviedo and the Kingdom of the Asturias)
文化遺産（登録基準(i)(ii)(iv)） 1985年／1998年
❾サンティアゴ・デ・コンポステーラ（旧市街）
(Santiago de Compostela (Old Town))
文化遺産（登録基準(i)(ii)(vi)）　1985年
❿アヴィラの旧市街と塁壁外の教会群
(Old Town of Avila with its Extra-Muros Churches)
文化遺産（登録基準(iii)(iv)）
1985年／2007年
⓫アラゴン地方のムデハル様式建築
(Mudejar Architecture of Aragon)
文化遺産（登録基準(iv)）　1986年／2001年
⓬古都トレド（Historic City of Toledo）
文化遺産（登録基準(i)(ii)(iii)(iv)）　1986年
⑬ガラホナイ国立公園（Garajonay National Park）
自然遺産（登録基準(vii)(ix)）　1986年
⓮カセレスの旧市街（Old Town of Caceres）
文化遺産（登録基準(iii)(iv)）　1986年
⓯セビリア大聖堂、アルカサル、インディアス古文書館（Cathedral, Alcázar and Archivo de Indias, in Seville）
文化遺産（登録基準(i)(ii)(iii)(vi)）
1987年／2010年
⓰古都サラマンカ（Old City of Salamanca）
文化遺産（登録基準(i)(ii)(iv)）　1988年
⓱ポブレット修道院（Poblet Monastery）
文化遺産（登録基準(i)(iv)）　1991年
⓲メリダの考古学遺跡群
(Archaeological Ensemble of Mérida)

文化遺産（登録基準(iii)(iv)） 1993年
⑲サンタ・マリア・デ・グアダルーペの王立修道院
(Royal Monastery of Santa María de Guadalupe)
文化遺産（登録基準(iv)(vi)） 1993年
⑳サンティアゴ・デ・コンポステーラへの巡礼道：フランス人の道とスペイン北部の巡礼路群
(Routes of Santiago de Compostela: *Camino Francés* and Routes of Northern Spain)
文化遺産（登録基準(ii)(iv)(vi)） 1993年／2015年
㉑ドニャーナ国立公園 (Doñana National Park)
自然遺産（登録基準(vii)(ix)(x)） 1994年／2005年
㉒クエンカの歴史的要塞都市
(Historic Walled Town of Cuenca)
文化遺産（登録基準(ii)(v)） 1996年
㉓ヴァレンシアのロンハ・デ・ラ・セダ
(La Lonja de la Seda de Valencia)
文化遺産（登録基準(i)(iv)） 1996年
㉔ラス・メドゥラス (Las Médulas)
文化遺産（登録基準(i)(ii)(iii)(iv)） 1997年
㉕バルセロナのカタルーニャ音楽堂とサン・パウ病院
(Palau de la Musica Catalana and Hospital de Sant Pau, Barcelona)
文化遺産（登録基準(i)(ii)(iv)） 1997年／2008年
㉖聖ミリャン・ジュソ修道院とスソ修道院
(San Millán Yuso and Suso Monasteries)
文化遺産（登録基準(ii)(iv)(vi)） 1997年
㉗ピレネー地方-ペルデュー山
(Pyrénées-Mont Perdu)
複合遺産（登録基準(iii)(iv)(v)(vii)(viii)）
1997年／1999年 フランス／スペイン
㉘イベリア半島の地中海沿岸の岩壁画
(Rock Art of the Mediterranean Basin on the Iberian Peninsula)
文化遺産（登録基準(iii)） 1998年
㉙アルカラ・デ・エナレスの大学と歴史地区
(University and Historic Precinct of Alcalá de Henares)
文化遺産（登録基準(ii)(iv)(vi)） 1998年
㉚イビサの生物多様性と文化
(Ibiza, biodiversity and culture)
複合遺産（登録基準(ii)(iii)(iv)(ix)(x)） 1999年
㉛サン・クリストバル・デ・ラ・ラグーナ
(San Cristóbal de la Laguna)
文化遺産（登録基準(ii)(iv)） 1999年
㉜タッラコの考古遺跡群
(Archaeological Ensemble of Tárraco)
文化遺産（登録基準(ii)(iii)） 2000年
㉝エルチェの椰子園 (Palmeral of Elche)
文化遺産（登録基準(ii)(v)） 2000年
㉞ルーゴのローマ時代の城壁
(Roman Walls of Lugo)
文化遺産（登録基準(iv)） 2000年
㉟ボイ渓谷のカタルーニャ・ロマネスク教会群
(Catalan Romanesque Churches of the Vall de Boi)
文化遺産（登録基準(ii)(iv)） 2000年
㊱アタプエルカの考古学遺跡
(Archaeological Site of Atapuerca)
文化遺産（登録基準(iii)(v)） 2000年
㊲アランフエスの文化的景観
(Aranjuez Cultural Landscape)
文化遺産（登録基準(ii)(iv)） 2001年
㊳ウベダとバエサのルネサンス様式の記念物群
(Renaissance Monumental Ensembles of Ubeda and Baeza)
文化遺産（登録基準(ii)(iv)） 2003年
㊴ヴィスカヤ橋 (Vizcaya Bridge)
文化遺産（登録基準(i)(ii)） 2006年
㊵テイデ国立公園 (Teide National Park)
自然遺産（登録基準(vii)(viii)） 2007年
㊶ヘラクレスの塔 (Tower of Hercules)
文化遺産（登録基準(iii)） 2009年
㊷コア渓谷とシエガ・ヴェルデの先史時代の岩壁画
(Prehistoric Rock Art Sites in the Côa Valley and Siega Verde)
文化遺産（登録基準(i)(iii)）
1998年／2010年 ポルトガル／スペイン
㊸トラムンタナ山地の文化的景観
(Cultural Landscape of the Serra de Tramuntana)
文化遺産（登録基準(ii)(iv)(v)） 2011年
㊹水銀の遺産、アルマデン鉱山とイドリャ鉱山
(Heritage of Mercury. Almadén and Idrija)
文化遺産（登録基準(ii)(iv)） 2012年
スペイン／スロヴェニア
㊺アンテケラのドルメン遺跡
(Antequera Dolmens Site)
文化遺産（登録基準(i)(iii)(iv)） 2016年
㊻カルパチア山脈とヨーロッパの他の地域の原生ブナ林群
(Primeval Beech Forests of the Carpathians and Other Regions of Europe)
自然遺産（登録基準(ix)）
2007年／2011年／2017年／2021年
アルバニア／オーストリア／ベルギー／ボスニアヘルツェゴビナ／ブルガリア／クロアチア／チェコ／フランス／ドイツ／イタリア／北マケドニア／ポーランド／ルーマニア／スロヴェニア／スロヴァキア／スペイン／スイス／ウクライナ
㊼カリフ都市メディナ・アサーラ
(Caliphate City of Medina Azahara)
文化遺産（登録基準(iii)(iv)） 2018年
㊽グラン・カナリア島の文化的景観のリスコ・カイド洞窟と聖山群
(Risco Caido and the Sacred Mountains of Gran Canaria Cultural Landscape)
文化遺産（登録基準((iii)(v)） 2019年
㊾パセオ・デル・アルテとブエン・レティーロ宮殿、芸術と科学の景観
(Paseo del Prado and Buen Retiro, a landscape of Arts and Sciences)
文化遺産（登録基準(ii)(iv (vi)） 2021年

ヨーロッパ

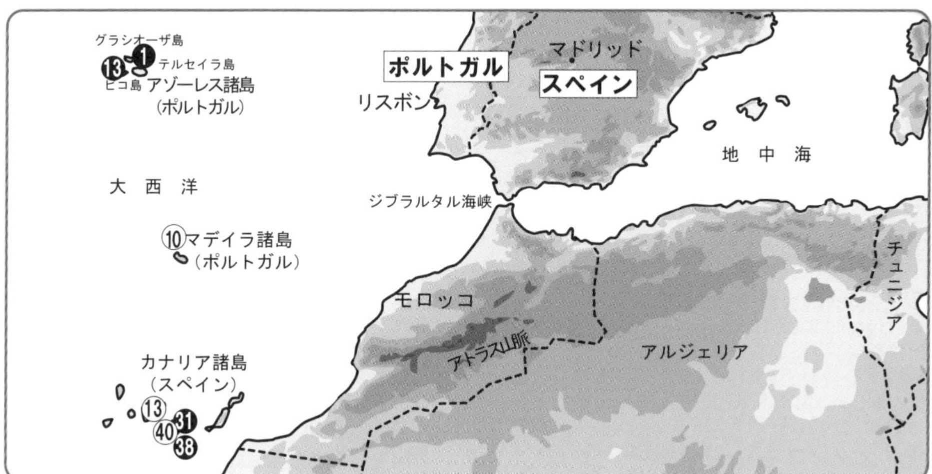

ポルトガル共和国

Portuguese Republic

首都　リスボン

世界遺産の数　17　世界遺産条約締約年　1980年

❶アソーレス諸島のアングラ・ド・エロイズモの町の中心地区
（Central Zone of the Town of Angra do Heroismo in the Azores）
文化遺産（登録基準（iv）（vi））　1983年

❷リスボンのジェロニモス修道院とベレンの塔
（Monastery of the Hieronymites and Tower of Belem in Lisbon）
文化遺産（登録基準（iii）（vi））1983年／2008年

❸バターリャの修道院（Monastery of Batalha）
文化遺産（登録基準（i）（ii））　1983年

❹トマルのキリスト教修道院
（Convent of Christ in Tomar）
文化遺産（登録基準（i）（vi））　1983年

❺エヴォラの歴史地区（Historic Centre of Évora）
文化遺産（登録基準（ii）（iv））　1986年

❻アルコバサの修道院
（Monastery of Alcobaça）
文化遺産（登録基準（i）（iv））　1989年

❼シントラの文化的景観
（Cultural Landscape of Sintra）
文化遺産（登録基準（ii）（iv）（v））　1995年

❽ポルトの歴史地区、ルイス1世橋とセラ・ピラール修道院
（Historic Centre of Oporto, Luis I Bridge and Monastery of Serra Pilar）
文化遺産（登録基準（iv））　1996年

❾コア渓谷とシエガ・ヴェルデの先史時代の岩壁画
（Prehistoric Rock Art Sites in the Côa Valley and Siega Verde）
文化遺産（登録基準（i）（iii））　1998年／2010年
ポルトガル／スペイン

⑩マデイラ島のラウリシールヴァ
（Laurisilva of Madeira）
自然遺産（登録基準（ix）（x））　1999年

⓫ギマランイスの歴史地区
（Historic Centre of Guimarães）
文化遺産（登録基準（ii）（iii）（iv））　2001年

⓬ワインの産地アルト・ドウロ地域
（Alto Douro Wine Region）
文化遺産（登録基準（iii）（iv）（v））　2001年

⓭ピコ島の葡萄園文化の景観
（Landscape of the Pico Island Vineyard Culture）
文化遺産（登録基準（iii）（v））　2004年

⓮エルヴァスの国境防護の町とその要塞群
（Garrison Border Town of Elvas and its Fortifications）
文化遺産（登録基準（iv））　2012年

⓯コインブラ大学–アルタとソフィア
（University of Coimbra - Alta and Sofia）
文化遺産（登録基準（ii）（iv）（vi））　2013年

⓰マフラの王家の建物 - 宮殿、バシリカ、修道院、セルク庭園、狩猟公園（タパダ）
（Royal Building of Mafra – Palace, Basilica, Convent, Cerco Garden and Hunting Park (Tapada)）
文化遺産（登録基準（（iv））　2019年

⓱ブラガのボン・ジェズス・ド・モンテの聖域
（Sanctuary of Bom Jesus do Monte in Braga）
文化遺産（登録基準（（iv））　2019年

アンドラ公国

Principality of Andorra

首都　アンドララヴェラ

世界遺産の数　1　世界遺産条約締約年　1997年

❶マドリュウ・ペラフィタ・クラロー渓谷
（Madriu-Perafita-Claror Valley）
文化遺産（登録基準（v））
2004年／2006年

ヨーロッパ

○自然遺産　●文化遺産　□複合遺産　★危機遺産

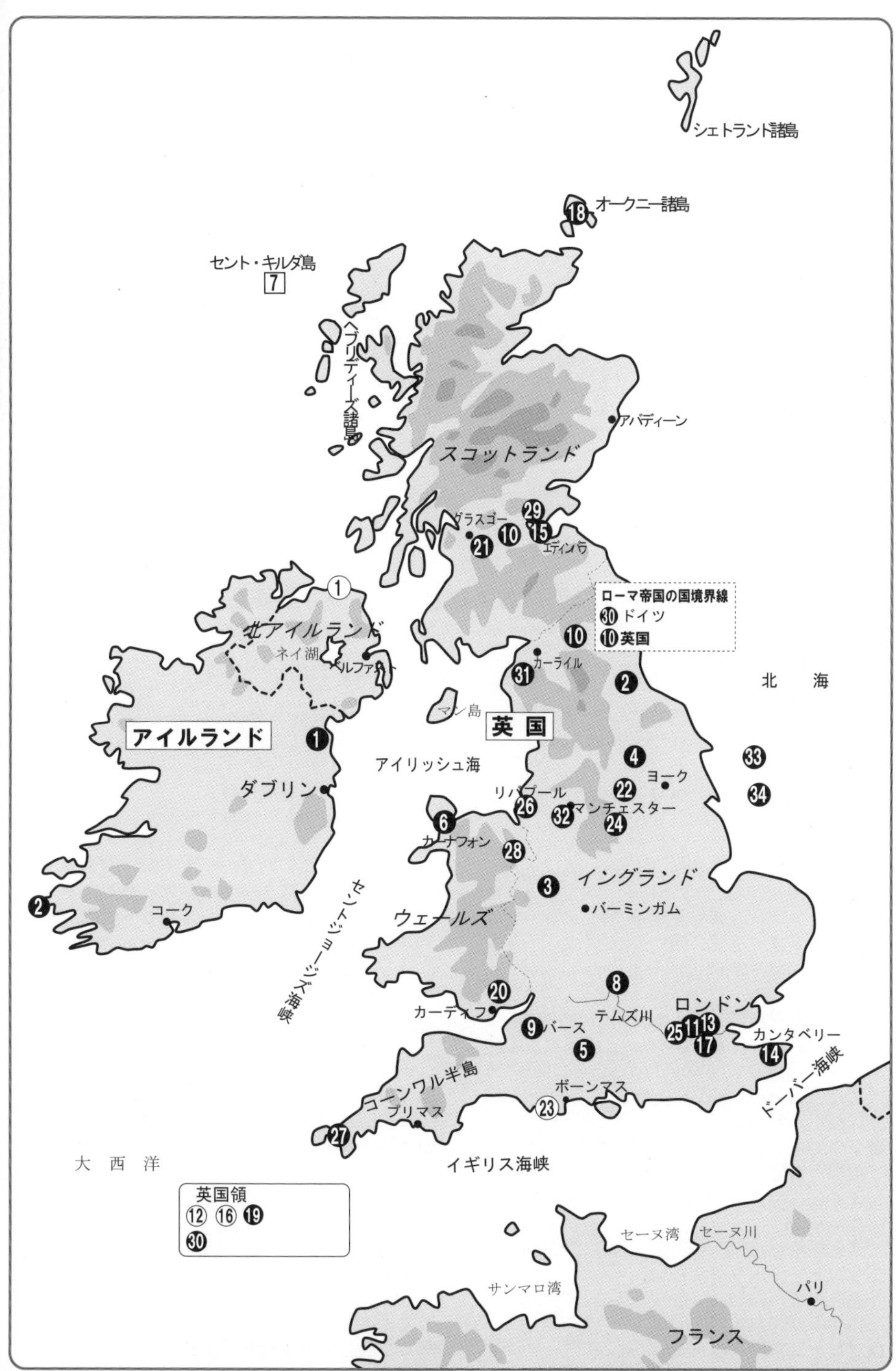

シェトランド諸島
オークニー諸島
セント・キルダ島
7
ヘブリディーズ諸島
アバディーン
スコットランド
グラスゴー
エディンバラ
ローマ帝国の国境界線
30 ドイツ
10 英国
北アイルランド
ネイ湖
ベルファスト
カーライル
北　海
マン島
英　国
アイルランド
アイリッシュ海
ヨーク
ダブリン
リバプール
マンチェスター
カーナフォン
イングランド
バーミンガム
ウェールズ
コーク
セントジョージズ海峡
ロンドン
カーディフ
テムズ川
バース
カンタベリー
ドーバー海峡
コーンワル半島
ボーンマス
プリマス
大　西　洋
イギリス海峡
英国領
12 16 19
30
セーヌ湾
セーヌ川
サンマロ湾
パリ
フランス

○自然遺産　●文化遺産　□複合遺産　★危機遺産

グレートブリテンおよび北アイルランド連合王国（英国）

United Kingdom of Great Britain and Northern Ireland

首都　ロンドン

世界遺産の数　33　世界遺産条約締約年　1984年

①ジャイアンツ・コーズウェイとコーズウェイ海岸
(Giant's Causeway and Causeway Coast)
自然遺産(登録基準(vii)(viii))　1986年

❷ダラム城と大聖堂 (Durham Castle and Cathedral)
文化遺産(登録基準(ii)(iv)(vi))
1986年／2008年

❸アイアンブリッジ峡谷 (Ironbridge Gorge)
文化遺産(登録基準(i)(ii)(iv)(vi))　1986年

❹ファウンティンズ修道院跡を含むスタッドリー王立公園
(Studley Royal Park including the Ruins of Fountains Abbey)
文化遺産(登録基準(i)(iv))　1986年

❺ストーンヘンジ、エーヴベリーと関連する遺跡群
(Stonehenge, Avebury and Associated Sites)
文化遺産(登録基準(i)(ii)(iii))
1986年／2008年

❻グウィネズ地方のエドワード1世ゆかりの城郭と市壁
(Castles and Town Walls of King Edward in Gwynedd)
文化遺産(登録基準(i)(iii)(iv))　1986年

⑦セント・キルダ (St.Kilda)
複合遺産(登録基準(iii)(v)(vii)(ix)(x))
1986年／2004年／2005年

❽ブレナム宮殿 (Blenheim Palace)
文化遺産(登録基準(ii)(iv))　1987年

❾バース市街 (City of Bath)
文化遺産(登録基準(i)(ii)(iv))　1987年

❿ローマ帝国の国境界線
(Frontiers of the Roman Empire)
文化遺産(登録基準(ii)(iii)(iv))
1987年／2005年／2008年　英国／ドイツ

⓫ウエストミンスター・パレスとウエストミンスター寺院（含む聖マーガレット教会）
(Palace of Westminster and Westminster Abbey including Saint Margaret's Church)
文化遺産(登録基準(i)(ii)(iv))
1987年／2008年

⑫ヘンダーソン島 (Henderson Island)
自然遺産(登録基準(vii)(x))　1988年

⓭ロンドン塔　(Tower of London)
文化遺産(登録基準(ii)(iv))　1988年

⓮カンタベリー大聖堂、聖オーガスチン修道院、聖マーチン教会
(Canterbury Cathedral, St Augustine's Abbey and St Martin's Church)
文化遺産(登録基準(i)(ii)(vi))　1988年

⓯エディンバラの旧市街と新市街
(Old and New Towns of Edinburgh)
文化遺産(登録基準(ii)(iv))　1995年

⑯ゴフ島とイナクセサブル島

（Gough and Inaccessible Islands）
自然遺産（登録基準（vii）（x））1995年／2004年

⓱グリニッジ海事（Maritime Greenwich）
文化遺産（登録基準（i）（ii）（iv）（vi））　1997年

⓲新石器時代の遺跡の宝庫オークニー
（Heart of Neolithic Orkney）
文化遺産（登録基準（i）（ii）（iii）（iv））　1999年

⓳バミューダの古都セント・ジョージと関連要塞群
（Historic Town of St.George and Related Fortifications, Bermuda）
文化遺産（登録基準（iv））　2000年

⓴ブレナヴォンの産業景観
（Blaenavon Industrial Landscape）
文化遺産（登録基準（iii）（iv））　2000年

㉑ニュー・ラナーク（New Lanark）
文化遺産（登録基準（ii）（iv）（vi））　2001年

㉒ソルテア（Saltaire）
文化遺産（登録基準（ii）（iv））　2001年

㉓ドーセットおよび東デヴォン海岸
（Dorset and East Devon Coast）
自然遺産（登録基準（viii））　2001年

㉔ダウエント渓谷の工場群
（Derwent Valley Mills）
文化遺産（登録基準（ii）（iv））　2001年

㉕王立植物園キュー・ガーデン
（Royal Botanic Gardens, Kew）
文化遺産（登録基準（ii）（iii）（iv））　2003年

~~㉖リヴァプール－海商都市~~
（Liverpool-Maritime Mercantile City）
文化遺産（登録基準（ii）（iii）（iv））　2004年
★【危機遺産】2012年

㉗コンウォールと西デヴォンの鉱山景観
（Cornwall and West Devon Mining Landscape）
文化遺産（登録基準（ii）（iii）（iv））　2006年

㉘ポントカサステ水路橋と運河
（Pontcysyllte Aqueduct and Canal）
文化遺産（登録基準（i）（ii）（iv））　2009年

㉙フォース橋（The Forth Bridge）
文化遺産（登録基準（i）（iv））　2015年

㉚ゴーハムの洞窟遺跡群（Gorham's Cave Complex）
文化遺産（登録基準（iii））　2016年

㉛イングランドの湖水地方（The English Lake District）
文化遺産（登録基準（ii）（v）（vi））　2017年

㉜ジョドレル・バンク天文台
（Jodrell Bank Observatory）
文化遺産（登録基準（（i）（ii）（iv）（vi））2019年

㉝ウェールズ北西部のスレートの景観
（The Slate Landscape of Northwest Wales）
文化遺産（登録基準（（ii）（iv））2021年

㉞ヨーロッパの大温泉群
（The Great Spas of Europe）
文化遺産（登録基準（ii）（iii））2021年

英国／オーストリア／ベルギー／チェコ／フランス／ドイツ／イタリア

※リヴァプール－海商都市
（Liverpool-Maritime Mercantile City）
文化遺産（登録基準（ii）（iii）（iv））
2004年世界遺産登録　→★【危機遺産】2012年
→2021年登録抹消。

アイルランド
Ireland
首都　ダブリン
世界遺産の数　2　世界遺産条約締約年　1991年

❶ベンド・オブ・ボインのブルーナ・ボーニャ考古学遺跡群
（Brú na Bóinne-Archaeological Ensemble of the Bend of the Boyne）
文化遺産（登録基準（i）（iii）（iv））
1993年

❷スケリッグ・マイケル
（Sceilg Mhichil）
文化遺産（登録基準（iii）（iv））
1996年

アイスランド共和国
Republic of Iceland
首都　レイキャビク
世界遺産の数　3　世界遺産条約締約年　1995年

❶シンクヴェトリル国立公園
（Þingvellir National Park）
文化遺産（登録基準（iii）（vi））2004年

②スルツェイ島（Surtsey）
自然遺産（登録基準（ix））2008年

③ヴァトナヨークトル国立公園－炎と氷のダイナミックな自然
（Vatnajökull National Park - dynamic nature of fire and ice）
自然遺産（登録基準（（viii））2019年

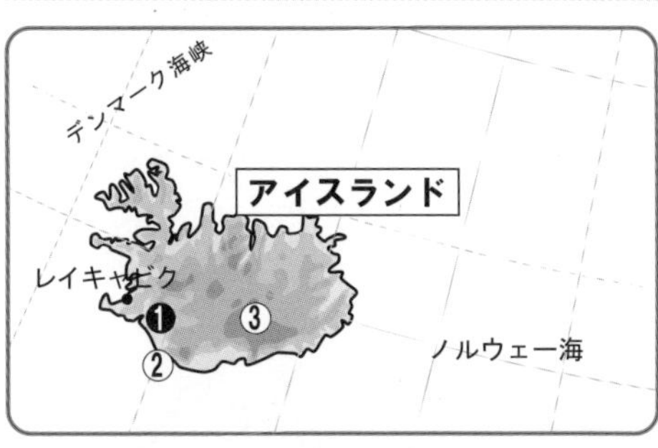

ヨーロッパ

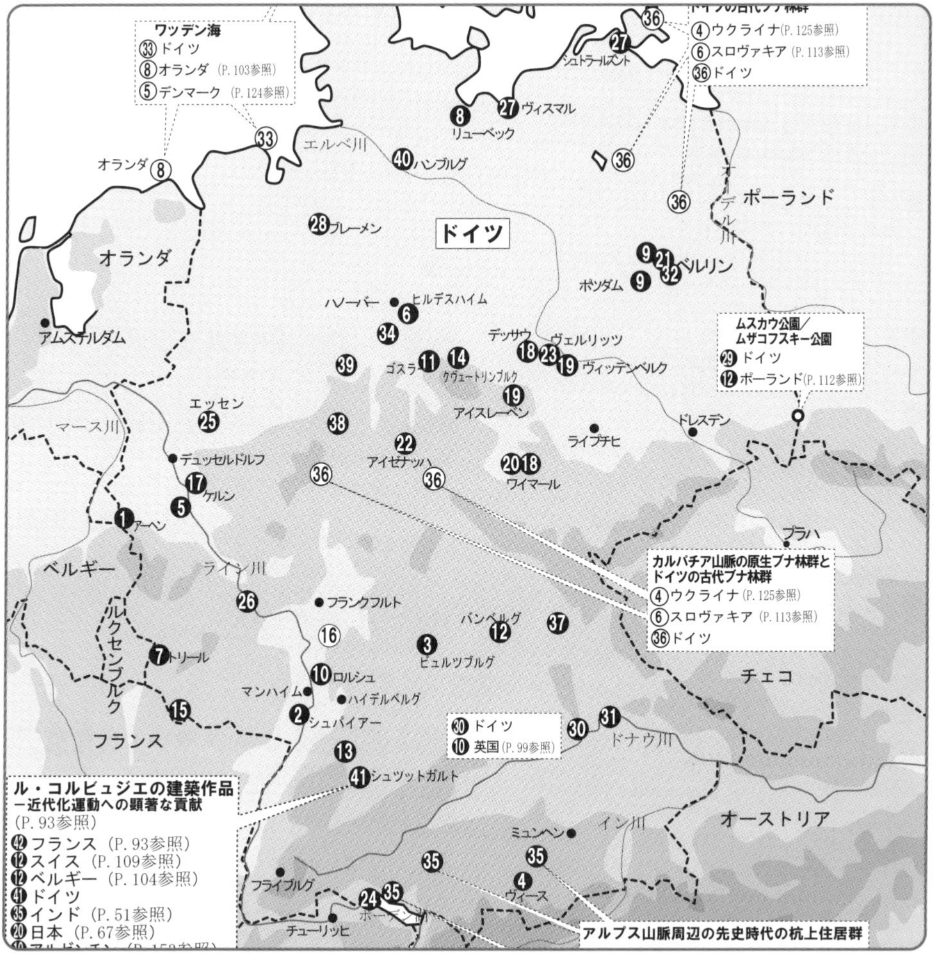

ワッデン海
㉝ドイツ
⑧オランダ（P. 103参照）
⑤デンマーク（P. 124参照）

ドイツの古代ブナ林群
④ウクライナ（P. 125参照）
⑥スロヴァキア（P. 113参照）
㊱ドイツ

ムスカウ公園／ムザコフスキー公園
㉙ドイツ
⑫ポーランド（P. 112参照）

カルパチア山脈の原生ブナ林群とドイツの古代ブナ林群
④ウクライナ（P. 125参照）
⑥スロヴァキア（P. 113参照）
㊱ドイツ

㉚ドイツ
⑩英国（P. 99参照）

ル・コルビュジエの建築作品－近代化運動への顕著な貢献（P. 93参照）
㊷フランス（P. 93参照）
⑫スイス（P. 109参照）
⑫ベルギー（P. 104参照）
㊶ドイツ
㉟インド（P. 51参照）
⑳日本（P. 67参照）

アルプス山脈周辺の先史時代の杭上住居群

ドイツ　オランダ　ベルギー　ルクセンブルク　フランス　ポーランド　チェコ　オーストリア

ヨーロッパ

ドイツ連邦共和国

Federal Republic of Germany

首都　ベルリン

世界遺産の数　51　世界遺産条約締約年　1976年

❶アーヘン大聖堂　(Aachen Cathedral)
文化遺産(登録基準(i)(ii)(iv)(vi))　1978年

❷シュパイアー大聖堂　(Speyer Cathedral)
文化遺産(登録基準(ii))　1981年

❸ヴュルツブルクの司教館、庭園と広場
(Wurzburg Residence with the Court Gardens and Residence Squar)
文化遺産(登録基準(i)(iv))　1981年

❹ヴィースの巡礼教会(Pilgrimage Church of Wies)
文化遺産(登録基準(i)(iii))　1983年／2010年

❺ブリュールのアウグストスブルク城とファルケンルスト城
(Castles of Augustusburg and Falkenlust at Bruhl)
文化遺産(登録基準(ii)(iv))　1984年

❻ヒルデスハイムの聖マリア大聖堂と聖ミヒャエル教会
(St. Mary's Cathedral and St. Michael's Church at Hildesheim)
文化遺産(登録基準(i)(ii)(iii))　1985年／2008年

❼トリーアのローマ遺跡、聖ペテロ大聖堂、聖母教会
(Roman Monuments, Cathedral of St. Peter and Church of Our Lady in Trier)
文化遺産(登録基準(i)(iii)(iv)(vi))　1986年

❽ハンザ同盟の都市リューベック
(Hanseatic City of Lubeck)
文化遺産(登録基準(iv))　1987年／2009年

❾ポツダムとベルリンの公園と宮殿
(Palaces and Parks of Potsdam and Berlin)

文化遺産(登録基準(i)(ii)(iv))
1990年／1992年／1999年

❿ロルシュの修道院とアルテンミュンスター
(Abbey and Altenmunster of Lorsch)
文化遺産(登録基準(iii)(iv)) 1991年

⓫ランメルスベルグ鉱山、古都ゴスラーとハルツ地方北部の水利管理システム
(Mines of Rammelsberg, Historic Town of Goslar and Upper Harz Water Management System)
文化遺産(登録基準(i)(ii)(iii)(iv))
1992年／2008年／2010年

⓬バンベルクの町 (Town of Bamberg)
文化遺産(登録基準(ii)(iv)) 1993年

⓭マウルブロンの修道院群
(Maulbronn Monastery Complex)
文化遺産(登録基準(ii)(iv)) 1993年

⓮クヴェートリンブルクの教会と城郭と旧市街
(Collegiate Church, Castle and Old Town of Quedlinburg)
文化遺産(登録基準(iv)) 1994年

⓯フェルクリンゲン製鉄所(Völklingen Ironworks)
文化遺産(登録基準(ii)(iv)) 1994年

⑯メッセル・ピット化石発掘地
(Messel Pit Fossil Site)
自然遺産(登録基準(viii)) 1995年／2010年

⓱ケルンの大聖堂 (Cologne Cathedral)
文化遺産(登録基準(i)(ii)(iv)) 1996年／2008年

⓲ワイマール、デッサウ、ベルナウにあるバウハウスおよび関連遺産群
(The Bauhaus and its sites in Weimar, Dessau and Bernau)
文化遺産(登録基準(ii)(iv)(vi))
1996年／2017年 ＊2017年、登録範囲拡大、物件名変更

⓳アイスレーベンおよびヴィッテンベルクにあるルター記念碑
(Luther Memorials in Eisleben and Wittenberg)
文化遺産(登録基準(iv)(vi)) 1996年

⓴クラシカル・ワイマール (Classical Weimar)
文化遺産(登録基準(iii)(vi)) 1998年

㉑ベルリンのムゼウムスインゼル(美術館島)
(Museumsinsel (Museum Island), Berlin)
文化遺産(登録基準(ii)(iv)) 1999年

㉒ヴァルトブルク城 (Wartburg Castle)
文化遺産(登録基準(iii)(vi)) 1999年

㉓デッサウ-ヴェルリッツの庭園王国
(Garden Kingdom of Dessau-Wörlitz)
文化遺産(登録基準(ii)(iv)) 2000年

㉔ライヒェナウ修道院島
(Monastic Island of Reichenau)
文化遺産(登録基準(iii)(iv)(vi)) 2000年

㉕エッセンの関税同盟炭坑の産業遺産
(Zollverein Coal Mine Industrial Complex in Essen)
文化遺産(登録基準(ii)(iii)) 2001年

㉖ライン川上中流域の渓谷
(Upper Middle Rhine Valley)
文化遺産(登録基準(ii)(iv)(v)) 2002年

㉗シュトラールズントとヴィスマルの歴史地区
(Historic Centres of Stralsund and Wismar)
文化遺産(登録基準(ii)(iv)) 2002年

㉘ブレーメンのマルクト広場にある市庁舎とローランド像
(Town Hall and Roland on the Marketplace of Bremen)
文化遺産(登録基準(iii)(iv)(vi)) 2004年

㉙ムスカウ公園／ムザコフスキー公園
(Muskauer Park/Park Mużakowski)
文化遺産(登録基準(i)(iv))
2004年 ドイツ／ポーランド

㉚ローマ帝国の国境界線
(Frontiers of the Roman Empire)
文化遺産(登録基準(ii)(iii)(iv))
1987年／2005年／2008年 英国／ドイツ

㉛レーゲンスブルク旧市街とシュタットアンホフ
(Old town of Regensburg with Stadtamhof)
文化遺産(登録基準(ii)(iii)(iv)) 2006年

㉜ベルリンのモダニズムの集合住宅
(Berlin Modernism Housing Estates)
文化遺産(登録基準(ii)(iv)) 2008年

㉝ワッデン海 (The Wadden Sea)
自然遺産(登録基準(viii)(ix)(x))
2009年／2011年／2014年
オランダ／ドイツ／デンマーク

㉞アルフェルトのファグス工場
(Fagus Factory in Alfeld)
文化遺産(登録基準(ii)(iv)) 2011年

㉟アルプス山脈周辺の先史時代の杭上住居群
(Prehistoric Pile Dwellings around the Alps)
文化遺産(登録基準(iii)(v)) 2011年
スイス／オーストリア／フランス／ドイツ／イタリア／スロヴェニア

㊱カルパチア山脈とヨーロッパの他の地域の原生ブナ林群
(Primeval Beech Forests of the Carpathians and Other Regions of Europe)
自然遺産(登録基準(ix))
2007年／2011年／2017年／2021年
アルバニア／オーストリア／ベルギー／ボスニアヘルツェゴビナ／ブルガリア／クロアチア／チェコ／フランス／ドイツ／イタリア／北マケドニア／ポーランド／ルーマニア／スロヴェニア／スロヴァキア／スペイン／スイス／ウクライナ

㊲バイロイトの辺境伯オペラ・ハウス
(Margravial Opera House Bayreuth)
文化遺産(登録基準(i)(iv)) 2012年

㊳ ヴィルヘルムスヘーエ公園

（Bergpark Wilhelmshoe）
文化遺産（登録基準(iii)(iv)）　2013年

㊴コルヴァイ修道院聖堂とカロリング朝のベストベルク
（Carolingian Westwork and Civitas Corvey）
文化遺産（登録基準(ii)(iii)(iv)）　2014年

㊵シュパイヘルシュダッドとチリハウスのあるコントールハウス地区
（Speicherstadt and Kontorhaus District with Chilehaus）
文化遺産（登録基準(iv)）　2015年

㊶ル・コルビュジエの建築作品－近代化運動への顕著な貢献
（The Architectural Work of Le Corbusier, an Outstanding Contribution to the Modern Movement）
文化遺産（登録基準(i)(ii)(vi)）　2016年
フランス／スイス／ドイツ／ベルギー／日本／インド／アルゼンチン

㊷シュヴァーベン・ジュラにおける洞窟群と氷河時代の芸術
（Caves and Ice Age Art in the Swabian Jura）　文化遺産（登録基準(iii)）　2017年

㊸ヘーゼビューとダーネヴィルケの境界上の考古学的景観
（The Archaeological Border Landscape of Hedeby and the Danevirke）
文化遺産（登録基準(iii)(iv)）　2018年

㊹ナウムブルク大聖堂（Naumburg Cathedral）　文化遺産（登録基準(i)(ii)　2018年

㊺エルツ山地の鉱山地域（Erzgebirge/Krušnohoří Mining Region）
文化遺産（登録基準((ii)(iii)(iv)））2019年　**ドイツ／チェコ**

㊻アウクスブルクの水管理システム（Water Management System of Augsburg）
文化遺産（登録基準((ii)(iv)）　2019年

㊼ヨーロッパの大温泉群（The Great Spas of Europe）　文化遺産（登録基準((ii)(iii)））2021年
オーストリア／ベルギー／チェコ／フランス／ドイツ／イタリア／英国

㊽ローマ帝国の国境線—低地ゲルマニアのリーメス
（Frontiers of the Roman Empire – The Lower German Limes）　文化遺産（登録基準((ii)(iii)(iv)））2021年

ヨーロッパ

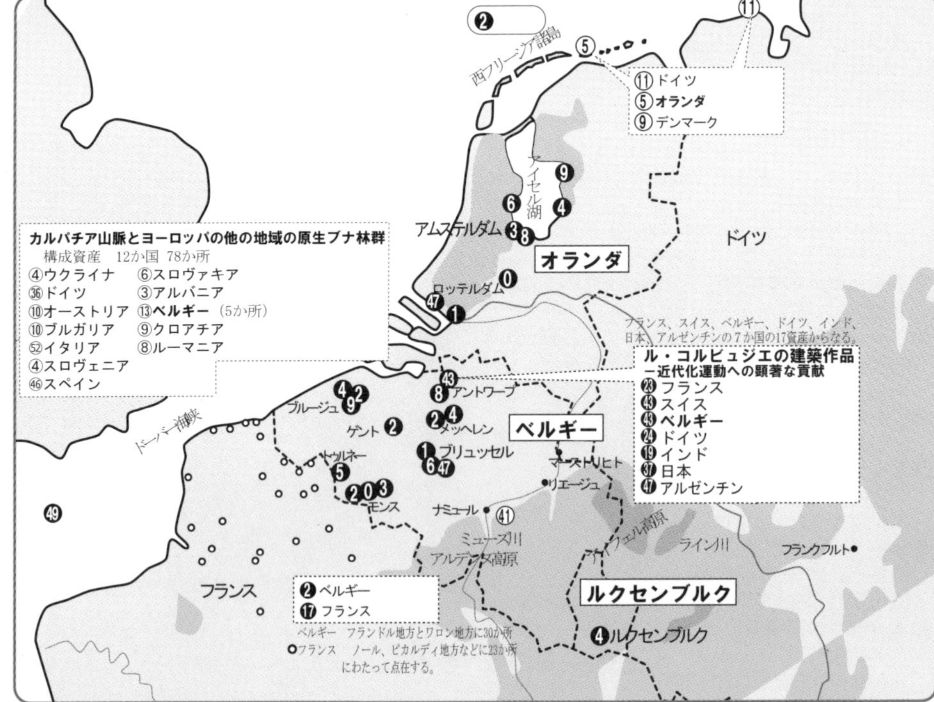

○自然遺産　●文化遺産　□複合遺産　★危機遺産

ドイツ / オランダ
㊾ローマ帝国の国境線-ドナウのリーメス（西部分）
（Frontiers of the Roman Empire – The Danube Limes (Western Segment)）
文化遺産（登録基準（(ii) (iii) (iv)）） 2021年　オーストリア / ドイツ /ハンガリー / スロヴァキア
㊿ダルムシュタットのマチルダの丘（Mathildenhöhe Darmstadt）
文化遺産（登録基準（(ii) (iv)）） 2021年
51シュパイアー、ヴォルムス、マインツのShUM遺跡群（ShUM Sites of Speyer, Worms and Mainz）
文化遺産（登録基準(ii) (iii) (vi)）　2021年
※ドレスデンのエルベ渓谷（Dresden Elbe Valley）
文化遺産（登録基準(ii) (iii) (iv) (v)）
2004年世界遺産登録　★【危機遺産】2006年登録
→2009年登録抹消。

オランダ王国
Kingdom of the Netherlands
首都　アムステルダム
世界遺産の数　12　世界遺産条約締約年　1992年

❶スホクランドとその周辺
（Schockland and Surroundings）
文化遺産（登録基準(iii) (v)）　1995年
❷オランダの水利防塞線
（Dutch Water Defence Lines）
文化遺産（登録基準(ii) (iv) (v)）　1996年
❸キンデルダイク-エルスハウトの風車群
（Mill Network at Kinderdijk-Elshout）
文化遺産（登録基準(i) (ii) (iv)）　1997年
❹キュラソー島の港町ウィレムスタト市内の歴史地区
（Historic Area of Willemstad, Inner City, and Harbour, Curacao）
文化遺産（登録基準(ii) (iv) (v)）　1997年
❺Ir. D. F. ウォーダヘマール（D. F. ウォーダ蒸気揚水ポンプ場）
（Ir.D.F.Woudagemaal（D.F.Wouda SteamPumping Station））
文化遺産（登録基準(i) (ii) (iv)）　1998年
❻ドローフマカライ・デ・ベームステル（ベームスター干拓地）
（Droogmakerij de Beemster（Beemster Polder））
文化遺産（登録基準(i) (ii) (iv)）
1999年
❼リートフェルト・シュレーダー邸
（Rietveld Schroderhuis（Rietveld Schroder House））
文化遺産（登録基準(i) (ii)）　2000年
⑧ワッデン海（The Wadden Sea）
自然遺産（登録基準(viii) (ix) (x)）
2009年／2011年／2014年
オランダ／ドイツ／デンマーク
❾アムステルダムのシンゲル運河の内側にある17世紀の環状運河地域
（Seventeenth-century canal ring area of Amsterdam inside the Singelgracht）
文化遺産（登録遺産（登録基準(i) (ii) (iv)）
2010年
❿ファン・ネレ工場（Van Nellefabriek）
文化遺産（登録基準(ii) (iv)）　2014年
⓫博愛の植民地群（Colonies of Benevolence）
文化遺産（登録基準(ii) (iv)　2021年
ベルギー/オランダ
⓬ローマ帝国の国境線—低地ゲルマニアのリーメス
（Frontiers of the Roman Empire – The Lower German Limes）
文化遺産（登録基準(ii) (iii) (iv)）　2021年
ドイツ/オランダ

ルクセンブルク大公国
Grand Duchy of Luxembourg
首都　ルクセンブルク
世界遺産の数　1　世界遺産条約締約年　1983年

❶ルクセンブルク市街、その古い町並みと要塞都市の遺構
（City of Luxembourg: its Old Quarters and Fortifications）
文化遺産（登録基準(iv)）　1994年

ベルギー王国

Kingdom of Belgium
首都　ブリュッセル
世界遺産の数　15　世界遺産条約締約年　1996年

❶フランドル地方のベギン会院
(Flemish Béguinages)
文化遺産(登録基準(ii)(iii)(iv))
1998年

❷ルヴィエールとルルー(エノー州)にあるサントル運河の4つの閘門と周辺環境
(The Four Lifts on the Canal du Centre and their Environs, La Louvière and Le Roeulx (Hainault))
文化遺産(登録基準(iii)(iv))
1998年

❸ブリュッセルのグラン・プラス
(La Grand-Place, Brussels)
文化遺産(登録基準(ii)(iv))
1998年

❹ベルギーとフランスの鐘楼群
(Belfries of Belgium and France)
文化遺産(登録基準(ii)(iv))
1999年／2005年　ベルギー／フランス

❺ブルージュの歴史地区
(Historic Centre of Brugge)
文化遺産(登録基準(ii)(iv)(vi))
2000年

❻ブリュッセルの建築家ヴィクトール・オルタの主な邸宅建築
(Major Town Houses of the Architect Victor Horta, (Brussels))
文化遺産(登録基準(i)(ii)(iv))
2000年

❼モンスのスピエンヌの新石器時代の燧石採掘坑
(Neolithic Flint Mines at Spiennes(Mons))
文化遺産(登録基準(i)(iii)(iv))
2000年

❽トゥルネーのノートル・ダム大聖堂
(Notre-Dame Cathedral in Tournai)
文化遺産(登録基準(ii)(iv))　2000年

❾プランタン・モレトゥスの住宅、作業場、博物館
(Plantin-Moretus House -Workshops-Museum Complex)
文化遺産(登録基準(ii)(iii)(iv)(vi))
2005年

❿ストックレー邸 (Stoclet House)
文化遺産(登録基準(i)(ii))
2009年

⓫ワロン地方の主要な鉱山遺跡群
(Major Mining Sites of Wallonia)
文化遺産(登録基準(ii)(iv))
2012年

⓬ル・コルビュジエの建築作品－近代化運動への顕著な貢献
(The Architectural Work of Le Corbusier, an Outstanding Contribution to the Modern Movement)
文化遺産(登録基準(i)(ii)(vi))
2016年
フランス／スイス／ドイツ／ベルギー／日本／インド／アルゼンチン

⑬カルパチア山脈とヨーロッパの他の地域の原生ブナ林群
(Primeval Beech Forests of the Carpathians and Other Regions of Europe)
自然遺産(登録基準(ix))
2007年／2011年／2017年／2021年
アルバニア／オーストリア／ベルギー／ボスニアヘルツェゴビナ／ブルガリア／クロアチア／チェコ／フランス／ドイツ／イタリア／北マケドニア／ポーランド／ルーマニア／スロヴェニア／スロヴァキア／スペイン／スイス／ウクライナ

⓮ヨーロッパの大温泉群
(The Great Spas of Europe)
文化遺産(登録基準(ii)(iii)　2021年
ベルギー／オーストリア／チェコ／フランス／ドイツ／イタリア／英国

⓯博愛の植民地群 (Colonies of Benevolence)
文化遺産(登録基準(ii)(iv)　2021年
ベルギー / オランダ

ヨーロッパ

○自然遺産　●文化遺産　□複合遺産　★危機遺産

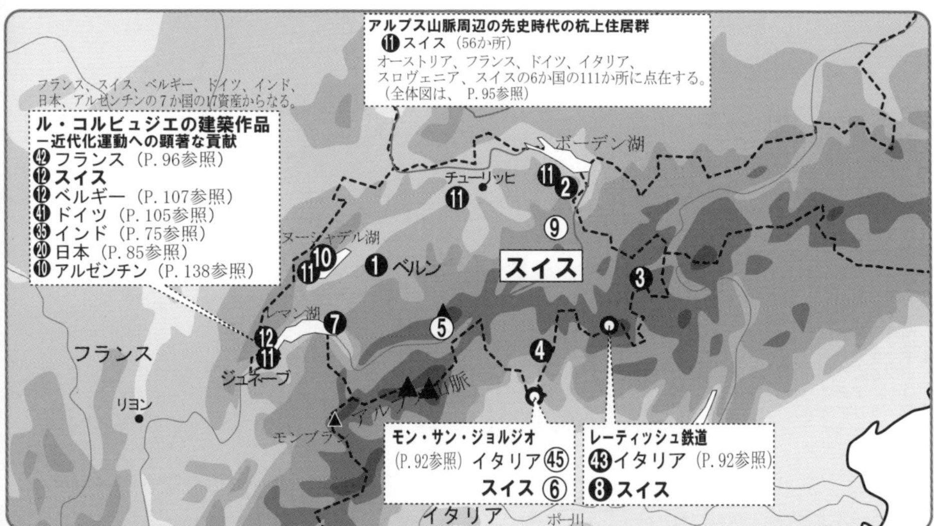

スイス連邦
Swiss Confederation
首都　ベルン
世界遺産の数　13　　世界遺産条約締約年　1975年

❶ベルンの旧市街　(Old City of Berne)
文化遺産(登録基準(iii))　1983年

❷ザンクト・ガレン修道院 (Abbey of St Gall)
文化遺産(登録基準(ii)(iv))　1983年

❸ミュスタイヤの聖ヨハン大聖堂
(Benedictine Convent of St John at Mustair)
文化遺産(登録基準(iii))　1983年

❹市場町ベリンゾーナの3つの城、防壁、土塁
(Three Castles, Defensive Wall and Ramparts of the Market-Town of Bellinzone)
文化遺産(登録基準(iv))　2000年

⑤スイス・アルプス ユングフラウ-アレッチ
(Swiss Alps Jungfrau-Aletsch)
自然遺産(登録基準(vii)(viii)(ix))
2001年／2007年

⑥モン・サン・ジョルジオ (Monte San Giorgio)
自然遺産(登録基準(viii))
2003年／2010年　スイス／イタリア

❼ラヴォーのブドウの段々畑
(Lavaux, Vineyard Terraces)
文化遺産(登録基準(iii)(iv)(v))　2007年

❽レーティッシュ鉄道アルブラ線とベルニナ線の景観群
(Rhaetian Railway in the Albula / Bernina Landscapes)　文化遺産(登録基準(ii)(iv))
2008年　スイス／イタリア

⑨スイスの地質構造線サルドーナ
(Swiss Tectonic Arena Sardona)
自然遺産(登録基準(viii))　2008年

❿ラ・ショー・ド・フォン／ル・ロックル、時計製造の計画都市
(La Chaux-de-Fonds／Le Locle, Watchmaking Town Planning)
文化遺産(登録基準(iv))　2009年

⓫アルプス山脈周辺の先史時代の杭上住居群
(Prehistoric Pile Dwellings around the Alps)
文化遺産(登録基準(iii)(v))　2011年
スイス／オーストリア／フランス／ドイツ／イタリア／スロヴェニア

⓬ル・コルビュジエの建築作品－近代化運動への顕著な貢献
(The Architectural Work of Le Corbusier, an Outstanding Contribution to the Modern Movement)
文化遺産(登録基準(i)(ii)(vi))　2016年
フランス／スイス／ドイツ／ベルギー／日本／インド／アルゼンチン

⑬カルパチア山脈とヨーロッパの他の地域の原生ブナ林群
(Primeval Beech Forests of the Carpathians and Other Regions of Europe)
自然遺産(登録基準(ix))
2007年／2011年／2017年／2021年
アルバニア／オーストリア／ベルギー／ボスニアヘルツェゴビナ／ブルガリア／クロアチア／チェコ／フランス／ドイツ／イタリア／北マケドニア／ポーランド／ルーマニア／スロヴェニア／スロヴァキア／スペイン／スイス／ウクライナ

○自然遺産　●文化遺産　□複合遺産　★危機遺産

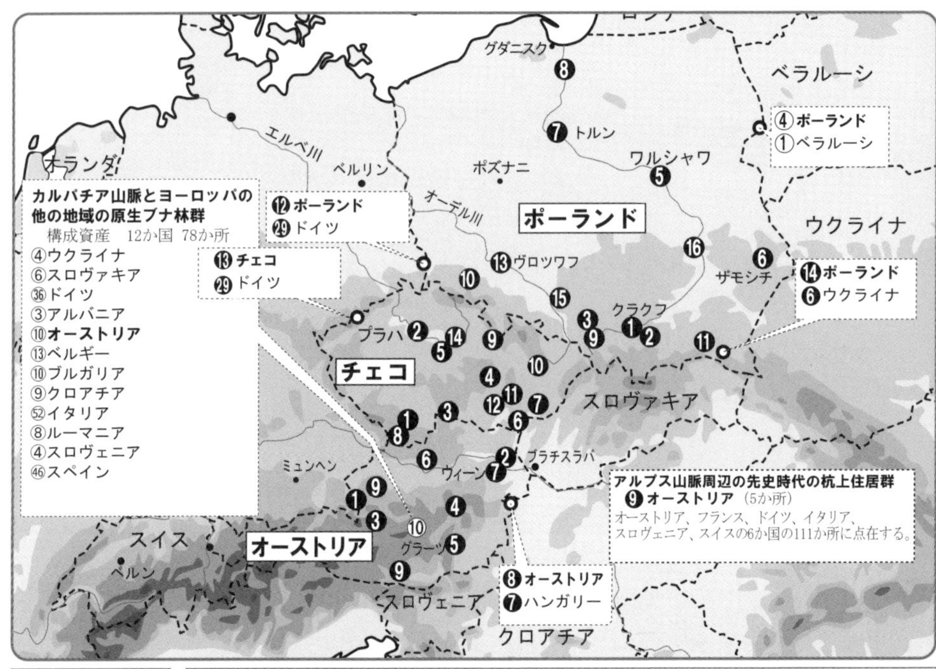

ポーランド共和国

Republic of Poland

首都　ワルシャワ

世界遺産の数　17　世界遺産条約締約年　1976年

❶クラクフの歴史地区
（Historic Centre of Krakow）
文化遺産（登録基準（iv））　1978年／2010年

❷ヴィエリチカとボフニャの王立塩坑群
（Wieliczka and Bochnia Royal Salt Mine）
文化遺産（登録基準（iv））
1978年／2008年／2013年

❸アウシュヴィッツ・ビルケナウのナチス・ドイツ強制・絶滅収容所（1940−1945）
（Auschwitz Birkenau German Nazi Concentration and Extermination Camp（1940-1945））
文化遺産（登録基準（vi））　1979年

④ビャウォヴィエジャ森林（Białowieża Forest）
自然遺産（登録基準（ix）（x））
1979年／1992年／2014年
ベラルーシ／ポーランド

❺ワルシャワの歴史地区
（Historic Centre of Warsaw）
文化遺産（登録基準（ii）（vi））
1980年

❻ザモシチの旧市街（Old City of Zamość）
文化遺産（登録基準（iv））
1992年

❼トルンの中世都市
（Medieval Town of Toruń）
文化遺産（登録基準（ii）（iv））1997年

❽マルボルクのチュートン騎士団の城
（Castle of the Teutonic Order in Malbork）
文化遺産（登録基準（ii）（iii）（iv））　1997年

❾カルヴァリア ゼブジドフスカ：マニエリズム建築と公園景観それに巡礼公園
（Kalwaria Zebrzydowska:theMannerist Architectural and Park Landscape Complex and Pilgrimage Park）
文化遺産（登録基準（ii）（iv））　1999年

❿ヤヴォルとシフィドニツァの平和教会
（Churches of Peace in Jawor and Świdnica）
文化遺産（登録基準（iii）（iv）（vi））
2001年

⓫マウォポルスカ南部の木造教会群
（Wooden Churches of Southern Maloposka）
文化遺産（登録基準（iii）（iv））
2003年

⓬ムスカウ公園／ムザコフスキー公園
（Muskauer Park/Park Mużakowski）
文化遺産（登録基準（i）（iv））
2004年
ドイツ／ポーランド

○自然遺産　●文化遺産　□複合遺産　★危機遺産

⓭ヴロツワフの百年祭記念館
（Centennial Hall in Wroclaw）
文化遺産（登録基準（i）（ii）（iv））　2006年

⓮ポーランドとウクライナのカルパチア地方の木造教会群
（Wooden *Tserkvas* of the Carpathian Region in Poland and Ukraine）
文化遺産（登録基準（iii）（iv））
2013年　ウクライナ／ポーランド

⓯タルノフスキェ・グルィの鉛・銀・亜鉛鉱山とその地下水管理システム
（Tarnowskie Góry Lead-Silver-Zinc Mine and its Underground Water Management System）
文化遺産（登録基準（i）（ii）（iv））
2017年

⓰クシェミオンキの先史時代の縞状燧石採掘地域
（Krzemionki Prehistoric Striped Flint Mining Region）
文化遺産（登録基準（i）（ii）（iv））
2019年

⑰カルパチア山脈とヨーロッパの他の地域の原生ブナ林群
（Primeval Beech Forests of the Carpathians and Other Regions of Europe）
自然遺産（登録基準（ix））
2007年／2011年／2017年／2021年
アルバニア／オーストリア／ベルギー／ボスニアヘルツェゴビナ／ブルガリア／クロアチア／チェコ／フランス／ドイツ／イタリア／北マケドニア／ポーランド／ルーマニア／スロヴェニア／スロヴァキア／スペイン／スイス／ウクライナ

チェコ共和国

Czech Republic
首都　プラハ
世界遺産の数　16　世界遺産条約締約年　1993年

❶チェルキー・クルムロフの歴史地区
（Historic Centre of Český Krumlov）
文化遺産（登録基準（iv））　1992年

❷プラハの歴史地区 （Historic Centre of Prague）
文化遺産（登録基準（ii）（iv）（vi））1992年

❸テルチの歴史地区 （Historic Centre of Telč）
文化遺産（登録基準（i）（iv））　1992年

❹ゼレナホラ地方のネポムクの巡礼教会
（Pilgrimage Church of St John of Nepomuk at Zelená Hora）
文化遺産（登録基準（iv））　1994年

❺クトナ・ホラ　聖バーバラ教会とセドリックの聖母マリア聖堂を含む歴史地区
（Kutná Hora:Historical Town Centre with the Church of St. Barbara and the Cathedral of Our Lady at Sedlec）
文化遺産 （登録基準（ii）（iv））　1995年

❻レドニツェとヴァルティツェの文化的景観
（Lednice-Valtice Cultural Landscape）
文化遺産（登録基準（i）（ii）（iv））　1996年

❼クロメルジーシュの庭園と城
（Gardens and Castle at Kroměříž）
文化遺産（登録基準（ii）（iv））　1998年

❽ホラソヴィツェの歴史的集落
（Holašovice Historic Village）
文化遺産（登録基準（ii）（iv））　1998年

❾リトミシュル城 （Litomyšl Castle）
文化遺産（登録基準（ii）（iv））　1999年

❿オロモウツの聖三位一体の塔
（Holy Trinity Column in Olomouc）
文化遺産（登録基準（i）（iv））　2000年

⓫ブルノのトゥーゲントハット邸
（Tugendhat Villa in Brno）
文化遺産（登録基準（ii）（iv））　2001年

⓬トルシェビチのユダヤ人街と聖プロコピウス大聖堂
（Jewish Quarter and St Procopius' Basilica Třebíč）
文化遺産（登録基準（ii）（iii））　2003年

⓭エルツ山地の鉱山地域
（Erzgebirge/Krušnohoří Mining Region）
文化遺産（登録基準（（ii）（iii）（iv）））2019年
チェコ／ドイツ

⓮クラドルビ・ナト・ラベムの儀礼用馬車馬の繁殖・訓練の景観
（Landscape for Breeding and Training of Ceremonial Carriage Horses at Kladruby nad Labem）
文化遺産（登録基準（（iv）（v））2019年

⓯ヨーロッパの大温泉群 （The Great Spas of Europe）
文化遺産（登録基準（ii）（iii））　2021年
チェコ／オーストリア／ベルギー／フランス／ドイツ／イタリア／英国

⑯カルパチア山脈とヨーロッパの他の地域の原生ブナ林群
（Primeval Beech Forests of the Carpathians and Other Regions of Europe）
自然遺産（登録基準（ix））
2007年／2011年／2017年／2021年
アルバニア／オーストリア／ベルギー／ボスニアヘルツェゴビナ／ブルガリア／クロアチア／チェコ／フランス／ドイツ／イタリア／北マケドニア／ポーランド／ルーマニア／スロヴェニア／スロヴァキア／スペイン／スイス／ウクライナ

オーストリア共和国

Republic of Austria
首都　ウィーン
世界遺産の数　12　世界遺産条約締約年　1992年

❶**ザルツブルク市街の歴史地区**
(Historic Centre of the City of Salzburg)
文化遺産(登録基準(ii)(iv)(vi))　1996年

❷**シェーンブルン宮殿と庭園群**
(Palace and Gardens of Schönbrunn)
文化遺産(登録基準(i)(iv))　1996年

❸**ザルツカンマーグート地方のハルシュタットとダッハシュタインの文化的景観**
(Hallstatt-Dachstein Salzkammergut Cultural Landscape)
文化遺産(登録基準(iii)(iv))　1997年

❹**センメリング鉄道** (Semmering Railway)
文化遺産(登録基準(ii)(iv))　1998年

❺**グラーツの市街-歴史地区とエッゲンベルク城**
(City of Graz - Historic Centre and Schloss Eggenberg)
文化遺産(登録基準(ii)(iv)) 1999年／2010年

❻**ワッハウの文化的景観**
(Wachau Cultural Landscape)
文化遺産(登録基準(ii)(iv))　2000年

❼**ウィーンの歴史地区**
(Historic Centre of Vienna)
文化遺産(登録基準(ii)(iv)(vi))
2001年　★【危機遺産】2017年

❽**フェルトゥー・ノイジィードラーゼーの文化的景観**
(Fertö/Neusiedlersee Cultural Landscape)
文化遺産(登録基準(v))　2001年
ハンガリー／オーストリア

❾　**アルプス山脈周辺の先史時代の杭上住居群**
(Prehistoric Pile Dwellings around the Alps)
文化遺産(登録基準(iii)(v))　2011年
スイス／オーストリア／フランス／ドイツ／イタリア／スロヴェニア

⑩**カルパチア山脈とヨーロッパの他の地域の原生ブナ林群**
(Primeval Beech Forests of the Carpathians and Other Regions of Europe)
自然遺産(登録基準(ix))
2007年／2011年／2017年／2021年
アルバニア／オーストリア／ベルギー／ボスニアヘルツェゴビナ／ブルガリア／クロアチア／チェコ／フランス／ドイツ／イタリア／北マケドニア／ポーランド／ルーマニア／スロヴェニア／スロヴァキア／スペイン／スイス／ウクライナ

⓫**ヨーロッパの大温泉群**
(The Great Spas of Europe)
文化遺産(登録基準(ii)(iii))　2021年
オーストリア／ベルギー／チェコ／フランス／ドイツ／イタリア／英国

⓬**ローマ帝国の国境線-ドナウのリーメス（西部分）**
(Frontiers of the Roman Empire – The Danube Limes (Western Segment))
文化遺産(登録基準(ii)(iii)(iv))　2021年
オーストリア / ドイツ /ハンガリー / スロヴァキア

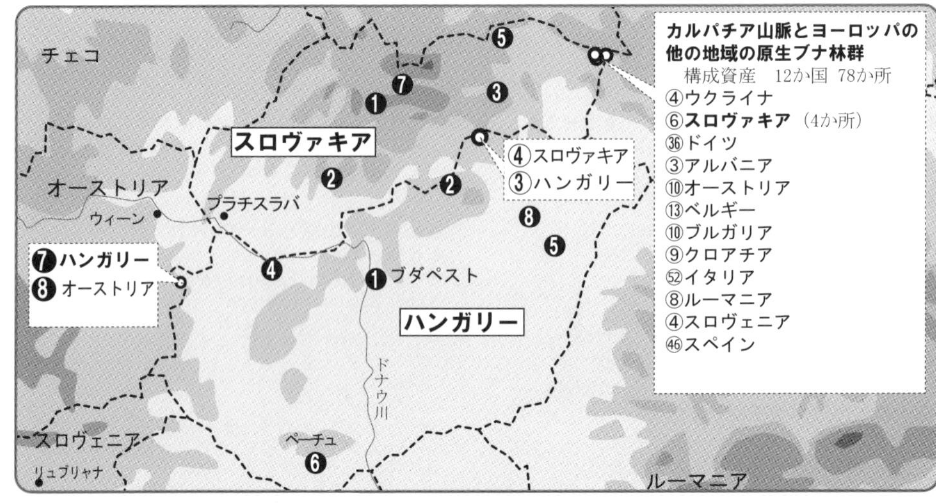

○自然遺産　●文化遺産　□複合遺産　★危機遺産

スロヴァキア共和国
Slovak Republic
首都　ブラチスラバ
世界遺産の数　8　　世界遺産条約締約年　1993年

❶ヴルコリニェツ（Vlkolínec）
文化遺産（登録基準(iv)(v)）　1993年
❷バンスカー・シュティアヴニッツアの町の歴史地区と周辺の技術的な遺跡
（Historic Town of Banská Štiavnica and the Technical Monuments in its Vicinity）
文化遺産（登録基準(iv)(v)）　1993年
❸レヴォチャ、スピシュスキー・ヒラットと周辺の文化財
（Levoča, Spišský Hrad and the Associated Cultural Monuments）
文化遺産（登録基準(iv)）　1993年／2009年
④アグテレック・カルストとスロヴァキア・カルストの鍾乳洞群
（Caves of Aggtelek Karst and Slovak Karst）
自然遺産（登録基準(viii)）
1995年／2000年／2008年
ハンガリー／スロヴァキア
❺バルデヨフ市街保全地区
（Bardejov Town Conservation Reserve）
文化遺産（登録基準(iii)(iv)）　2000年
⑥カルパチア山脈とヨーロッパの他の地域の原生ブナ林群
（Primeval Beech Forests of the Carpathians and Other Regions of Europe）
自然遺産（登録基準(ix)）
2007年／2011年／2017年／2021年
アルバニア／オーストリア／ベルギー／ボスニアヘルツェゴビナ／ブルガリア／クロアチア／チェコ／フランス／ドイツ／イタリア／北マケドニア／ポーランド／ルーマニア／スロヴェニア／スロヴァキア／スペイン／スイス／ウクライナ
❼カルパチア山脈地域のスロヴァキア側の木造教会群
（Wooden Churches of the Slovak part of Carpathian Mountain Area）
文化遺産（登録基準(iii)(iv)）2008年
❽ローマ帝国の国境線-ドナウのリーメス（西部分）
（Frontiers of the Roman Empire – The Danube Limes (Western Segment)）
文化遺産（登録基準(ii)(iii)（ivi)）　2021年
スロヴァキア/オーストリア/ドイツ/ハンガリー /

ハンガリー共和国
Republic of Hungary
首都　ブダペスト
世界遺産の数　9　世界遺産条約締約年　1985年

❶ドナウ川の河岸、ブダ王宮の丘とアンドラーシ通りを含むブダペスト
（Budapest, including the Banks of the Danube, the Buda Castle Quarter and Andrássy Avenue）
文化遺産（登録基準(ii)(iv)）
1987年／2002年
❷ホッローケーの古村と周辺環境
（Old Village of Hollókő and its Surroundings）
文化遺産（登録基準(v)）　1987年
③アグテレック･カルストとスロヴァキア･カルストの鍾乳洞群
（Caves of Aggtelek Karst and Slovak Karst）
自然遺産（登録基準(viii)）
1995年／2000年／2008年
ハンガリー／スロヴァキア
❹パンノンハルマの至福千年修道院とその自然環境
（Millenary Benedictine Abbey of Pannonhalma and its Natural Environment）
文化遺産（登録基準(iv)(vi)）　1996年
❺ホルトバージ国立公園－プスタ
（Hortobágy National Park - the *Puszta*）
文化遺産（登録基準(iv)(v)）
1999年
❻ペーチュ（ソピアナエ）の初期キリスト教徒の墓地
（Early Christian Necropolis of Pécs（Sopianae））
文化遺産（登録基準(iii)(iv)）
2000年
❼フェルトゥー・ノイジィードラーゼーの文化的景観
（Fertö/Neusiedlersee Cultural Landscape）
文化遺産（登録基準(v)）
2001年
ハンガリー／オーストリア
❽トカイ・ワイン地方の歴史的・文化的景観
（Tokaj Wine Region Historic Cultural Landscape）
文化遺産（登録基準(iii)(v)）
2002年
❾ローマ帝国の国境線-ドナウのリーメス（西部分）
（Frontiers of the Roman Empire – The Danube Limes (Western Segment)）
文化遺産（登録基準(ii)(iii)（ivi)）　2021年
ハンガリー /スロヴァキア/オーストリア/ドイツ

ヨーロッパ

オーストリア
スロヴェニア
クロアチア
ボスニア・ヘルツェゴビナ
セルビア
モンテネグロ
リュブリャナ
ザグレブ
サラエボ
モスタル
シベニク
トロギール
スプリット
ドブロブニク
イストラ半島
アドリア海

水銀の遺産、アルマデン鉱山とイドリャ鉱山
㊹スペイン
❸スロヴェニア

アルプス山脈周辺の先史時代の杭上住居群
❷スロヴェニア（2か所）
オーストリア、フランス、ドイツ、イタリア、スロヴェニア、スイスの6か国の111か所に点在する。

カルパチア山脈とヨーロッパの他の地域の原生ブナ林群
構成資産　12か国　78か所
④ウクライナ
⑥スロヴァキア
㊱ドイツ
③アルバニア
⑩オーストリア
⑬ベルギー
⑩ブルガリア
⑨**クロアチア**
㊾イタリア
⑧ルーマニア
④**スロヴェニア**（2か所）
㊻スペイン

16～17世紀のヴェネツィアの防衛施設群：スタート・ダ・テーラ-西スタート・ダ・マール　3か国の6資産からなる。
㊸イタリア（3か所）
❿**クロアチア**（2か所）
❹モンテネグロ（1か所）

ステチェツィの中世の墓碑群
❸**ボスニア・ヘルツェゴビナ**（22か所）
❽**クロアチア**（2か所）
❺セルビア（3か所）
❸モンテネグロ（3か所）
ボスニア・ヘルツェゴヴィナ、クロアチア、モンテネグロ、セルビアの4か国の30資産からなる。

スロヴェニア共和国

Republic of Slovenia
首都　リュブリャナ
世界遺産の数　5　世界遺産条約締約年　1992年

①シュコチアン洞窟（Škocjan Caves）
自然遺産（登録基準（vii）（viii））　1986年

❷アルプス山脈周辺の先史時代の杭上住居群
（Prehistoric Pile Dwellings around the Alps）
文化遺産（登録基準（iii）（v））　2011年
スイス／オーストリア／フランス／ドイツ／イタリア／スロヴェニア

❸水銀の遺産、アルマデン鉱山とイドリャ鉱山
（Heritage of Mercury. Almadén and Idrija）
文化遺産（登録基準（ii）（iv））　2012年
スロヴェニア／スペイン

④カルパチア山脈とヨーロッパの他の地域の原生ブナ林群
（Primeval Beech Forests of the Carpathians and Other Regions of Europe）
自然遺産（登録基準（ix））
2007年／2011年／2017年／2021年
アルバニア／オーストリア／ベルギー／ボスニアヘルツェゴビナ／ブルガリア／クロアチア／チェコ／フランス／ドイツ／イタリア／北マケドニア／ポーランド／ルーマニア／スロヴェニア／スロヴァキア／スペイン／スイス／ウクライナ

❺リュブリャナのヨジェ・プレチニックの作品群 ― 人を中心とした都市計画
（The works of Jože Plečnik in Ljubljana – Human Centred Urban Design）
文化遺産（登録基準（ii）（iv））　2021年

○自然遺産　●文化遺産　□複合遺産　★危機遺産

ボスニア・ヘルツェゴヴィナ

Bosnia and Herzegovina
首都　サラエボ 世界遺産の数　4
世界遺産条約締約年　1993年

❶モスタル旧市街の古橋地域
（Old Bridge Area of the Old City of Mostar）
文化遺産（登録基準（vi））2005年

❷ヴィシェグラードのメフメット・パシャ・ソコロヴィッチ橋
（Mehmed Pasa Sokolovic Bridge in Visegrad）
文化遺産（登録基準（ii）（iv））　2007年

❸ステチェツィの中世の墓碑群
（Stećci Medieval Tombstones Graveyards）
文化遺産（登録基準（iii）（vi））　2016年
ボスニア・ヘルツェゴヴィナ／クロアチア／モンテネグロ／セルビア

④カルパチア山脈とヨーロッパの他の地域の原生ブナ林群
（Primeval Beech Forests of the Carpathians and Other Regions of Europe）
自然遺産（登録基準（ix））
2007年／2011年／2017年／2021年
アルバニア／オーストリア／ベルギー／ボスニアヘルツェゴビナ／ブルガリア／クロアチア／チェコ／フランス／ドイツ／イタリア／北マケドニア／ポーランド／ルーマニア／スロヴェニア／スロヴァキア／スペイン／スイス／ウクライナ

クロアチア共和国

Republic of Croatia
首都　サグレブ
世界遺産の数 10　世界遺産条約締約年　1992年

❶ドブロヴニクの旧市街
（Old City of Dubrovnik）
文化遺産（登録基準（i）（iii）（iv））
1979年／1994年

❷ディオクレティアヌス宮殿などのスプリット史跡群
（Historical Complex of Split with the Palace of Diocletian）
文化遺産（登録基準（ii）（iii）（iv））　1979年

③プリトヴィチェ湖群国立公園
（Plitvice Lakes National Park）
自然遺産（登録基準（vii）（viii）（ix）
1979年／2000年

❹ポレッチの歴史地区のエウフラシウス聖堂建築物
（Episcopal Complex of the Euphrasian Basilica in the Historic Centre of Poreč）
文化遺産（登録基準（ii）（iii）（iv））
1997年

❺トロギールの歴史都市（Historic City of Trogir）
文化遺産（登録基準（ii）（iv））　1997年

❻シベニクの聖ヤコブ大聖堂
（The Cathedral of St.James in Šibenik）
文化遺産（登録基準（i）（ii）（iv））
2000年

❼スタリ・グラド平原（Stari Grad Plain）
文化遺産（登録基準（ii）（iii）（v））
2008年

❽ステチェツィの中世の墓碑群
（Stećci Medieval Tombstones Graveyards）
文化遺産（登録基準（iii）（vi））　2016年
ボスニア・ヘルツェゴヴィナ／クロアチア／モンテネグロ／セルビア

⑨カルパチア山脈とヨーロッパの他の地域の原生ブナ林群
（Primeval Beech Forests of the Carpathians and Other Regions of Europe）
自然遺産（登録基準（ix））
2007年／2011年／2017年／2021年
アルバニア／オーストリア／ベルギー／ボスニアヘルツェゴビナ／ブルガリア／クロアチア／チェコ／フランス／ドイツ／イタリア／北マケドニア／ポーランド／ルーマニア／スロヴェニア／スロヴァキア／スペイン／スイス／ウクライナ

❿16～17世紀のヴェネツィアの防衛施設群：スタート・ダ・テーラ-西スタート・ダ・マール
（Venetian Works of Defence between the 16th and 17th Centuries: *Stato da Terra* – Western *Stato da Mar*）文化遺産（登録基準（iii）（vi））　2017年
イタリア／クロアチア／モンテネグロ

	ルーマニア **Romania** 首都　ブカレスト 世界遺産の数　9　世界遺産条約締約年　1990年

①ドナウ河三角州　(Danube Delta)
自然遺産（登録基準(vii)(x)）　1991年

❷トランシルヴァニア地方にある要塞教会のある村
(Villages with Fortified Churches in Transylvania)
文化遺産（登録基準(iv)）
1993年／1999年

❸ホレズ修道院　(Monastery of Horezu)
文化遺産（登録基準(ii)）　1993年

❹モルダヴィアの教会群 (Churches of Moldavia)
文化遺産（登録基準(i)(iv)）
1993年／2010年

❺シギショアラの歴史地区
(Historic Centre of Sighişoara)
文化遺産（登録基準(iii)(v)）
1999年

❻マラムレシュの木造教会
(Wooden Churches of Maramureş)
文化遺産（登録基準(iv)）　1999年

❼オラシュティエ山脈のダキア人の要塞
(Dacien Fortresses of the Orastie Mountains)
文化遺産（登録基準(ii)(iii)(iv)）　1999年

⑧カルパチア山脈とヨーロッパの他の地域の原生ブナ林群
(Primeval Beech Forests of the Carpathians and Other Regions of Europe)
自然遺産（登録基準(ix)）
2007年／2011年／2017年／2021年
アルバニア／オーストリア／ベルギー／ボスニアヘルツェゴビナ／ブルガリア／クロアチア／チェコ／フランス／ドイツ／イタリア／北マケドニア／ポーランド／ルーマニア／スロヴェニア／スロヴァキア／スペイン／スイス／ウクライナ

❾ロシア・モンタナの鉱山景観
(Roşia Montană Mining Landscape)
文化遺産（登録基準(ii)(iii)(iv)）　2021年
★【危機遺産】2021年

○自然遺産　●文化遺産　□複合遺産　★危機遺産

セルビア共和国
Republic of Serbia
首都　ベオグラード
世界遺産の数　5　世界遺産条約締約年　2001年

❶スタリ・ラスとソポチャニ
（Stari Ras and Sopocani）
文化遺産（登録基準（i）（iii））　1979年

❷ストゥデニカ修道院（Studenica Monastery）
文化遺産（登録基準（i）（ii）（iv）（vi））
1986年

❸コソヴォの中世の記念物群
（Medieval Monuments in Kosovo）
文化遺産（登録基準（ii）（iii）（iv））
2004年／2006年
★【危機遺産】2006年

❹ガムジグラード・ロムリアナ、ガレリウス宮殿
（Gamzigrad-Romuliana, Palace of Galerius）
文化遺産（登録基準（iii）（iv））　2007年

❺ステチェツィの中世の墓碑群
（Stećci Medieval Tombstones Graveyards）
文化遺産（登録基準（iii）（vi））　2016年
ボスニア・ヘルツェゴヴィナ／クロアチア／モンテネグロ／セルビア

モンテネグロ
Montenegro
首都　ポドゴリツァ
世界遺産の数　4　世界遺産条約締約年　2006年

❶コトルの自然・文化-歴史地域
（Natural and Culturo-Historical Region of Kotor）
文化遺産（登録基準（i）（ii）（iii）（iv））
1979年

②ドゥルミトル国立公園
（Durmitor National Park）
自然遺産（登録基準（vii）（viii）（x））
1980年／2005年

❸ステチェツィの中世の墓碑群
（Stećci Medieval Tombstones Graveyards）
文化遺産（登録基準（iii）（vi））
2016年
ボスニア・ヘルツェゴヴィナ／クロアチア／モンテネグロ／セルビア

❹16～17世紀のヴェネツィアの防衛施設群：スタート・ダ・テーラ-西スタート・ダ・マール
（Venetian Works of Defence between the 16th and 17th Centuries: *Stato da Terra* – Western *Stato da Mar*）文化遺産（登録基準（iii）（vi））
2017年
イタリア／クロアチア／モンテネグロ

ブルガリア共和国
Republic of Bulgaria
首都　ソフィア
世界遺産の数　10　世界遺産条約締約年　1974年

❶ボヤナ教会（Boyana Church）
文化遺産（登録基準（ii）（iii））
1979年

❷マダラの騎士像（Madara Rider）
文化遺産（登録基準（i）（iii））
1979年

❸イワノヴォ岩壁修道院
（Rock-Hewn Churches of Ivanovo）
文化遺産（登録基準（ii）（iii））
1979年

❹カザンラクのトラキア人墓地
（Thracian Tomb of Kazanlak）
文化遺産（登録基準（i）（iii）（iv））
1979年

❺古代都市ネセバル
（Ancient City of Nessebar）
文化遺産（登録基準（iii）（iv））
1983年

❻リラ修道院（Rila Monastery）
文化遺産（登録基準（vi））　1983年

⑦ピリン国立公園（Pirin National Park）
自然遺産（登録基準（vii）（viii）（ix））
1983年／2010年

⑧スレバルナ自然保護区
（Srebarna Nature Reserve）
自然遺産（登録基準（x））
1983年／2008年

❾スベシュタリのトラキア人墓地
（Thracian Tomb of Sveshtari）
文化遺産（登録基準（i）（iii））
1985年

⑩カルパチア山脈とヨーロッパの他の地域の原生ブナ林群
（Primeval Beech Forests of the Carpathians and Other Regions of Europe）
自然遺産（登録基準（ix））
2007年／2011年／2017年／2021年
アルバニア／オーストリア／ベルギー／ボスニアヘルツェゴビナ／ブルガリア／クロアチア／チェコ／フランス／ドイツ／イタリア／北マケドニア／ポーランド／ルーマニア／スロヴェニア／スロヴァキア／スペイン／スイス／ウクライナ

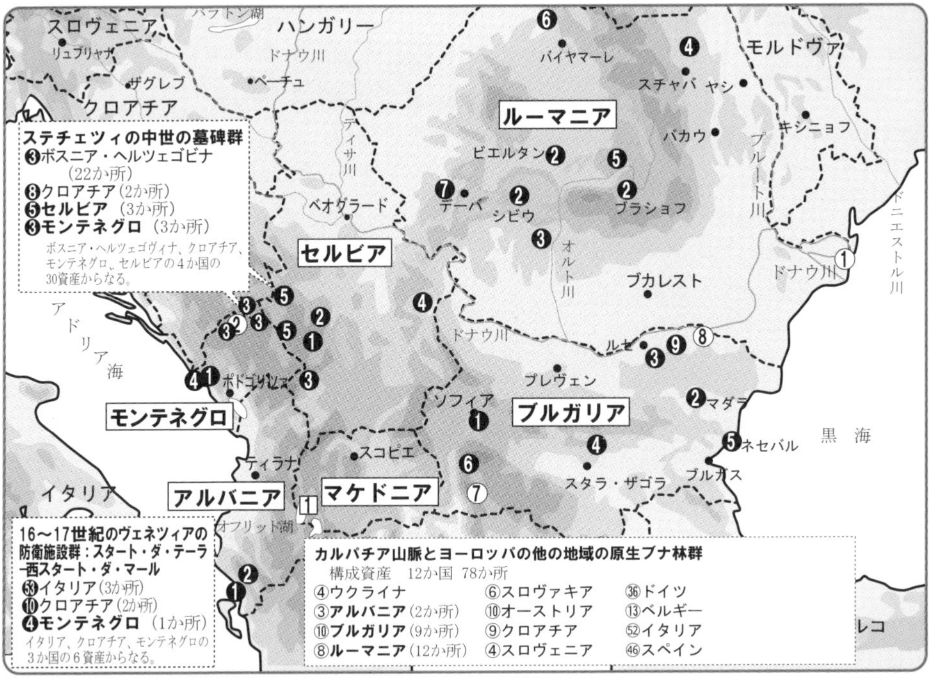

ステチェツィの中世の墓碑群
❸ボスニア・ヘルツェゴビナ（22か所）
❽クロアチア（2か所）
❺セルビア（3か所）
❸モンテネグロ（3か所）
ボスニア・ヘルツェゴヴィナ、クロアチア、モンテネグロ、セルビアの4か国の30資産からなる。

16～17世紀のヴェネツィアの防衛施設群：スタート・ダ・テーラ－西スタート・ダ・マール
53イタリア（3か所）
⑩クロアチア（2か所）
❹モンテネグロ（1か所）
イタリア、クロアチア、モンテネグロの3か国の6資産からなる。

カルパチア山脈とヨーロッパの他の地域の原生ブナ林群
構成資産　12か国 78か所
④ウクライナ　⑥スロヴァキア　㊱ドイツ
③アルバニア（2か所）　⑩オーストリア　⑬ベルギー
⑩ブルガリア（9か所）　⑨クロアチア　52イタリア
⑧ルーマニア（12か所）　④スロヴェニア　46スペイン

アルバニア共和国
Republic of Albania
首都　ティラナ
世界遺産の数　4　世界遺産条約締約年　1989年

❶ブトリント（Butrint）　文化遺産（登録基準(iii)）　1992年／1999年／2007年
❷ベラトとギロカストラの歴史地区群　（Historic Centres of Berat and Gjirokastra）
文化遺産（登録基準(iii)(iv)）2005年／2008年
③カルパチア山脈とヨーロッパの他の地域の原生ブナ林群
（Primeval Beech Forests of the Carpathians and Other Regions of Europe）
自然遺産（登録基準(ix)）　2007年／2011年／2017年／2021年
アルバニア／オーストリア／ベルギー／ボスニアヘルツェゴビナ／ブルガリア／クロアチア／チェコ／フランス／ドイツ／イタリア／北マケドニア／ポーランド／ルーマニア／スロヴェニア／スロヴァキア／スペイン／スイス／ウクライナ
④オフリッド地域の自然・文化遺産
（Natural and Cultural Heritage of the Ohrid region）
複合遺産（登録基準(i)(iii)(iv)(vii)）　1979年／1980年／2009年／2019年　アルバニア／北マケドニア共和国

北マケドニア共和国　※2019年2月にマケドニア・旧ユーゴスラビア共和国から国名変更
Republic of North Macedonia
首都　スコピエ
世界遺産の数　2　世界遺産条約締約年　1997年

①オフリッド地域の自然・文化遺産　（Natural and Cultural Heritage of the Ohrid region）
複合遺産（登録基準(i)(iii)(iv)(vii)）　1979年／1980年／2009年／2019年
北マケドニア共和国／アルバニア
②カルパチア山脈とヨーロッパの他の地域の原生ブナ林群
（Primeval Beech Forests of the Carpathians and Other Regions of Europe）
自然遺産（登録基準(ix)）　2007年／2011年／2017年／2021年
アルバニア／オーストリア／ベルギー／ボスニアヘルツェゴビナ／ブルガリア／クロアチア／チェコ／フランス／ドイツ／イタリア／北マケドニア／ポーランド／ルーマニア／スロヴェニア／スロヴァキア／スペイン／スイス／ウクライナ

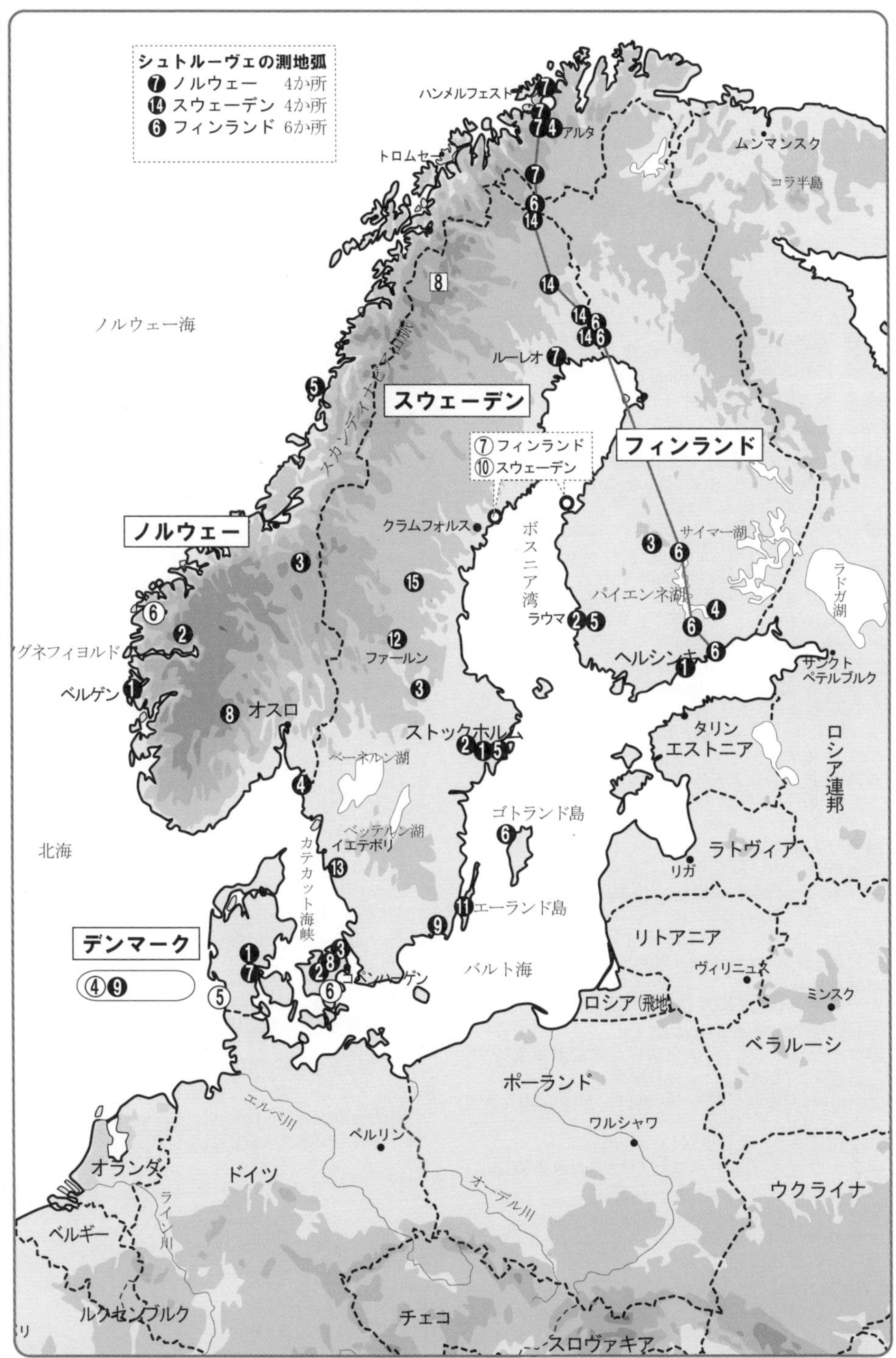

○自然遺産 ●文化遺産 □複合遺産 ★危機遺産

ヨーロッパ

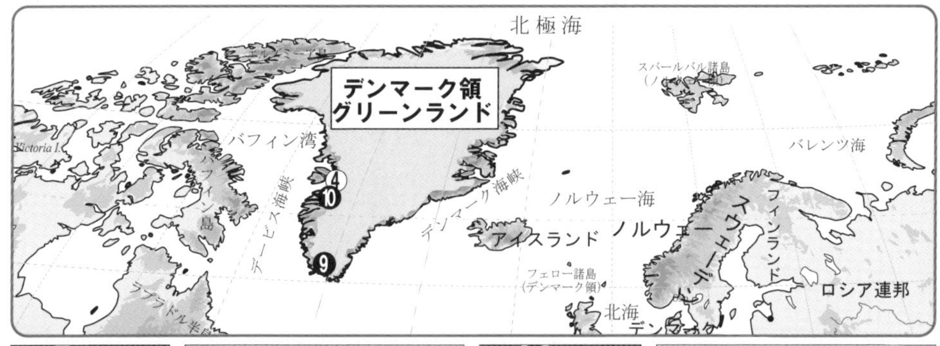

デンマーク王国

Kingdom of Denmark

首都　コペンハーゲン

世界遺産の数　10　世界遺産条約締約年　1979年

❶イェリング墳丘、ルーン文字石碑と教会
（Jelling Mounds, Runic Stones and Church）
文化遺産（登録基準（iii））　1994年

❷ロスキレ大聖堂（Roskilde Cathedral）
文化遺産（登録基準（ii）（iv））　1995年

❸クロンボー城（Kronborg Castle）
文化遺産（登録基準（iv））　2000年

④イルリサート・アイスフィヨルド
（Ilulissat Icefjord）
自然遺産（登録基準（vii）（viii））　2004年

⑤ワッデン海（The Wadden Sea）
自然遺産（登録基準（viii）（ix）（x））
2009年／2011年／2014年
オランダ／ドイツ／デンマーク

⑥スティーブンス・クリント（Stevns Klint）
自然遺産（登録基準（viii））
2014年

❼クリスチャンフィールド、モラヴィア教会の入植地
（Christiansfeld, a Moravian Church Settlement）
文化遺産（登録基準（iii）（iv））　2015年

❽シェラン島北部のパル・フォルス式狩猟の景観
（The par force hunting landscape in North Zealand）
文化遺産（登録基準（ii）（iv））　2015年
＊2018年、登録遺産名（英語表記）変更。

❾クヤータ・グリーンランド：氷帽周縁部でのノース人とイヌイットの農業
（Kujataa Greenland: Norse and Inuit Farming at the Edge of the Ice Cap）
文化遺産（登録基準（v））　2017年

❿アシヴィスイットーニピサット、氷と海に覆われたイヌイットの狩猟場
（Aasivissuit – Nipisat. Inuit Hunting Ground between Ice and Sea）
文化遺産（登録基準（v））　2018年

ノルウェー王国

Kingdom of Norway

首都　オスロ

世界遺産の数　8　世界遺産条約締約年　1977年

❶ブリッゲン（Bryggen）
文化遺産（登録基準（iii））　1979年

❷ウルネスのスターヴ教会
（Urnes Stave Church）
文化遺産（登録基準（i）（ii）（iii））　1979年

❸ローロスの鉱山都市と周辺環境
（Røros Mining Town and the Circumference）
文化遺産（登録基準（iii）（iv）（v））
1980年／2010年

❹アルタの岩画（Rock Art of Alta）
文化遺産（登録基準（iii））　1985年

❺ヴェガオヤン-ヴェガ群島
（Vegaøyan - The Vega Archipelago）
文化遺産（登録基準（v））　2004年

⑥西ノルウェー・フィヨルド-ガイランゲル・フィヨルドとネーロイ・フィヨルド
（West Norwegian Fjords - Geirangerfjord and Nærøyfjord）
自然遺産（登録基準（vii）（viii））　2005年

❼シュトルーヴェの測地弧（Struve Geodetic Arc）
文化遺産（登録基準（ii）（iv）（vi））
2005年
スウェーデン／ノルウェー／フィンランド／エストニア／ラトヴィア／リトアニア／ロシア連邦／ベラルーシ／ウクライナ／モルドヴァ

❽リューカン・ノトデン産業遺産地
（Rjukan-Notodden Industrial Heritage Site）
文化遺産（登録基準（ii）（iv））　2015年

スウェーデン王国

Kingdom of Sweden

首都　ストックホルム

世界遺産の数　15　世界遺産条約締約年　1985年

❶ドロットニングホルムの王領地
（Royal Domain of Drottningholm）
文化遺産（登録基準（iv））　1991年

❷ビルカとホーブゴーデン
（Birka and Hovgården）
文化遺産（登録基準（iii）（iv））　1993年

❸エンゲルスベルクの製鉄所
（Engelsberg Ironworks）
文化遺産（登録基準（iv））　1993年

❹ターヌムの岩石刻画
（Rock Carvings of Tanum）
文化遺産（登録基準（i）（iii）（iv））
1994年

❺スコースキュアコゴーデン
（Skogskyrkogården）
文化遺産（登録基準（ii）（iv））　1994年

❻ハンザ同盟の都市ヴィスビー
（Hanseatic Town of Visby）
文化遺産（登録基準（iv）（v））　1995年

❼ルーレオのガンメルスタードの教会の町
（Church Town of Gammelstad, Luleå）
文化遺産（登録基準（ii）（iv）（v））
1996年

⑧ラップ人地域（Laponian Area）
複合遺産（登録基準（iii）（v）（vii）（viii）（ix））
1996年

❾カールスクルーナの軍港
（Naval Port of Karlskrona）
文化遺産（登録基準（ii）（iv））
1998年

❿ハイ・コースト／クヴァルケン群島
（High Coast / Kvarken Archipelago）
自然遺産（登録基準（viii））
2000年／2006年
スウェーデン／フィンランド

⓫エーランド島南部の農業景観
（Agricultural Landscape of Southern Öland）
文化遺産（登録基準（iv）（v））
2000年

⓬ファールンの大銅山の採鉱地域
（Mining Area of the Great Copper Mountain in Falun）
文化遺産（登録基準（ii）（iii）（v））
2001年

⓭ヴァルベルイのグリムトン無線通信所
（Grimeton Radio Station, Varberg）
文化遺産（登録基準（ii）（iv））
2004年

⓮シュトルーヴェの測地弧（Struve Geodetic Arc）
文化遺産（登録基準（ii）（iv）（vi））
2005年
スウェーデン／ノルウェー／フィンランド／エストニア／ラトヴィア／リトアニア／ロシア連邦／ベラルーシ／ウクライナ／モルドヴァ

⓯ヘルシングランド地方の装飾農家群
（Decorated Farmhouses of Hälsingland）
文化遺産（登録基準（v））
2012年

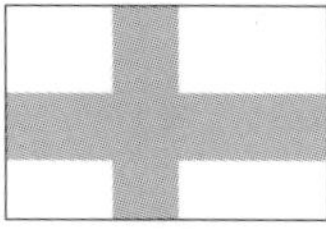

フィンランド共和国

Republic of Finland

首都　ヘルシンキ

世界遺産の数　7　世界遺産条約締約年　1987年

❶スオメンリンナ要塞
（Fortress of Suomenlinna）
文化遺産（登録基準（iv））　1991年

❷ラウマ旧市街（Old Rauma）
文化遺産（登録基準（iv）（v））
1991年／2009年

❸ペタヤヴェシの古い教会
（Petäjävesi Old Church）
文化遺産（登録基準（iv））　1994年

❹ヴェルラ製材製紙工場
（Verla Groundwood and Board Mill）
文化遺産（登録基準（iv））　1996年

❺サンマルラハデンマキの青銅器時代の埋葬地
（Bronze Age Burial Site of Sammallahdenmäki）
文化遺産（登録基準（iii）（iv））
1999年

❻シュトルーヴェの測地弧（Struve Geodetic Arc）
文化遺産（登録基準（ii）（iv）（vi））
2005年
スウェーデン／ノルウェー／フィンランド／エストニア／ラトヴィア／リトアニア／ロシア連邦／ベラルーシ／ウクライナ／モルドヴァ

⑦ハイ・コースト／クヴァルケン群島
（High Coast / Kvarken Archipelago）
自然遺産（登録基準（viii））
2000年／2006年
スウェーデン／フィンランド

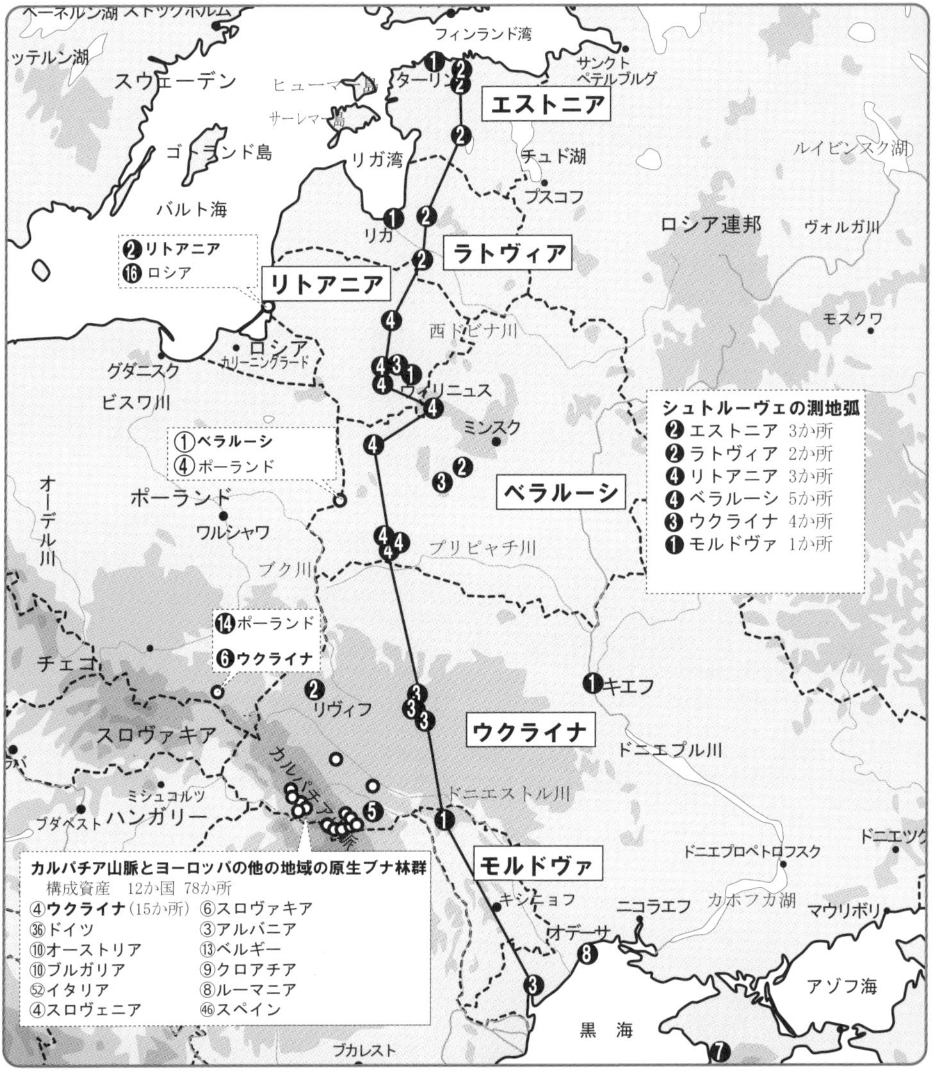

フィンランド湾
サンクトペテルブルグ
スウェーデン
ヒューマー島
ターリン
サーレマー島
エストニア
ゴトランド島
リガ湾
チュド湖
ルイビンスク湖
プスコフ
バルト海
リガ
ロシア連邦
ヴォルガ川
❷リトアニア
⑯ロシア
ラトヴィア
リトアニア
西ドビナ川
モスクワ
ロシア
カリーニングラード
グダニスク
ヴィリニュス
ビスワ川
ミンスク
①ベラルーシ
④ポーランド
オーデル川
ポーランド
ベラルーシ
ワルシャワ
プリピャチ川
ブク川

シュトルーヴェの測地弧
❷エストニア 3か所
❷ラトヴィア 2か所
❹リトアニア 3か所
❹ベラルーシ 5か所
❸ウクライナ 4か所
❶モルドヴァ 1か所

⓮ポーランド
❻ウクライナ
チェコ
リヴィフ
キエフ
スロヴァキア
ウクライナ
カルパチア山脈
ドニエプル川
ドニエストル川
ミシュコルツ
ブダペスト
ハンガリー
モルドヴァ
ドニエツク
ドニエプロペトロフスク
キシニョフ
ニコラエフ
カホフカ湖
マウリポリ
オデーサ
アゾフ海
黒 海
ブカレスト

カルパチア山脈とヨーロッパの他の地域の原生ブナ林群
構成資産 12か国 78か所
④**ウクライナ**（15か所） ⑥スロヴァキア
㊱ドイツ ③アルバニア
⑩オーストリア ⑬ベルギー
⑩ブルガリア ⑨クロアチア
�52イタリア ⑧ルーマニア
④スロヴェニア ㊻スペイン

エストニア共和国
Republic of Estonia
首都 ターリン
世界遺産の数 2 世界遺産条約締約年 1995年

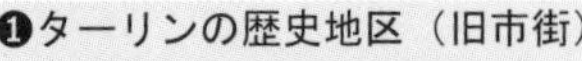

❶**ターリンの歴史地区（旧市街）**
（Historic Centre（Old Town）of Tallinn）
文化遺産（登録基準(ii)(iv)） 1997年／2008年

❷**シュトルーヴェの測地弧**（Struve Geodetic Arc）
文化遺産（登録基準(ii)(iv)(vi)） 2005年
スウェーデン／ノルウェー／フィンランド／エストニア／ラトヴィア／リトアニア／ロシア連邦／ベラルーシ／ウクライナ／モルドヴァ

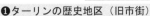

ラトヴィア共和国
Republic of Latvia
首都 リガ
世界遺産の数 2 世界遺産条約締約年 1995年

❶**リガの歴史地区**
（Historic Centre of Riga）
文化遺産（登録基準(i)(ii)） 1997年

❷**シュトルーヴェの測地弧**（Struve Geodetic Arc）
文化遺産（登録基準(ii)(iv)(vi)） 2005年
スウェーデン／ノルウェー／フィンランド／エストニア／ラトヴィア／リトアニア／ロシア連邦／ベラルーシ／ウクライナ／モルドヴァ

リトアニア共和国

Republic of Lithuania
首都　ヴィリニュス
世界遺産の数　4　世界遺産条約締約年　1992年

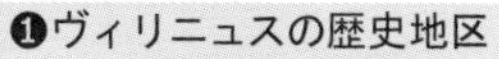

❶ヴィリニュスの歴史地区
（Vilnius Historic Centre）
文化遺産（登録基準(ii)(iv)）　1994年

❷クルシュ砂州（Curonian Spit）
文化遺産（登録基準(v)）
2000年
リトアニア／ロシア連邦

❸ケルナヴェ考古学遺跡（ケルナヴェ文化保護区）
（Kernave Archeological Site（Cultural Reserve of Kernave））
文化遺産（登録基準(iii)(iv)）　2004年

❹シュトルーヴェの測地弧（Struve Geodetic Arc）
文化遺産（登録基準(ii)(iv)(vi)）　2005年
スウェーデン／ノルウェー／フィンランド／エストニア／ラトヴィア／リトアニア／ロシア連邦／ベラルーシ／ウクライナ／モルドヴァ

ベラルーシ共和国

Republic of Belarus
首都　ミンスク
世界遺産の数　4　世界遺産条約締約年　1988年

①ビャウォヴィエジャ森林（Białowieża Forest）
自然遺産（登録基準(ix)(x)）
1979年／1992年／2014年
ベラルーシ／ポーランド

❷ミール城の建築物群（Mir Castle Complex）
文化遺産（登録基準(ii)(iv)）　2000年

❸ネスヴィシェにあるラジヴィル家の建築、住居、文化の遺産群
（Architectural, Residential and Cultural Complex of the Radziwill Family at Nesvizh）
文化遺産（登録基準(ii)(iv)(vi)）　2005年

❹シュトルーヴェの測地弧（Struve Geodetic Arc）
文化遺産（登録基準(ii)(iv)(vi)）　2005年
スウェーデン／ノルウェー／フィンランド／エストニア／ラトヴィア／リトアニア／ロシア連邦／ベラルーシ／ウクライナ／モルドヴァ

ウクライナ

Ukraine
首都　キエフ
世界遺産の数　8　世界遺産条約締約年　1988年

❶キエフの聖ソフィア大聖堂と修道院群、キエフ・ペチェルスカヤ大修道院
（Kyiv:Saint-Sophia Cathedral and Related Monastic Buildings, Kiev-Pechersk Lavra）
文化遺産（登録基準(i)(ii)(iii)(iv)）
1990年／2005年

❷リヴィフの歴史地区
（L'viv-the Ensemble of the Historic Centre）
文化遺産（登録基準(ii)(v)）1998年／2008年

❸シュトルーヴェの測地弧（Struve Geodetic Arc）
文化遺産（登録基準(ii)(iv)(vi)）　2005年
スウェーデン／ノルウェー／フィンランド／エストニア／ラトヴィア／リトアニア／ロシア連邦／ベラルーシ／ウクライナ／モルドヴァ

④カルパチア山脈とヨーロッパの他の地域の原生ブナ林群
（Primeval Beech Forests of the Carpathians and Other Regions of Europe）
自然遺産（登録基準(ix)）
2007年／2011年／2017年／2021年
アルバニア／オーストリア／ベルギー／ボスニアヘルツェゴビナ／ブルガリア／クロアチア／チェコ／フランス／ドイツ／イタリア／北マケドニア／ポーランド／ルーマニア／スロヴェニア／スロヴァキア／スペイン／スイス／ウクライナ

❺ブコヴィナ・ダルマチア府主教の邸宅
（Residence of Bukovinian and Dalmatian Metropolitans）
文化遺産（登録基準(ii)(iii)(iv)）　2011年

❻ポーランドとウクライナのカルパチア地方の木造教会群
（Wooden *Tserkvas* of the Carpathian Region in Poland and Ukraine）
文化遺産（登録基準(iii)(iv)）　2013年
ウクライナ／ポーランド

❼タウリカ・ケルソネソスの古代都市とそのホラ
（Ancient City of Tauric Chersonese and its Chora）
文化遺産（登録基準(ii)(v)）　2013年

❽オデーサの歴史地区　***New***
（The Historic Centre of Odesa）
文化遺産（登録基準(ii)(iv)）　2023年
★【危機遺産】2023年

モルドヴァ共和国

Republic of Moldova
首都　キシニョフ
世界遺産の数　1　世界遺産条約締約年　2002年

❶シュトルーヴェの測地弧（Struve Geodetic Arc）
文化遺産（登録基準(ii)(iv)(vi)）　2005年
スウェーデン／ノルウェー／フィンランド／エストニア／ラトヴィア／リトアニア／ロシア連邦／ベラルーシ／ウクライナ／モルドヴァ

ヨーロッパ

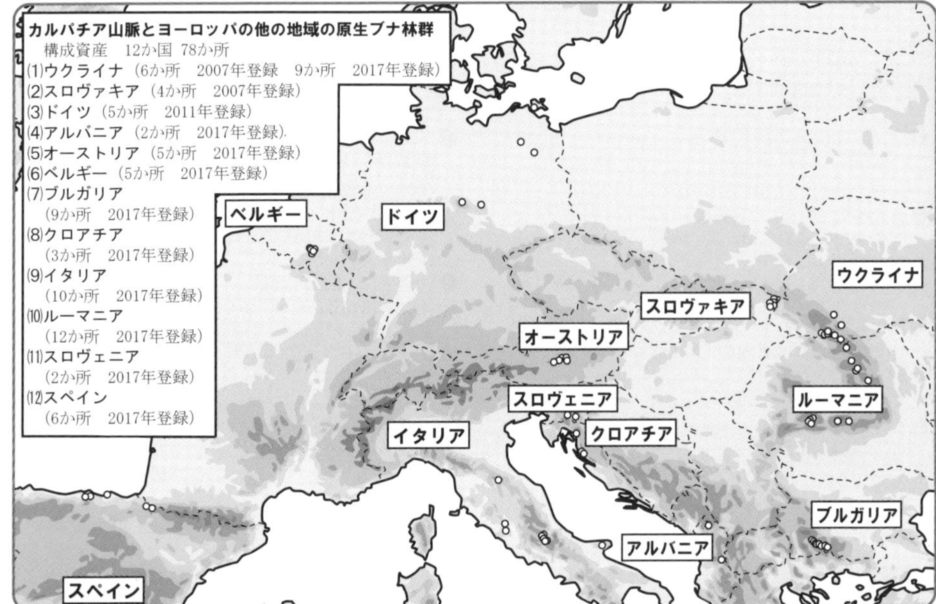

ジョージア
Georgia
首都　トビリシ
世界遺産の数　4　世界遺産条約締約年　1992年

❶ゲラチ修道院（Gelati Monastery）
文化遺産（登録基準(iv)）1994年／2017年
❷ムツヘータの歴史的建造物群
(Historical Monuments of Mtskheta)
文化遺産（登録基準(iii)(iv)）　1994年
❸アッパー・スヴァネチ（Upper Svaneti）
文化遺産（登録基準(iv)(v)）　1996年
④コルキスの雨林群と湿地群
(Colchic Rain forests and Wetlands)
自然遺産（登録基準(ix)(x)）　2021年

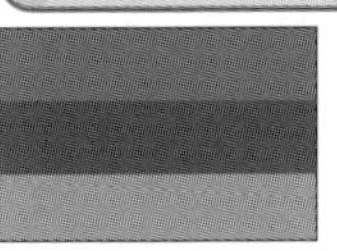

アルメニア共和国
Republic of Armenia
首都　エレバン
世界遺産の数　3　世界遺産条約締約年　1993年

❶ハフパットとサナヒンの修道院
(Monasteries of Haghpat and Sanahin)
文化遺産（登録基準(ii)(iv)）
1996年／2000年
❷ゲガルド修道院とアザト峡谷の上流
(Monastery of Geghard and the Upper Azat Valley)
文化遺産（登録基準(ii)）　2000年
❸エチミアジンの聖堂と教会群および
スヴァルトノツの考古学遺跡
(Cathedral and Churches of Echmiatsin and the Archaeological Site of Zvartnots)
文化遺産（登録基準(ii)(iii)）　2000年

アゼルバイジャン共和国
Republic of Azerbaijan
首都　バクー
世界遺産の数　3　世界遺産条約締約年　1993年

❶シルヴァンシャーの宮殿と乙女の塔がある
城塞都市バクー
(Walled City of Baku with the Shirvanshah's Palace and Maiden Tower)
文化遺産（登録基準(iv)）　2000年
❷ゴブスタンの岩石画の文化的景観
(Gobustan Rock Art Cultural Landscape)
文化遺産（登録基準(iii)）　2007年
❸ハン宮殿のあるシャキ歴史地区
(Historic Centre of Sheki with the Khan's Palace)
文化遺産（登録基準((ii)(v))　2019年

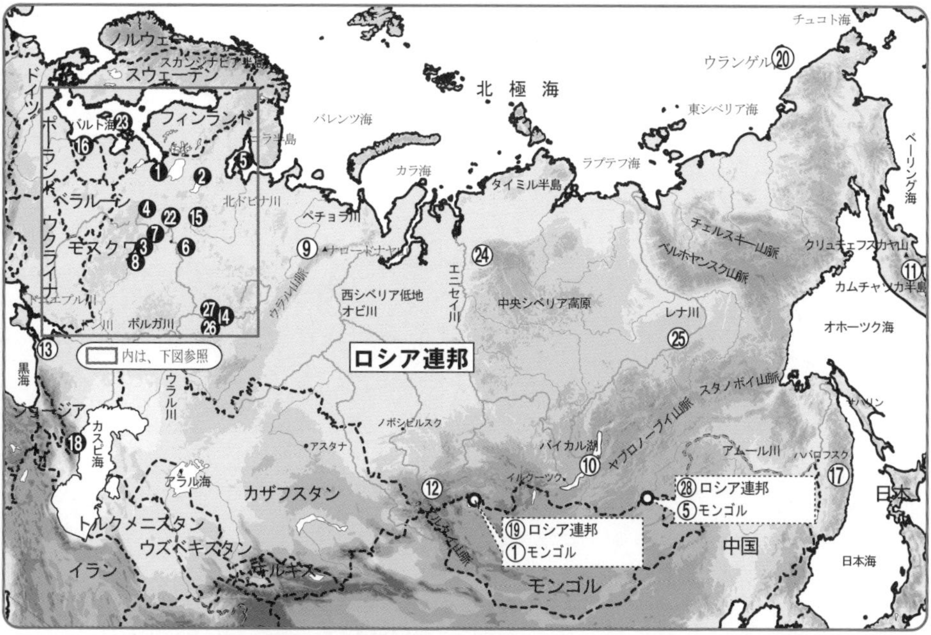

ヨーロッパ

○自然遺産　●文化遺産　□複合遺産　★危機遺産

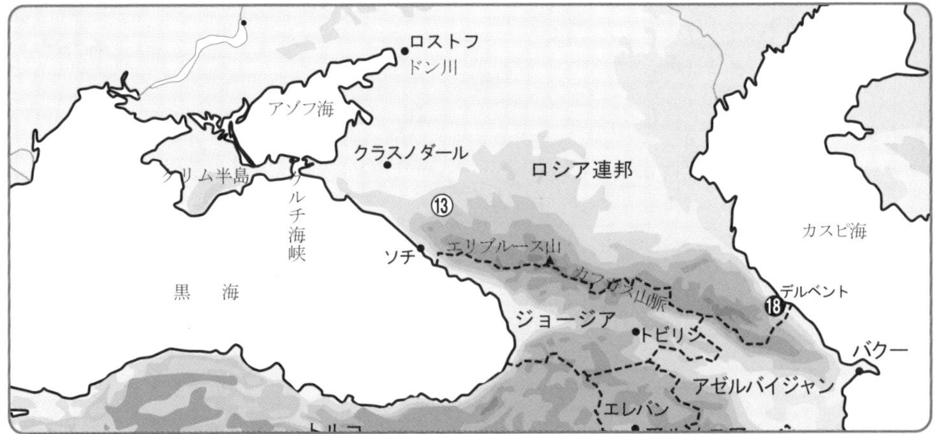

ロシア連邦

Russian Federation

首都　モスクワ

世界遺産の数　30　世界遺産条約締約年　1988年

❶サンクト･ペテルブルクの歴史地区と記念物群
（Historic Centre of Saint Petersburg and Related Groups of Monuments）
文化遺産（登録基準(i)(ii)(iv)(vi)）　1990年

❷キジ島の木造建築（Kizhi Pogost）
文化遺産（登録基準(i)(iv)(v)）　1990年

❸モスクワのクレムリンと赤の広場
（Kremlin and Red Square, Moscow）
文化遺産（登録基準(i)(ii)(iv)(vi)）　1990年

❹ノヴゴロドと周辺の歴史的建造物群
（Historic Monuments of Novgorod and Surroundings）
文化遺産（登録基準(ii)(iv)(vi)）　1992年

❺ソロベツキー諸島の文化・歴史的遺跡群
（Cultural and Historic Ensemble of the Solovetsky Islands）
文化遺産（登録基準(iv)）　1992年

❻ウラディミルとスズダリの白壁建築群
（White Monuments of Vladimir and Suzdal）
文化遺産（登録基準(i)(ii)(iv)）　1992年

❼セルギエフ･ポサドにあるトロイツェ･セルギー大修道院の建造物群
（Architectural Ensemble of the Trinity Sergius Lavra in Sergiev Posad）
文化遺産（登録基準(ii)(iv)）　1993年

❽コローメンスコエの主昇天教会
（Church of the Ascension, Kolomenskoye）
文化遺産（登録基準(ii)）　1994年

⑨コミの原生林　（Virgin Komi Forests）
自然遺産（登録基準(vii)(ix)）　1995年

⑩バイカル湖（Lake Baikal）
自然遺産（登録基準(vii)(viii)(ix)(x)）　1996年

⑪カムチャッカの火山群
（Volcanoes of Kamchatka）
自然遺産（登録基準(vii)(viii)(ix)(x)）
1996年／2001年

⑫アルタイ・ゴールデン・マウンテン
（Golden Mountains of Altai）
自然遺産（登録基準(x)）　1998年

⑬西コーカサス（Western Caucasus）
自然遺産（登録基準(ix)(x)）　1999年

⓮カザン要塞の歴史的建築物群
（Historic and Architectural Complex of the Kazan Kremlin）
文化遺産（登録基準(ii)(iii)(iv)）　2000年

⓯フェラポントフ修道院の建築物群
（Ensemble of the Ferrapontov Monastery）
文化遺産（登録基準(i)(iv)）　2000年

⓰クルシュ砂州（Curonian Spit）
文化遺産（登録基準(v)）　2000年
ロシア連邦／リトアニア

⑰ビキン川渓谷（Bikin River Valley）
自然遺産（登録基準(x)）　2001年／2018年
＊2018年、登録範囲の拡大、
登録遺産名変更（シホテ・アリン山脈中央部→ビギン川渓谷）

⓲デルベントの城塞、古代都市、要塞建造物群
（Citadel, Ancient City and Fortress Buildings of Derbent）
文化遺産（登録基準(iii)(iv)）　2003年

⑲ウフス・ヌール盆地（Uvs Nuur Basin）
自然遺産（登録基準(ix)(x)）　2003年
ロシア連邦／モンゴル

⑳ウランゲリ島保護区の自然体系
（Natural System of Wrangel Island Reserve）

自然遺産（登録基準（ix）（x））　2004年

㉑ノボディチ修道院の建築物群
（Ensemble of the Novodevichy Convent）
文化遺産（登録基準（i）（iv）（vi））2004年

㉒ヤロスラブル市の歴史地区
（Historical Centre of the City of Yaroslavl）
文化遺産（登録基準（ii）（iv））　2005年

㉓シュトルーヴェの測地弧（Struve Geodetic Arc）
文化遺産（登録基準（ii）（iv）（vi））　2005年
スウェーデン／ノルウェー／フィンランド／エストニア／ラトヴィア／リトアニア／ロシア連邦／ベラルーシ／ウクライナ／モルドヴァ

㉔プトラナ高原（Putorana Plateau）
自然遺産（登録基準（vii）（ix））2010年

㉕レナ・ピラーズ自然公園
（Lena Pillars Nature Park）
自然遺産（登録基準（viii））　2012年

㉖ボルガルの歴史・考古遺産群
（Bolgar Historical and Archaeological Complex）
文化遺産（登録基準（ii）（vi））　2014年

㉗スヴィヤズスク島の被昇天大聖堂と修道院
（Assumption Cathedral and Monastery of the town-island of Sviyazhsk）
文化遺産（登録基準（ii）（iv））　2017年

㉘ダウリアの景観群（Landscapes of Dauria）
自然遺産（登録基準（ix）（x））　2017年
モンゴル／ロシア連邦

㉙プスコフ派建築の聖堂群
（Churches of the Pskov School of Architecture）
文化遺産（登録基準（（ii））　2019年

㉚オネガ湖と白海のペトログリフ
（Petroglyphs of Lake Onega and the White Sea）
文化遺産（登録基準（iii））2021年

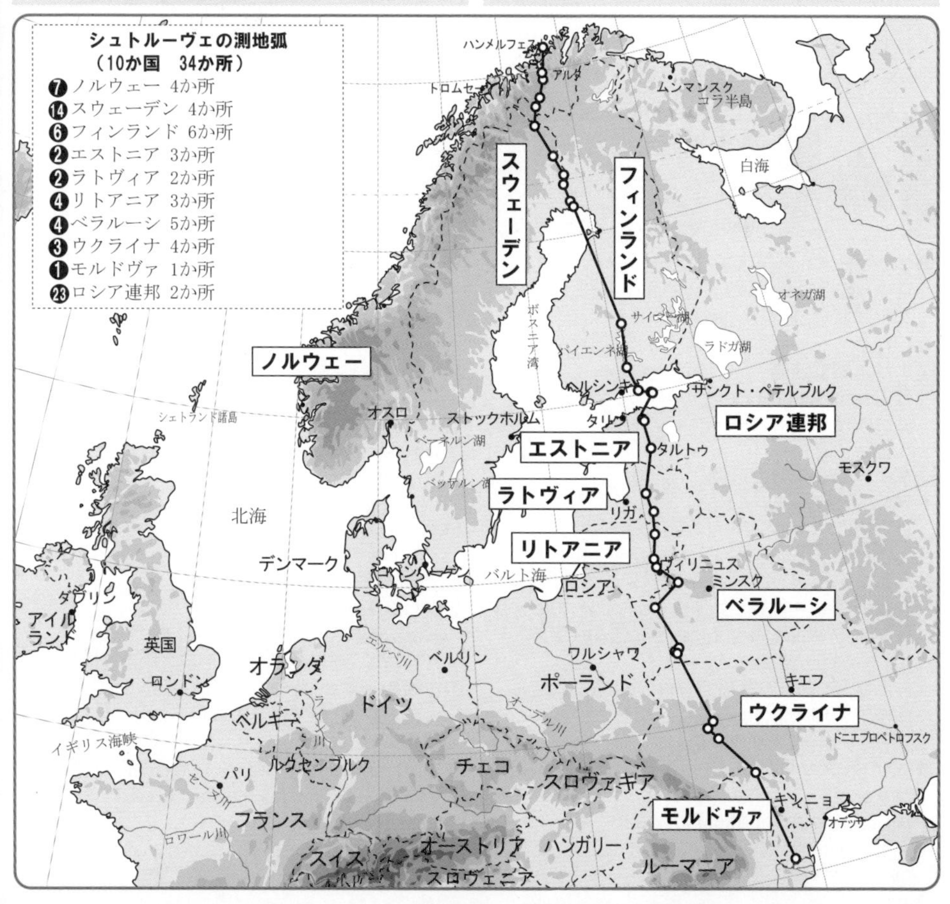

　○自然遺産　●文化遺産　□複合遺産　★危機遺産

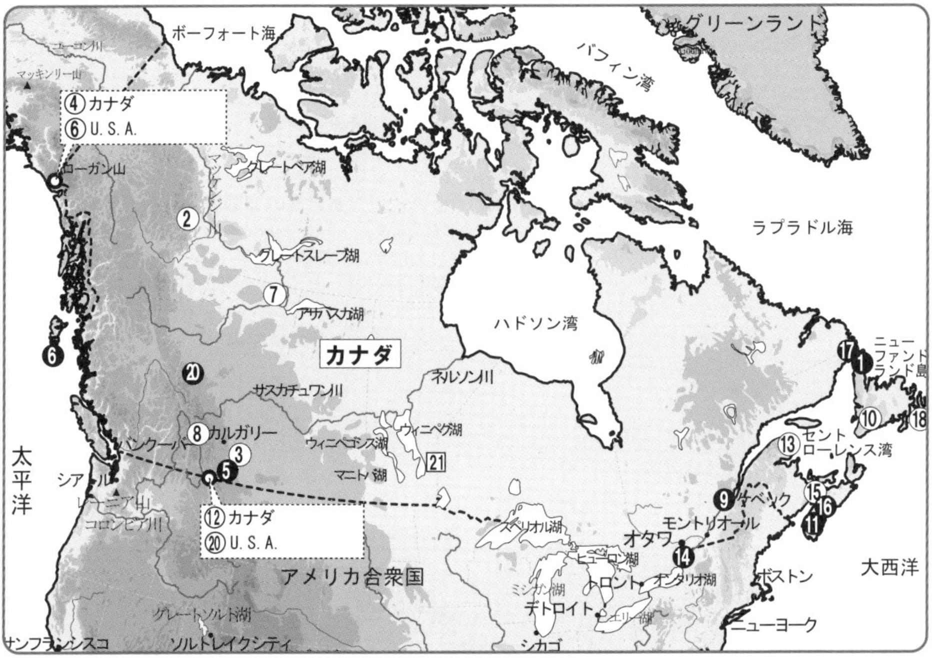

カナダ

Canada

首都　オタワ

世界遺産の数　20　世界遺産条約締約年　1976年

北米

❶ランゾー・メドーズ国立史跡
(L'Anse aux Meadows National Historic Site)
文化遺産(登録基準(vi))
1978年

②ナハニ国立公園
(Nahanni National Park)
自然遺産(登録基準(vii)(viii))
1978年

③ダイナソール州立公園
(Dinosaur Provincial Park)
自然遺産(登録基準(vii)(viii))
1979年

④クルエーン／ランゲルーセントエライアス／グレーシャーベイ／タッシェンシニ・アルセク
(Kluane / Wrangell-St Elias / GlacierBay / Tatshenshini-Alsek)
自然遺産(登録基準(vii)(viii)(ix)(x))
1979年／1992年／1994年
カナダ／アメリカ合衆国

❺ヘッド・スマッシュト・イン・バッファロー・ジャンプ
(Head-Smashed-In Buffalo Jump)
文化遺産(登録基準(vi))
1981年

❻スカン・グアイ (SGang Gwaay)
文化遺産(登録基準(iii))　1981年

⑦ウッドバッファロー国立公園
(Wood Buffalo National Park)
自然遺産(登録基準(vii)(ix)(x))
1983年

⑧カナディアン・ロッキー山脈公園群
(Canadian Rocky Mountain Parks)
自然遺産(登録基準(vii)(viii))
1984年／1990年

❾オールド・ケベックの歴史地区
(Historic District of Old Quebec)
文化遺産(登録基準(iv)(vi))　1985年

⑩グロスモーン国立公園
(Gros Morne National Park)
自然遺産(登録基準(vii)(viii))　1987年

⓫古都ルーネンバーグ (Old Town Lunenburg)
文化遺産(登録基準(iv)(v))
1995年

⑫ウォータートン・グレーシャー国際平和公園
(Waterton Glacier International Peace Park)
自然遺産(登録基準(vii)(ix))
1995年
カナダ／アメリカ合衆国

⑬ミグアシャ国立公園
（Miguasha National Park）
自然遺産（登録基準(viii)）
1999年

⓮リドー運河 （Rideau Canal）
文化遺産（登録基準(i)(iv)）
2007年

⑮ジョギンズ化石の断崖
（Joggins Fossil Cliffs）
自然遺産（登録基準(viii)）
2008年

⓰グラン・プレの景観
（Landscape of Grand-Pré）
文化遺産（登録基準(v)(vi)）
2012年

⓱レッド・ベイのバスク人の捕鯨基地
（Red Bay Basque Whaling Station）
文化遺産（登録基準(iii)(iv)）
2013年

⑱ミステイクン・ポイント
（Mistaken Point）
自然遺産（登録基準(viii)）
2016年

⑲ピマチオウィン・アキ
（Pimachiowin Aki）
複合遺産（登録基準(iii)(vi)(ix)）
2018年

⓴ライティング・オン・ストーン／アイシナイピ
（Writing-on-Stone / Áísínai'pi）
文化遺産（登録基準((iii))）
2019年

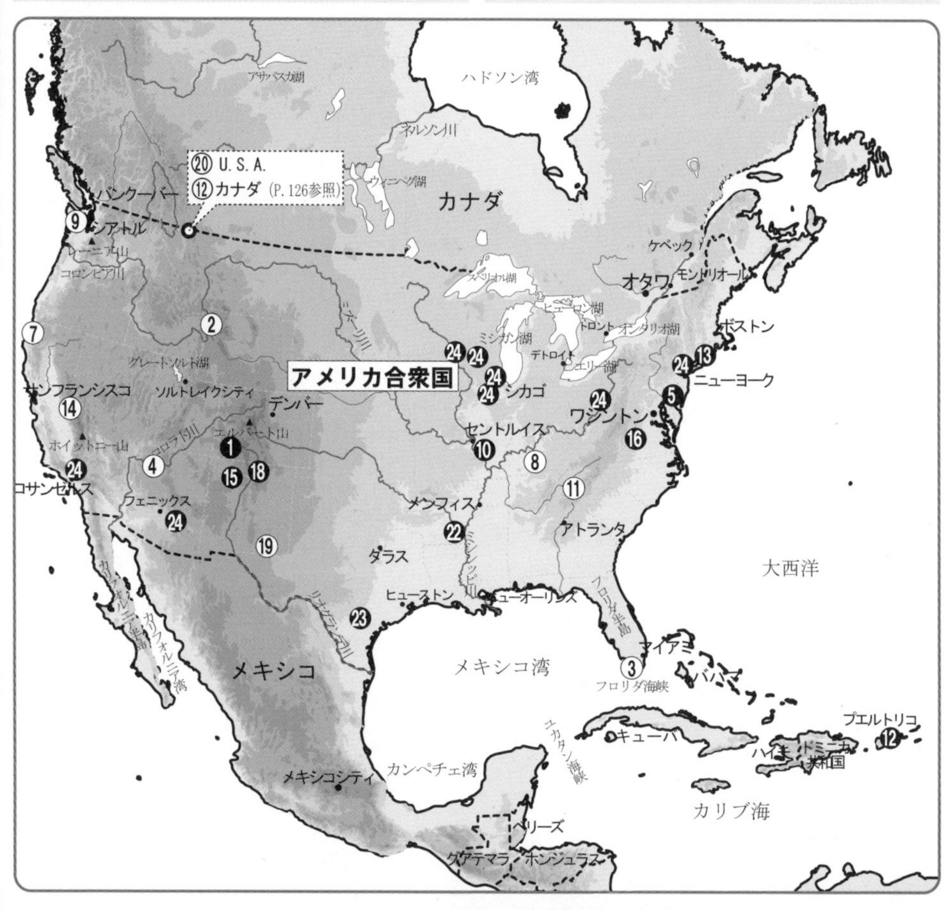

○自然遺産 ●文化遺産 □複合遺産 ★危機遺産

北米

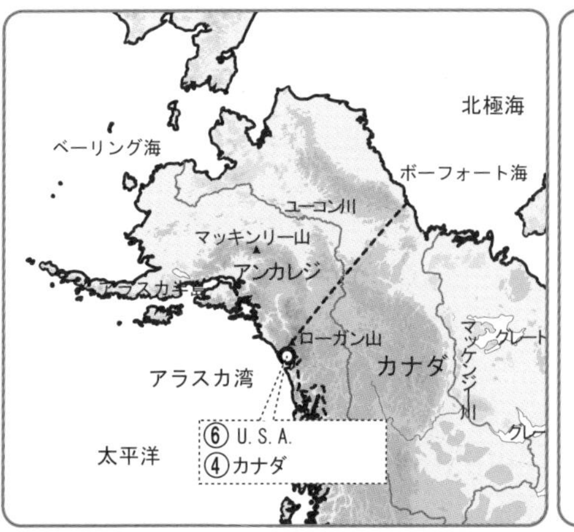

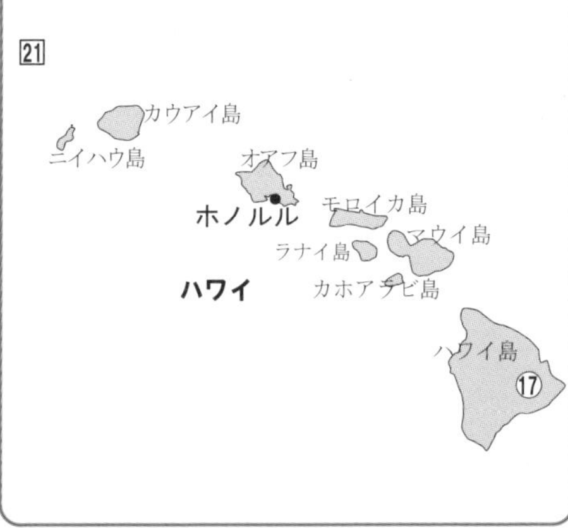

アメリカ合衆国（米国）

United States of America

首都　ワシントン

世界遺産の数　24　世界遺産条約締約年　1973年

❶メサ・ヴェルデ国立公園
（Mesa Verde National Park）
文化遺産（登録基準（iii））
1978年

②イエローストーン国立公園
（Yellowstone National Park）
自然遺産（登録基準（vii）（viii）（ix）（x））
1978年

③エバーグレーズ国立公園
（Everglades National Park）
自然遺産（登録基準（viii）（ix）（x））
1979年
★【危機遺産】2010年

④グランド・キャニオン国立公園
（Grand Canyon National Park）
自然遺産（登録基準（vii）（viii）（ix）（x））
1979年

❺独立記念館（Independence Hall）
文化遺産（登録基準（vi））
1979年

⑥クルエーン／ランゲルーセントエライアス／グレーシャーベイ／タッシェンシニ・アルセク
（Kluane / Wrangell-StElias / GlacierBay / Tatshenshini-Alsek）
自然遺産（登録基準（vii）（viii）（ix）（x））
1979年／1992年／1994年
アメリカ合衆国／カナダ

⑦レッドウッド国立州立公園
（Redwood National and State Parks）
自然遺産（登録基準（vii）（ix））
1980年

⑧マンモスケーブ国立公園
（Mammoth Cave National Park）
自然遺産（登録基準（vii）（viii）（x））
1981年

⑨オリンピック国立公園
（Olympic National Park）
自然遺産（登録基準（vii）（ix））　1981年

❿カホキア土塁州立史跡
（Cahokia Mounds State Historic Site）
文化遺産（登録基準（iii）（iv））　1982年

⑪グレート・スモーキー山脈国立公園
（Great Smoky Mountains National Park）
自然遺産（登録基準（vii）（viii）（ix）（x））
1983年

⓬プエルト・リコのラ・フォルタレサとサン・ファンの国立歴史地区
（La Fortaleza and San Juan National Historic Site in Puerto Rico）
文化遺産（登録基準（vi））
1983年

⓭自由の女神像
（Statue of Liberty）
文化遺産（登録基準（i）（vi））
1984年

⑭ヨセミテ国立公園
（Yosemite National Park）
自然遺産（登録基準（vii）（viii））
1984年

⓯チャコ文化
（Chaco Culture）
文化遺産（登録基準（iii））　1987年

⓰シャーロッツビルのモンティセロとヴァージニア大学
(Monticello and the University of Virginia in Charlottesville)
文化遺産(登録基準(i)(iv)(vi))
1987年

⑰ハワイ火山群国立公園
(Hawaii Volcanoes National Park)
自然遺産(登録基準(viii))
1987年

⓲タオス・プエブロ
(Taos Pueblo)
文化遺産(登録基準(iv))
1992年

⑲カールスバッド洞窟群国立公園
(Carlsbad Caverns National Park)
自然遺産(登録基準(vii)(viii))
1995年

⑳ウォータートン・グレーシャー国際平和公園
(Waterton Glacier International Peace Park)
自然遺産(登録基準(vii)(ix))
1995年
アメリカ合衆国／カナダ

[21]パパハナウモクアケア
(Papahānaumokuākea)
複合遺産(登録基準(iii)(vi)(viii)(ix)(x))
2010年

㉒ポヴァティ・ポイントの記念碑的な土塁群
(Monumental Earthworks of Poverty Point)
文化遺産(登録基準(iii))
2014年

㉓サン・アントニオ・ミッションズ
(San Antonio Missions)
文化遺産(登録基準(ii))
2015年

㉔フランク・ロイド・ライトの20世紀の建築
(The 20th-Century Architecture of Frank Lloyd Wright)
文化遺産(登録基準((ii))
2019年

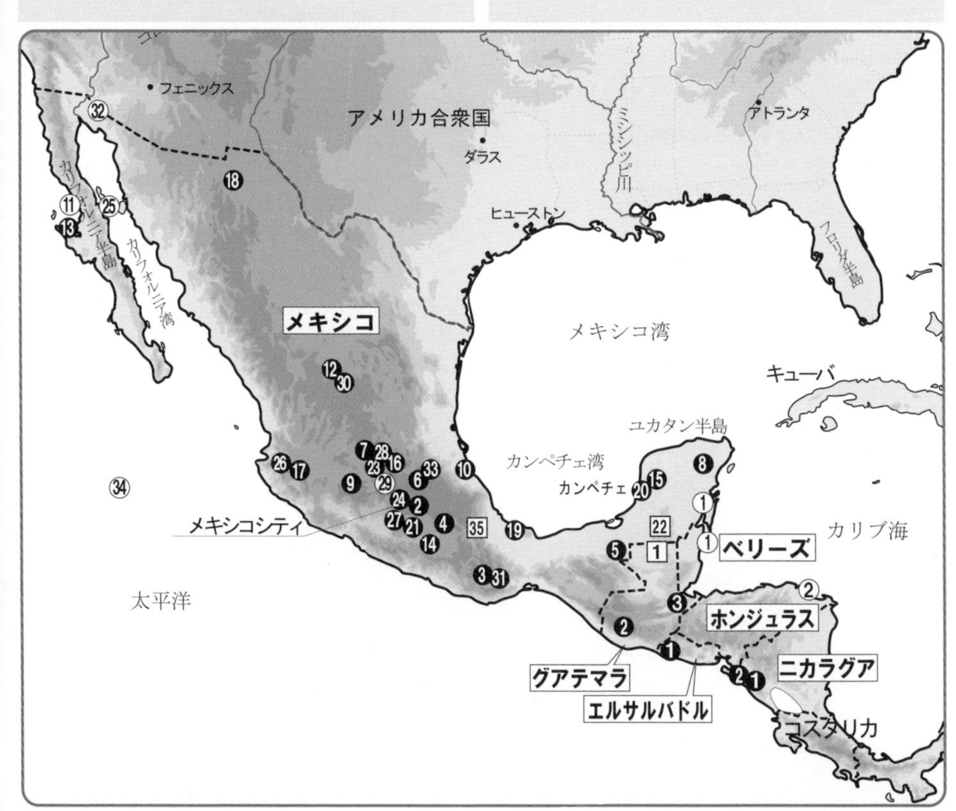

北米・ラテンアメリカ・カリブ

○自然遺産　●文化遺産　□複合遺産　★危機遺産

メキシコ合衆国

United Mexican States

首都　メキシコシティ

世界遺産の数　35　世界遺産条約締約年　1984年

①シアン・カアン（Sian Ka'an）
自然遺産（登録基準(vii)(x)）
1987年

❷メキシコシティーの歴史地区とソチミルコ
（Historic Centre of Mexico City and Xochimilco）
文化遺産（登録基準(ii)(iii)(iv)(v)）
1987年

❸オアハカの歴史地区とモンテ・アルバンの考古学遺跡　（Historic Centre of Oaxaca and Archaeological Site of Monte Albán）
文化遺産（登録基準(i)(ii)(iii)(iv)）
1987年

❹プエブラの歴史地区（Historic Centre of Puebla）
文化遺産（登録基準(ii)(iv)）
1987年

❺パレンケ古代都市と国立公園
（Pre-Hispanic City and National Park of Palenque）
文化遺産（登録基準(i)(ii)(iii)(iv)）
1987年

❻テオティワカン古代都市
（Pre-Hispanic City of Teotihuacan）
文化遺産（登録基準(i)(ii)(iii)(iv)(vi)）
1987年

❼古都グアナファトと近隣の鉱山群
（Historic Town of Guanajuato and Adjacent Mines）
文化遺産（登録基準(i)(ii)(iv)(vi)）
1988年

❽チチェン・イッツァ古代都市
（Pre-Hispanic City of Chichen-Itza）
文化遺産（登録基準(i)(ii)(iii)）
1988年

❾モレリアの歴史地区（Historic Centre of Morelia）
文化遺産（登録基準(ii)(iv)(vi)）
1991年

❿エル・タヒン古代都市
（El Tajin, Pre-Hispanic City）
文化遺産（登録基準(iii)(iv)）　1992年

⑪エル・ヴィスカイノの鯨保護区
（Whale Sanctuary of El Vizcaino）
自然遺産（登録基準(x)）　1993年

⓬サカテカスの歴史地区
（Historic Centre of Zacatecas）
文化遺産（登録基準(ii)(iv)）
1993年

⓭サン・フランシスコ山地の岩絵
（Rock Paintings of the Sierra de San Francisco）
文化遺産（登録基準(i)(iii)）
1993年

⓮トラスカラの聖母被昇天大聖堂とフランシスコ会修道院の建造物群
（Franciscan Ensemble of the Monastery and Cathedral of Our Lady of the Assumption of Tlaxcala）
文化遺産（登録基準(ii)(iv)）
1994年／2021年

⓯ウシュマル古代都市
（Pre-Hispanic Town of Uxmal）
文化遺産（登録基準(i)(ii)(iii)）　1996年

⓰ケレタロの歴史的建造物地域
（Historic Monuments Zone of Querétaro）
文化遺産（登録基準(ii)(iv)）　1996年

⓱グアダラハラのオスピシオ・カバニャス
（Hospicio Cabañas, Guadalajara）
文化遺産（登録基準(i)(ii)(iii)(iv)）
1997年

⓲カサス・グランデスのパキメの考古学地域
（Archaeological Zone of Paquimé, Casas Grandes）
文化遺産（登録基準(iii)(iv)）
1998年

⓳トラコタルパンの歴史的建造物地域
（Historic Monuments Zone of Tlacotalpan）
文化遺産（登録基準(ii)(iv)）
1998年

⓴カンペチェの歴史的要塞都市
（Historic Fortified Town of Campeche）
文化遺産（登録基準(ii)(iv)）　1999年

㉑ソチカルコの考古学遺跡ゾーン
（Archaeological Monuments Zone of Xochicalco）
文化遺産（登録基準(iii)(iv)）　1999年

㉒カンペチェ州、カラクムルの古代マヤ都市と熱帯林保護区
（Ancient Maya City and Protected Tropical Forests of Calakmul, Campeche）
複合遺産（登録基準(i)(ii)(iii)(iv)(vi)(ix)(x)）
2002年／2014年

㉓ケレタロ州のシエラ・ゴルダにあるフランシスコ会伝道施設
（Franciscan Missions in the Sierra Gorda of Queretaro）
文化遺産（登録基準(ii)(iii)）　2003年

㉔ルイス・バラガン邸と仕事場
（Luis Barragán House and Studio）
文化遺産（登録基準(i)(ii)）　2004年

㉕カリフォルニア湾の諸島と保護地域
（Islands and Protected Areas of the Gulf of California）自然遺産（登録基準(vii)(ix)(x)）
2005年／2007年
★【危機遺産】2019年

㉖テキーラ（地方）のリュウゼツランの景観と古代産業設備
（Agave Landscape and Ancient Industrial

ラテンアメリカ・カリブ

Facilities of Tequila)
文化遺産(登録基準(ii)(iv)(v)(vi))
2006年

㉗メキシコ国立自治大学(UNAM)の中央大学都市キャンパス
(Central University City Campus of the *Universidad Nacional Autónoma de México* (UNAM))
文化遺産(登録基準(i)(ii)(iv))
2007年

㉘オオカバマダラ蝶の生物圏保護区
(Monarch Butterfly Biosphere Reserve)
自然遺産(登録基準(vii))
2008年

㉙サン・ミゲルの保護都市とアトトニルコのナザレのイエス聖域
(Protective town of San Miguel and the Sanctuary of Jesús de Nazareno de Atotonilco)
文化遺産(登録基準(ii)(iv))
2008年

㉚カミノ・レアル・デ・ティエラ・アデントロ
(Camino Real de Tierra Adentro)
文化遺産(登録基準(ii)(iv))
2010年

㉛オアハカの中央渓谷のヤグールとミトラの先史時代の洞窟群
(Prehistoric Caves of Yagul and Mitla in the Central Valley of Oaxaca)
文化遺産(登録基準(iii))
2010年

㉜エル・ピナカテ／アルタル大砂漠生物圏保護区
(El Pinacate and Gran Desierto de Altar Biosphere Reserve)
自然遺産(登録基準(vii)(viii)(x))
2013年

㉝テンブレケ神父の水道橋の水利システム
(Aqueduct of Padre Tembleque Hydraulic System)
文化遺産(登録基準(i)(ii)(iv))
2015年

㉞レヴィリャヒヘド諸島
(Archipielago de Revillagigedo)
自然遺産(登録基準(vii)(ix)(x))
2016年

㉟テワカン・クイカトラン渓谷：メソアメリカの起源となる環境
(Thuacán-Cuicatlán Vally : originary habitat of Mesoamerica)
複合遺産(登録基準(iv)(x))
2018年

ベリーズ
Belize
首都　ベルモパン
世界遺産の数　1　世界遺産条約締約年　1990年

①ベリーズ珊瑚礁保護区
(Belize Barrier Reef Reserve System)
自然遺産(登録基準(vii)(ix)(x))
1996年

グアテマラ共和国
Republic of Guatemala
首都　グアテマラシティ
世界遺産の数　3　世界遺産条約締約年　1979年

1 ティカル国立公園
(Tikal National Park)
複合遺産(登録基準(i)(iii)(iv)(ix)(x))
1979年

❷アンティグア・グアテマラ
(Antigua Guatemala)
文化遺産(登録基準(ii)(iii)(iv))
1979年

❸キリグア遺跡公園と遺跡
(Archaeological Park and Ruins of Quirigua)
文化遺産(登録基準(i)(ii)(iv))
1981年

ホンジュラス共和国
Republic of Honduras
首都　テグシガルパ
世界遺産の数　2　世界遺産条約締約年　1979年

❶コパンのマヤ遺跡（Maya Site of Copan）
文化遺産（登録基準（iv）（vi））
1980年
②リオ・プラターノ生物圏保護区
（Río Plátano Biosphere Reserve）
自然遺産（登録基準（vi）（viii）（ix）（x））
1982年
★【危機遺産】2011年

エルサルバドル共和国
Republic of El Salvador
首都　サンサルバドル
世界遺産の数　1　世界遺産条約締約年　1991年

❶ホヤ・デ・セレンの考古学遺跡
（Joya de Cerén Archaeological Site）
文化遺産（登録基準（iii）（iv））
1993年

ニカラグア共和国
Republic of Nicaragua
首都　マナグア
世界遺産の数　2　世界遺産条約締約年　1979年

❶レオン・ヴィエホの遺跡
（Ruins of León Viejo）
文化遺産（登録基準（iii）（iv））
2000年
❷レオン大聖堂（León Cathedral）
文化遺産（登録基準（ii）（iv））
2011年

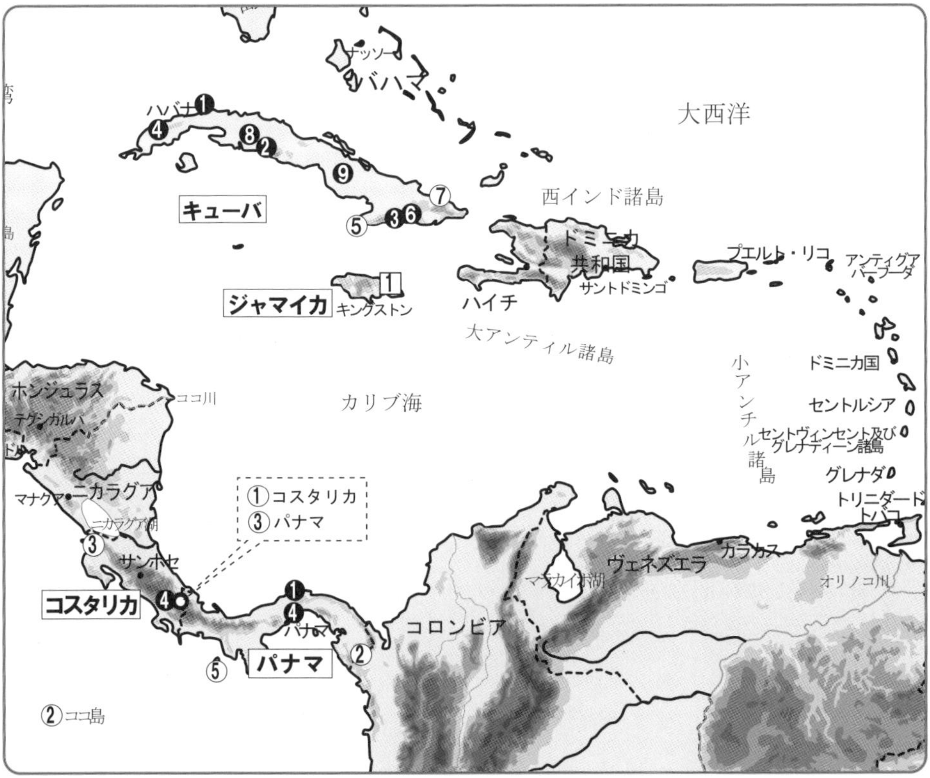

大西洋
ナッソー
バハマ
ハバナ
キューバ
西インド諸島
ドミニカ共和国
サントドミンゴ
ハイチ
プエルト・リコ
アンティグア・バーブーダ
ジャマイカ
キングストン
大アンティル諸島
小アンチル諸島
ドミニカ国
セントルシア
セントヴィンセント及びグレナディーン諸島
グレナダ
トリニダード・トバゴ
カリブ海
ホンジュラス
ココ川
テグシガルパ
マナグア
ニカラグア
ニカラグア湖
①コスタリカ
③パナマ
サンホセ
コスタリカ
パナマ
②ココ島
コロンビア
マラカイボ湖
ヴェネズエラ
カラカス
オリノコ川

ラテンアメリカ・カリブ

○自然遺産　●文化遺産　□複合遺産　★危機遺産

コスタリカ共和国
Republic of Costa Rica
首都　サンホセ
世界遺産の数　4　世界遺産条約締約年　1977年

①タラマンカ地方−ラ・アミスター保護区群／ラ・アミスター国立公園
(Talamanca Range-La Amistad Reserves/ La Amistad National Park)
自然遺産(登録基準(vi)(viii)(ix)(x))
1983年／1990年　コスタリカ／パナマ

②ココ島国立公園 (Cocos Island National Park)
自然遺産(登録基準(ix)(x))
1997年／2002年

③グアナカステ保全地域
(Area de Conservación Guanacaste)
自然遺産(登録基準(ix)(x))
1999年／2004年

❹ディキス地方の石球のあるプレ・コロンビア期の首長制集落群
(Precolumbian Chiefdom Settlements with Stone Spheres of the Diquís)
文化遺産(登録基準(iii))　2014年

パナマ共和国
Republic of Panama
首都　パナマ
世界遺産の数　5　世界遺産条約締約年　1978年

❶パナマのカリブ海沿岸のポルトベロ−サン・ロレンソ要塞群
(Fortifications on the Caribbean Side of Panama : Portobelo-San Lorenzo)
文化遺産(登録基準(i)(iv))　1980年
★【危機遺産】2012年

②ダリエン国立公園 (Darien National Park)
自然遺産(登録基準(vii)(ix)(x))　1981年

③タラマンカ地方−ラ・アミスター保護区群／ラ・アミスター国立公園
(Talamanca Range-La Amistad Reserves/ La Amistad National Park)
自然遺産(登録基準(vii)(viii)(ix)(x))
1983年／1990年　パナマ／コスタリカ

❹パナマ・ヴィエホの考古遺跡とパナマの歴史地区
(Archaeological Site of Panama Viejo and Historic District of Panama)
文化遺産(登録基準(ii)(iv)(vi))
1997年／2003年

⑤コイバ国立公園とその海洋保護特別区域
(Coiba National Park and its Special Zone of Marine Protection)
自然遺産(登録基準(ix)(x))　2005年

キューバ共和国
Republic of Cuba
首都　ハバナ
世界遺産の数　9　世界遺産条約締約年　1981年

❶オールド・ハバナとその要塞システム
(Old Havana and its Fortifications)
文化遺産(登録基準(iv)(v))　1982年

❷トリニダードとインヘニオス渓谷
(Trinidad and the Valley de los Ingenios)
文化遺産(登録基準(iv)(v))　1988年

❸サンティアゴ・デ・クーバのサン・ペドロ・ロカ要塞
(San Pedro de la Roca Castle, Santiago de Cuba)
文化遺産(登録基準(iv)(v))　1997年

❹ヴィニャーレス渓谷 (Viñales Valley)
文化遺産(登録基準(iv))　1999年

⑤デセンバルコ・デル・グランマ国立公園
(Desembarco del Granma National Park)
自然遺産(登録基準(vii)(viii))
1999年

❻キューバ南東部の最初のコーヒー農園の考古学的景観
(Archaeological Landscape of the First Coffee Plantation in the Southeast of Cuba)
文化遺産(登録基準(iii)(iv))
2000年

⑦アレハンドロ・デ・フンボルト国立公園
(Alejandro de Humboldt National Park)
自然遺産(登録基準(ix)(x))
2001年

❽シェンフェゴスの都市歴史地区
(Urban Historic Centre of Cienfuegos)
文化遺産(登録基準(ii)(iv))
2005年

❾カマグエイの歴史地区
(Historic Centre of Camagüey)
文化遺産(登録基準(iv)(v))
2008年

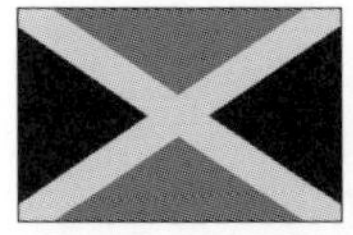

ジャマイカ
Jamaica
首都　キングストン
世界遺産の数　1　世界遺産条約締約年　1983年

1ブルー・ジョン・クロウ山脈
(Blue and John Crow Mountains)
複合遺産(登録基準(iii)(vi)(x))
2015年

ラテンアメリカ・カリブ

ハイチ共和国
Republic of Haiti
首都　ポルトープランス
世界遺産の数　1　世界遺産条約締約年　1980年

❶シタデル、サン・スーシー、ラミエール国立歴史公園
（National History Park-Citadel, Sans Souci, Ramiers）
文化遺産（登録基準（iv）（vi））
1982年

セント・ルシア
Saint Lucia
首都　カストリーズ
世界遺産の数　1　世界遺産条約締約年　1991年

①ピトン管理地域（Pitons Management Area）
自然遺産（登録基準（vii）（viii））　2004年

セントキッツ・ネイヴィース
Saint Kitts and Nevis
首都　バセテール
世界遺産の数　1　世界遺産条約締約年　1986年

❶ブリムストンヒル要塞国立公園
（Brimstone Hill Fortress National park）
文化遺産（登録基準（iii）（iv））
1999年

ドミニカ共和国
Dominican Republic
首都　サントドミンゴ
世界遺産の数　1　世界遺産条約締約年　1985年

❶サント・ドミンゴの植民都市
（Colonial City of Santo Domingo）
文化遺産（登録基準（ii）（iv）（vi））　1990年

ラテンアメリカ・カリブ

○自然遺産　●文化遺産　□複合遺産　★危機遺産

アンティグア・バーブーダ
Antigua and Barbuda
首都　セントジョンズ
世界遺産の数　1　世界遺産条約締約年　1983年

❶アンティグア海軍造船所と関連考古学遺跡群
（Antigua Naval Dockyard and Related Archaeological Sites）
文化遺産（登録基準（ii）（iv））
2016年

バルバドス
Barbados
首都　ブリッジタウン
世界遺産の数　1　世界遺産条約締約年　2002年

❶ブリッジタウンの歴史地区とその駐屯地
（Historic Bridgetown and its Garrison）
文化遺産（登録基準（ii）（iii）（iv））
2011年

ドミニカ国
Commonwealth of Dominica
首都　ロゾー
世界遺産の数　1　世界遺産条約締約年　1995年

①トワ・ピトン山国立公園
（Morne Trois Pitons National Park）
自然遺産（登録基準（viii）（x））　1997年

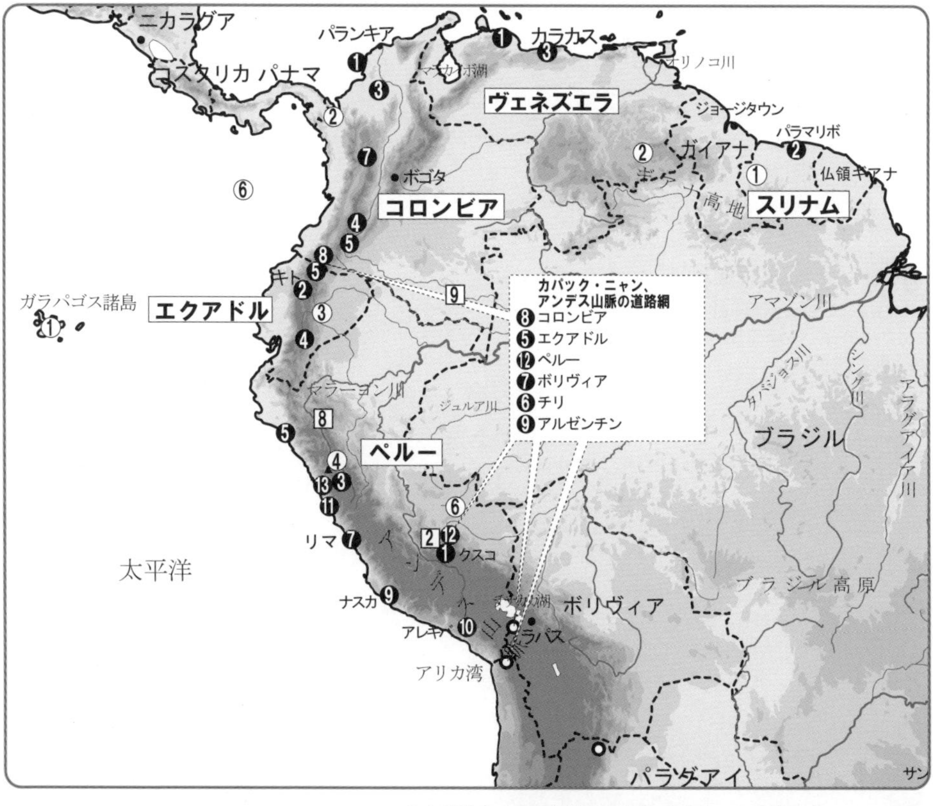

カパック・ニャン、
アンデス山脈の道路網
❽コロンビア
❺エクアドル
⓬ペルー
❼ボリヴィア
❻チリ
❾アルゼンチン

ラテンアメリカ・カリブ

ヴェネズエラ・ボリヴァル共和国
Bolovarian Republic of Venezuela
首都　カラカス
世界遺産の数　3　世界遺産条約締約年　1990年

❶コロとその港（Coro and its Port）
文化遺産（登録基準(iv)(v)）
1993年
★【危機遺産】2005年
②カナイマ国立公園（Canaima National Park）
自然遺産（登録基準(vii)(viii)(ix)(x)）
1994年
❸カラカスの大学都市
（Ciudad Universitaria de Caracas）
文化遺産（登録基準(i)(iv)）
2000年

スリナム共和国
Republic of Suriname
首都　パラマリボ
世界遺産の数　2　世界遺産条約締約年　1997年

①中央スリナム自然保護区
（Central Suriname Nature Reserve）
自然遺産（登録基準(ix)(x)）
2000年
❷パラマリボ市街の歴史地区
（Historic Inner City of Paramaribo）
文化遺産（登録基準(ii)(iv)）
2002年

エクアドル共和国
Republic of Ecuador
首都　キト
世界遺産の数　5　世界遺産条約締約年　1975年

①ガラパゴス諸島（Galápagos Islands）
自然遺産（登録基準(vii)(viii)(ix)(x)）
1978年／2001年
❷キト市街（City of Quito）
文化遺産（登録基準(ii)(iv)）
1978年
③サンガイ国立公園　（Sangay National Park）
自然遺産（登録基準(vii)(viii)(ix)(x)）
1983年
❹サンタ・アナ・デ・ロス・リオス・クエンカの歴史地区
（Hisotric Centre of Santa Ana de los Ríos de Cuenca）
文化遺産（登録基準(ii)(iv)(v)）
1999年
❺カパック・ニャン、アンデス山脈の道路網
（Qhapaq Ñan, Andean Road System）
文化遺産（登録基準(ii)(iii)(iv)(vi)）
2014年
コロンビア／エクアドル／ボリヴィア／ペルー／チリ／アルゼンチン

ラテンアメリカ・カリブ

コロンビア共和国

Republic of Colombia
首都　ボゴタ
世界遺産の数　9　世界遺産条約締約年　1983年

❶カルタヘナの港、要塞、建造物群
(Port, Fortresses and Group of Monuments, Cartagena)
文化遺産(登録基準(iv)(vi))
1984年

②ロス・カティオス国立公園
(Los Katios National Park)
自然遺産(登録基準(ix)(x))
1994年

❸サンタ・クルーズ・デ・モンポスの歴史地区
(Historic Centre of Santa Cruz de Mompox)
文化遺産(登録基準(iv)(v))
1995年

❹ティエラデントロ国立遺跡公園
(National Archaeological Park of Tierradentro)
文化遺産(登録基準(iii))
1995年

❺サン・アグスティン遺跡公園
(San Agustín Archaeological Park)
文化遺産(登録基準(iii))
1995年

⑥マルペロ動植物保護区
(Malpelo Fauna and Flora Sanctuary)
自然遺産(登録基準(vii)(ix))
2006年

❼コロンビアのコーヒーの文化的景観
(Coffee Cultural Landscape of Columbia)
文化遺産(登録基準(v)(vi))
2011年

❽カパック・ニャン、アンデス山脈の道路網
(Qhapaq Ñan, Andean Road System)
文化遺産(登録基準(ii)(iii)(iv)(vi))
2014年
コロンビア／エクアドル／ボリヴィア／ペルー／チリ／アルゼンチン

[9]チリビケテ国立公園－ジャガーの生息地
(Chiribiquete National Park – "The Maloca of the Jaguar")
複合遺産(登録基準(iii)(ix)(x))
2018年

ペルー共和国

Republic of Peru
首都　リマ
世界遺産の数　13　世界遺産条約締約年　1982年

❶クスコ市街 (City of Cuzco)
文化遺産(登録基準(iii)(iv))
1983年

[2]マチュ・ピチュの歴史保護区
(Historic Sanctuary of Machu Picchu)
複合遺産(登録基準(i)(iii)(vii)(ix))
1983年

❸チャビン(考古学遺跡)
(Chavin (Archaeological Site))
文化遺産(登録基準(iii))　1985年

④ワスカラン国立公園
(Huascarán National Park)
自然遺産(登録基準(vii)(viii))
1985年

❺チャン・チャン遺跡地域
(Chan Chan Archaeological Zone)
文化遺産(登録基準(i)(iii))　1986年
★【危機遺産】1986年

⑥マヌー国立公園 (Manú National Park)
自然遺産(登録基準(ix)(x))
1987年／2009年

❼リマの歴史地区 (Historic Centre of Lima)
文化遺産(登録基準(iv))
1988年／1991年

[8]リオ・アビセオ国立公園
(Rió Abiseo National Park)
複合遺産(登録基準(iii)(vii)(ix)(x))
1990年／1992年

❾ナスカとパルパの地上絵
(Lines and Geoglyphs of Nasca and Palpa)
文化遺産(登録基準(i)(iii)(iv))　1994年

❿アレキパ市の歴史地区
(Historical Centre of the City of Arequipa)
文化遺産(登録基準(i)(iv))　2000年

⓫スペ渓谷のカラルの聖都
(Sacred City of Caral - Supe)
文化遺産(登録基準(ii)(iii)(iv))　2009年

⓬カパック・ニャン、アンデス山脈の道路網
(Qhapaq Ñan, Andean Road System)
文化遺産(登録基準(ii)(iii)(iv)(vi))　2014年
コロンビア／エクアドル／ボリヴィア／ペルー／チリ／アルゼンチン

⓭チャンキーヨの太陽観測と儀式の中心地
(Chankillo Solar Observatory and ceremonial center)
文化遺産(登録基準(i)(iv))　2021年

○自然遺産　●文化遺産　□複合遺産　★危機遺産

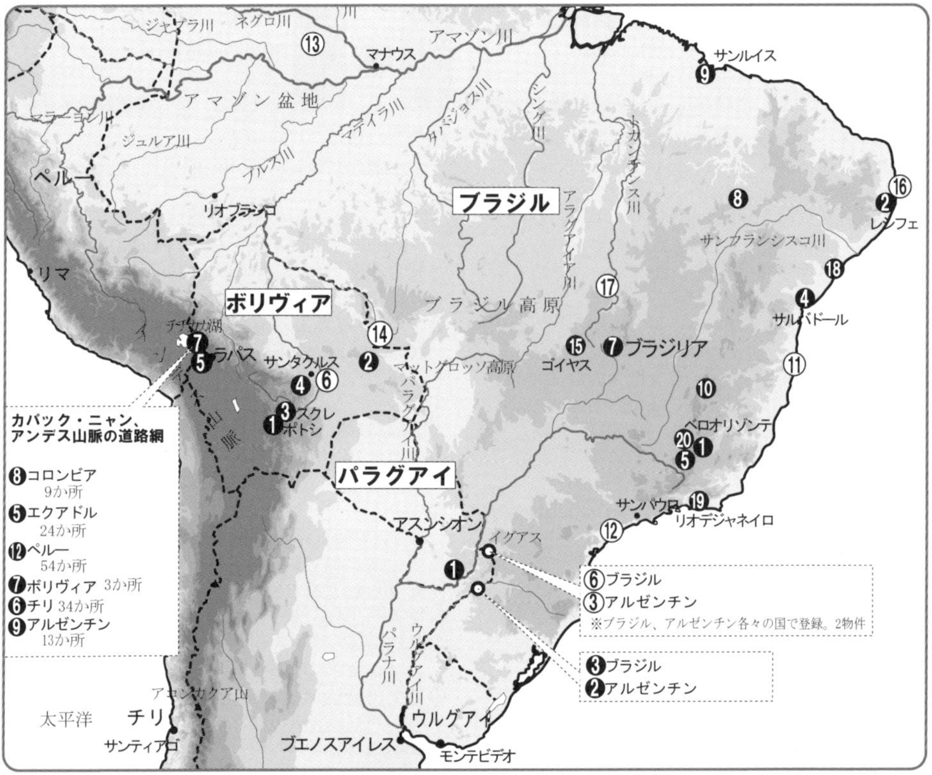

カパック・ニャン、
アンデス山脈の道路網

❽コロンビア 9か所
❺エクアドル 24か所
⓬ペルー 54か所
❼ボリヴィア 3か所
❻チリ 34か所
❾アルゼンチン 13か所

⑥ブラジル
③アルゼンチン
※ブラジル、アルゼンチン各々の国で登録。2物件

❸ブラジル
❷アルゼンチン

ボリヴィア多民族国

Plurinational State of Bolivia

首都　ラパス（憲法上の首都はスクレ）

世界遺産の数　7　世界遺産条約締約年　1976年

❶ポトシ市街（City of Potosi）
文化遺産（登録基準（ii）（iv）（vi））　1987年
★【危機遺産】2014年

❷チキトスのイエズス会伝道施設
（Jesuit Missions of the Chiquitos）
文化遺産（登録基準（iv）（v））　1990年

❸スクレの歴史都市（Historic City of Sucre）
文化遺産（登録基準（iv））　1991年

❹サマイパタの砦（Fuerte de Samaipata）
文化遺産（登録基準（ii）（iii））　1998年

❺ティアワナコ：ティアワナコ文化の政治・宗教の中心地
（Tiwanaku:Spiritual and Political Centre of the Tiwanaku Culture）
文化遺産（登録基準（iii）（iv））　2000年

⑥ノエル・ケンプ・メルカード国立公園
（Noel Kempff Mercado National Park）
自然遺産（登録基準（ix）（x））　2000年

❼カパック・ニャン、アンデス山脈の道路網
（Qhapaq Ñan, Andean Road System）　文化遺産（登録基準（i）（iii）（iv）（vi））　2014年　コロンビア／エクアドル／ボリヴィア／ペルー／チリ／アルゼンチン

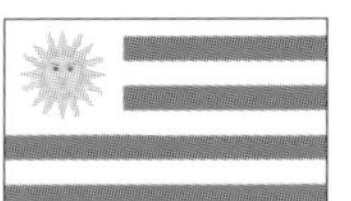

ウルグアイ東方共和国

Oriental Republic of Uruguay

首都　モンテビデオ

世界遺産の数　3　世界遺産条約締約年　1989年

❶コロニア・デル・サクラメントの歴史地区
（Historic Quarter of the City of Colonia del Sacramento）
文化遺産（登録基準（iv））　1995年

❷フライ・ベントスの文化的・産業景観
（Fray Bentos Cultural-Industrial Landscape）
文化遺産（登録基準（ii）（iv））　2015年

❸エンジニア、エラディオ・ディエステの作品:アトランティダの聖堂
（The work of engineer Eladio Dieste: Church of Atlántida）
文化遺産（登録基準（iv））　2021年

パラグアイ共和国
Republic of Paraguay
首都　アスンシオン
世界遺産の数　1　世界遺産条約締約年　1988年

❶ラ・サンティシマ・トリニダード・デ・パラナとヘスス・デ・タバランゲのイエズス会伝道所
（Jesuit Missions of La Santísima Trinidad de Paraná and Jesús de Tavarangue）
文化遺産（登録基準（iv））　1993年

ブラジル連邦共和国
Federative Republic of Brazil
首都　ブラジリア
世界遺産の数　23　世界遺産条約締約年　1977年

❶オウロ・プレートの歴史都市
（Historic Town of Ouro Preto）
文化遺産（登録基準（i）（iii））　1980年

❷オリンダの歴史地区
（Historic Centre of the Town of Olinda）
文化遺産（登録基準（ii）（iv））　1982年

❸グアラニー人のイエズス会伝道所：サン・イグナシオ・ミニ、ノエストラ・セニョーラ・デ・ロレト、サンタ・マリア・マジョール（アルゼンチン）、サン・ミゲル・ミソオエス遺跡（ブラジル）
（Jesuit Missions of the Guaranis: San Ignacio Mini, Santa Ana, Nuestra Señora de Loreto and Santa Maria Mayor（Argentina）, Ruins of Sao Miguel das Missoes（Brazil））
文化遺産（登録基準（iv））　1983年／1984年
ブラジル／アルゼンチン

❹サルヴァドール・デ・バイアの歴史地区
（Historic Centre of Salvador de Bahia）
文化遺産（登録基準（iv）（vi））　1985年

❺コンゴーニャスのボン・ゼズス聖域
（Sanctuary of Bom Jesus do Congonhas）
文化遺産（登録基準（i）（iv））　1985年

⑥イグアス国立公園（Iguaçu National Park）
自然遺産（登録基準（vii）（x））　1986年

❼ブラジリア（Brasilia）
文化遺産（登録基準（i）（iv））　1987年

❽セラ・ダ・カピバラ国立公園
（Serra da Capivara National Park）
文化遺産（登録基準（iii））　1991年

❾サン・ルイスの歴史地区
（Historic Centre of São Luís）
文化遺産（登録基準（iii）（iv）（v））　1997年

❿ディアマンティナの歴史地区
（Historic Centre of the Town of Diamantina）
文化遺産（登録基準（ii）（iv））　1999年

⑪ブラジルが発見された大西洋森林保護区
（Discovery Coast Atlantic Forest Reserves）
自然遺産（登録基準（ix）（x））　1999年

⑫大西洋森林南東保護区
（Atlantic Forest South-East Reserves）
自然遺産（登録基準（vii）（ix）（x））　1999年

⑬中央アマゾン保護区群
（Central Amazon Conservation Complex）
自然遺産（登録基準（ix）（x））　2000年／2003年

⑭パンタナル保護地域（Pantanal Conservation Area）
自然遺産（登録基準（vii）（ix）（x））　2000年

⓯ゴイヤスの歴史地区
（Historic Centre of the Town of Goiás）
文化遺産（登録基準（ii）（iv））　2001年

⑯ブラジルの大西洋諸島：フェルナンド・デ・ノロニャ島とロカス環礁保護区
（Brazilian Atlantic Islands : Fernando de Noronha and Atol das Rocas Reserves）
自然遺産（登録基準（vii）（ix）（x））　2001年

⑰セラード保護地域：ヴェアデイロス平原国立公園とエマス国立公園
（Cerrado Protected Areas : Chapada dos Veadeiros and Emas National Parks）
自然遺産（登録基準（ix）（x））　2001年

⓲サン・クリストヴァンの町のサンフランシスコ広場
（São Francisco Square in the Town of São Cristóvão）
文化遺産（登録基準（ii）（iv））　2010年

⓳リオ・デ・ジャネイロ：山と海との間のカリオカの景観群
（Rio de Janeiro: Carioca Landscapes between the Mountain and the Sea）
文化遺産（登録基準（vi））　2012年

⓴パンプーリャ湖の近代建築群
（Pampulha Modern Ensemble）
文化遺産（登録基準（i）（ii）（iv））　2016年

㉑ヴァロンゴ埠頭の考古学遺跡
（Valongo Wharf Archaeological Site）
文化遺産（登録基準（vi））　2017年

㉒パラチとイーリャ・グランデー文化と生物多様性
（Paraty and Ilha Grande – Culture and Biodiversity）
複合遺産（登録基準（（v）（x））　2019年

㉓ロバート・ブール・マルクスの仕事場
（Sítio Roberto Burle Marx）
文化遺産（登録基準（ii）（iv））　2021年

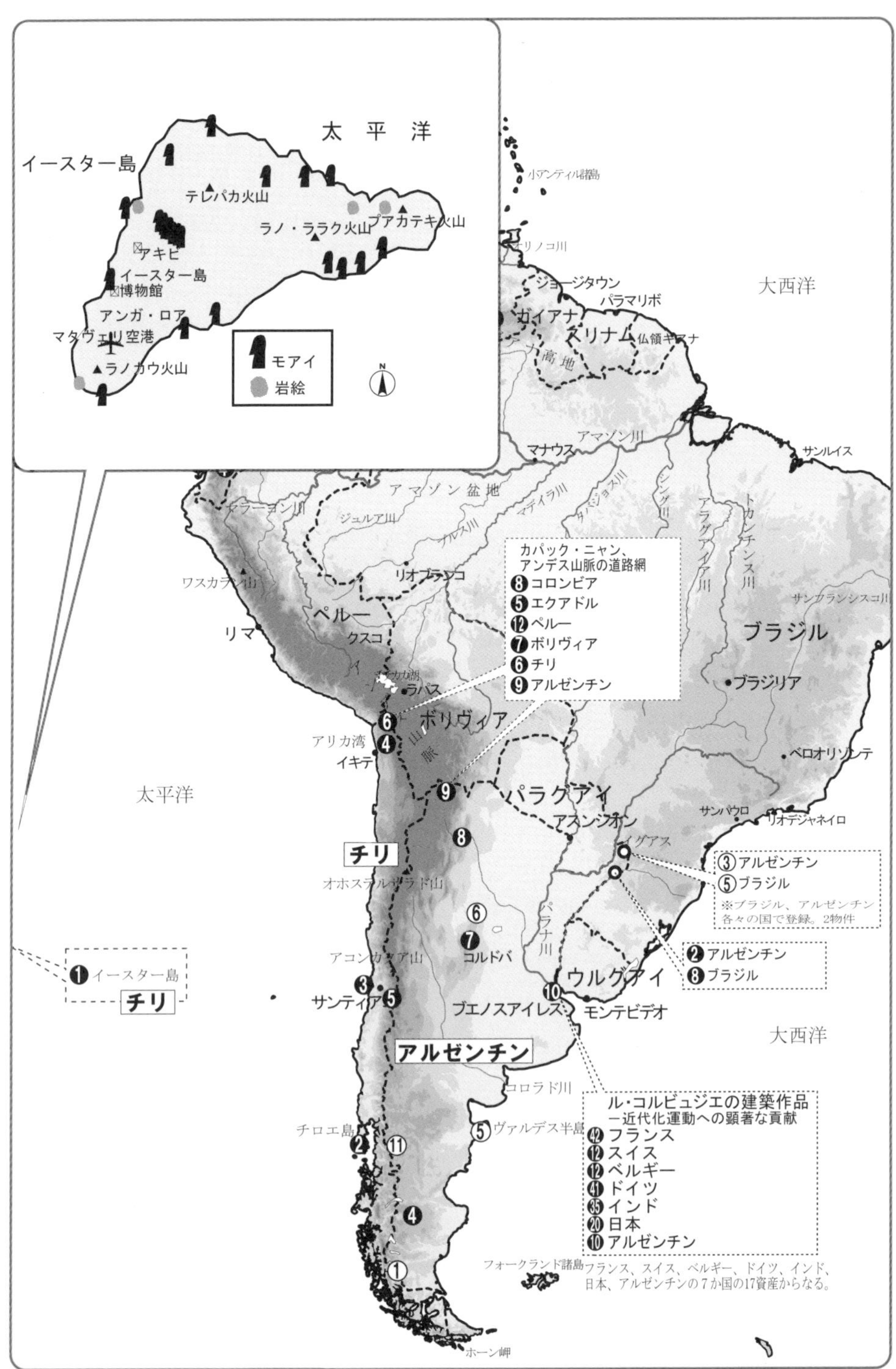

○自然遺産　●文化遺産　□複合遺産　★危機遺産

チリ共和国
Republic of Chile
首都　サンティアゴ
世界遺産の数　7　世界遺産条約締約年　1980年

❶ラパ・ヌイ国立公園
（Rapa Nui National Park）
文化遺産（登録基準（i）（iii）（v））
1995年

❷チロエ島の教会群（Churches of Chiloé）
文化遺産（登録基準（ii）（iii））
2000年

❸海港都市バルパライソの歴史地区
（Historic Quarter of the Seaport City of Valparaiso）
文化遺産（登録基準（iii））
2003年

❹ハンバーストーンとサンタ·ラウラの硝石工場群
（Humberstone and Santa Laura Saltpeter Works）
文化遺産（登録基準（ii）（iii）（iv））
2005年

❺セウェルの鉱山都市
（Sewell Mining Town）
文化遺産（登録基準（ii））
2006年

❻カパック・ニャン、アンデス山脈の道路網
（Qhapaq Ñan, Andean Road System）
文化遺産（登録基準（ii）（iii）（iv）（vi））
2014年
コロンビア／エクアドル／ボリヴィア／ペルー／チリ／アルゼンチン

❼アリカ・イ・パリナコータ州のチンチョーロ文化の集落とミイラ製造法
（Settlement and Artificial Mummification of the Chinchorro Culture in the Arica and Parinacota Region）
文化遺産（登録基準（iii）（v））　2021年

アルゼンチン共和国
Argentine Republic
首都　ブエノスアイレス
世界遺産の数　11　世界遺産条約締約年　1978年

①ロス・グラシアレス国立公園
（Los Glaciares National Park）
自然遺産（登録基準（vii）（viii））　1981年

❷グアラニー人のイエズス会伝道所：サン・イグナシオ・ミニ、ノエストラ・セニョーラ・デ・ロレト、サンタ・マリア・マジョール（アルゼンチン）、サン・ミゲル・ミソオエス遺跡（ブラジル）
（Jesuit Missions of the Guaranis: San Ignacio Mini, Santa Ana, Nuestra Señora de Loreto and Santa Maria Mayor（Argentina）, Ruins of Sao Miguel das Missoes（Brazil））
文化遺産（登録基準（iv））
1983年／1984年　アルゼンチン／ブラジル

③イグアス国立公園（Iguazu National Park）
自然遺産（登録基準（vii）（x））　1984年

❹ピントゥーラス川のラス・マーノス洞窟
（Cueva de las Manos, Río Pinturas）
文化遺産（登録基準（iii））　1999年

⑤ヴァルデス半島（Península Valdés）
自然遺産（登録基準（x））　1999年

⑥イスチグアラスト・タランパヤ自然公園群
（Ischigualasto / Talampaya Natural Parks）
自然遺産（登録基準（viii））　2000年

❼コルドバのイエズス会地区と領地
（Jesuit Block and Estancias of Córdoba）
文化遺産（登録基準（ii）（iv））　2000年

❽ウマワカの渓谷（Quebrada de Humahuaca）
文化遺産（登録基準（ii）（iv）（v））
2003年

❾カパック・ニャン、アンデス山脈の道路網
（Qhapaq Ñan, Andean Road System）
文化遺産（登録基準（ii）（iii）（iv）（vi））
2014年
コロンビア／エクアドル／ボリヴィア／ペルー／チリ／アルゼンチン

❿ル・コルビュジエの建築作品－近代化運動への顕著な貢献
（The Architectural Work of Le Corbusier, an Outstanding Contribution to the Modern Movement）
文化遺産（登録基準（i）（ii）（vi））　2016年
フランス／スイス／ドイツ／ベルギー／日本／インド／アルゼンチン

⑪ロス・アレルセス国立公園
（Los Alerces National Park）
自然遺産（登録基準（vii）（x））
2017年

遺産種別・登録パターン分析

※このデータは、各世界遺産の類似点と相違点を探る手法の一つとして、
当シンクタンクが独自に作成したものです。

トリポリのラシッド・カラミ国際見本市
(Rachid Karami International Fair-Tripoli)
文化遺産(登録基準(ii)(iv) 2023年
★【危機遺産】2023年
レバノン

文化遺産関係の登録パターン

〔文化遺産関係の登録基準〕

（i）人類の創造的天才の傑作を表現するもの。　→**人類の創造的天才の傑作**

（ii）ある期間を通じて、または、ある文化圏において、建築、技術、記念碑的芸術、町並み計画、景観デザインの発展に関し、人類の価値の重要な交流を示すもの。　→**人類の価値の重要な交流を示すもの**

（iii）現存する、または、消滅した文化的伝統、または、文明の、唯一の、または、少なくとも稀な証拠となるもの。
→**文化的伝統、文明の稀な証拠**

（iv）人類の歴史上重要な時代を例証する、ある形式の建造物、建築物群、技術の集積、または、景観の顕著な例。
→**歴史上、重要な時代を例証する優れた例**

（v）特に、回復困難な変化の影響下で損傷されやすい状態にある場合における、ある文化（または、複数の文化）或は、環境と人間との相互作用を代表する伝統的集落、または、土地利用の顕著な例。
→**存続が危ぶまれている伝統的集落、土地利用の際立つ例**

（vi）顕著な普遍的な意義を有する出来事、現存する伝統、思想、信仰、または、芸術的、文学的作品と、直接に、または、明白に関連するもの。→**普遍的出来事、伝統、思想、信仰、芸術、文学的作品と関連するもの**

（1）登録基準（i）
- ●タージ・マハル　（インド）
- ●プレア・ヴィヒア寺院（カンボジア）
- ●シドニーのオペラ・ハウス（オーストラリア）

（2）登録基準（i）（ii）
- ●レオナルド・ダ・ヴィンチ画「最後の晩餐」があるサンタマリア・デレ・グラツィエ教会とドメニコ派修道院（イタリア）
- ●ヴィチェンツァの市街とベネトのパッラーディオのヴィラ（イタリア）
- ●アミアン大聖堂（フランス）
- ●ナウムブルク大聖堂（ドイツ）
- ●ヴィスカヤ橋（スペイン）
- ●ストックレー邸（ベルギー）
- ●バターリャの修道院（ポルトガル）
- ●リートフェルト・シュレーダー邸（オランダ）
- ●リガの歴史地区（ラトヴィア）
- ●ルイス・バラガン邸と仕事場（メキシコ）

（3）登録基準（i）（ii）（iii）
- ●ラリベラの岩の教会（エチオピア）
- ●レプティス・マグナの考古学遺跡（リビア）★
- ●ラホールの城塞とシャリマール庭園（パキスタン）
- ●北京の頤和園（中国）
- ●北京の天壇（中国）
- ●大足石刻（中国）
- ●龍門石窟（中国）
- ●カステル・デル・モンテ（イタリア）
- ●ヴィッラ・ロマーナ・デル・カザーレ（イタリア）
- ●ティヴォリのヴィッラ・アドリアーナ（イタリア）
- ●ストーンヘンジ、エーヴベリーと関連する遺跡群（英国）
- ●バッセのアポロ・エピクリオス神殿（ギリシャ）
- ●ヒルデスハイムの聖マリア大聖堂と聖ミヒャエル教会（ドイツ）
- ●ウルネスのスターヴ教会（ノルウェー）
- ●ウシュマル古代都市（メキシコ）
- ●チチェン・イッツァ古代都市（メキシコ）

（4）登録基準（i）（ii）（iii）（iv）
- ●パサルガディ（イラン）
- ●カーブース墓廟（イラン）
- ●ゴレスタン宮殿（イラン）
- ●スーサ（イラン）
- ●チョーラ朝の現存する大寺院群（インド）
- ●アンコール（カンボジア）
- ●北京と瀋陽の明・清王朝の皇宮（中国）
- ●雲崗石窟（中国）
- ●高句麗古墳群（北朝鮮）
- ●イスタンブールの歴史地区（トルコ）
- ●ハットシャ：ヒッタイト王国の首都（トルコ）
- ●アグリジェントの考古学地域（イタリア）
- ●モデナの大聖堂、市民の塔、グランデ広場（イタリア）
- ●ラヴェンナの初期キリスト教記念物（イタリア）
- ●カゼルタの18世紀王宮と公園、ヴァンヴィテリの水道橋とサン・レウチョ邸宅（イタリア）
- ●新石器時代の遺跡の宝庫オークニー（英国）
- ●キエフの聖ソフィア大聖堂と修道院群、キエフ・ペチェルスカヤ大修道院（ウクライナ）
- ●コルドバの歴史地区（スペイン）
- ●古都トレド（スペイン）
- ●ラス・メドゥラス（スペイン）
- ●ランメルスベルグ鉱山、古都ゴスラーとハルツ地方北部の水利管理システム（ドイツ）

●文化遺産　◎複合遺産　★危機遺産
下線は、新登録物件

- コトルの自然・文化－歴史地域（モンテネグロ）
- オアハカの歴史地区とモンテ・アルバンの考古学遺跡（メキシコ）
- パレンケ古代都市と国立公園（メキシコ）
- グアダラハラのオスピシオ・カバニャス（メキシコ）

（5）登録基準（i）（ii）（iii）（iv）（v）

- 蘇州の古典庭園（中国）
- 古代高句麗王国の首都群と古墳群（中国）

（6）登録基準（i）（ii）（iii）（iv）（v）（vi）

- 莫高窟（中国）

◎泰山（中国）

- ヴェネツィアとその潟（イタリア）

（7）登録基準（i）（ii）（iii）（iv）（vi）

- ナパタ地方のゲベル・バーカルと遺跡群（スーダン）
- 古代都市ダマスカス（シリア）★
- バーミヤン盆地の文化的景観と考古学遺跡（アフガニスタン）★
- タクテ・ソレイマン（イラン）
- ペルシャの庭園（イラン）
- サーンチーの仏教遺跡（インド）
- ブッダ・ガヤのマハボディ寺院の建造物群（インド）
- 万里の長城（中国）
- 明・清皇室の陵墓群（中国）
- ローマの歴史地区、教皇領とサンパオロ・フォーリ・レ・ムーラ大聖堂（イタリア／ヴァチカン）
- フィレンツェの歴史地区（イタリア）
- アッシジの聖フランチェスコのバシリカとその他の遺跡群（イタリア）
- ティヴォリのヴィッラ・デステ（イタリア）
- アテネのアクロポリス（ギリシャ）
- エピダウロスのアスクレピオスの聖地（ギリシャ）
- オリンピアの考古学遺跡（ギリシャ）
- デルフィの考古学遺跡（ギリシャ）
- ミケーネとティリンスの考古学遺跡（ギリシャ）
- ブルサとジュマルクズック：オスマン帝国発祥の地（トルコ）
- ペルガモンとその重層的な文化的景観（トルコ）
- テオティワカン古代都市　（メキシコ）

◎カンペチェ州、カラクムルの古代マヤ都市と熱帯林保護区（メキシコ）

（8）登録基準（i）（ii）（iii）（v）

該当物件なし

（9）登録基準（i）（ii）（iii）（v）（vi）

- カイルアン（チュニジア）

（10）登録基準（i）（ii）（iii）（vi）

- アジャンター石窟群（インド）
- マハーバリプラムの建造物群（インド）
- セビリア大聖堂、アルカサル、インディアス古文書館（スペイン）

（11）登録基準（i）（ii）（iv）

- パルミラの遺跡（シリア）★
- アルダビールのシェイフ・サフィール・ディーン聖殿の建築物群（イラン）
- ギョベクリ・テペ（トルコ）
- サマルカンド－文明の十字路（ウズベキスタン）
- シエナの歴史地区（イタリア）
- ピエンツァ市街の歴史地区（イタリア）
- ウエストミンスター・パレスとウエストミンスター寺院（含む聖マーガレット教会）（英国）
- バース市街（英国）
- ポントカサステ水路橋と運河（英国）
- キンデルダイク－エルスハウトの風車群（オランダ）
- Ir.D.F.ウォーダヘマール(D.F.ウォーダ蒸気揚水ポンプ場)（オランダ）
- ドローフマカライ・デ・ベームステル(ベームスター干拓地)（オランダ）
- アムステルダムのシンゲル運河の内側にある17世紀の環状運河地域（オランダ）
- テッサロニキの初期キリスト教とビザンチン様式の建造物群（ギリシャ）
- アントニ・ガウディの作品群（スペイン）
- オヴィエドとアストゥリアス王国の記念物（スペイン）
- 古都サラマンカ（スペイン）
- バルセロナのカタルーニャ音楽堂とサン・パウ病院（スペイン）
- レドニツェとヴァルチツェの文化的景観（チェコ）
- ケルンの大聖堂（ドイツ）
- ポツダムとベルリンの公園と宮殿（ドイツ）
- アヴィニョンの歴史地区：法王庁宮殿、司教建造物群とアヴィニョンの橋（フランス）
- サラン・レ・バンの大製塩所からアルケスナンの王立製塩所までの開放式平釜製塩（フランス）
- シャルトル大聖堂（フランス）
- パリのセーヌ河岸（フランス）
- シュリー・シュル・ロワールとシャロンヌの間のロワール渓谷（フランス）
- ヴォーバンの要塞群（フランス）
- ヴロツワフの百年祭記念館（ポーランド）
- ブリュッセルの建築家ヴィクトール・オルタの主な邸宅建築（ベルギー）
- シベニクの聖ヤコブ大聖堂（クロアチア）
- ウラディミルとスズダリの白壁建築群（ロシア連邦）
- キリグア遺跡公園と遺跡（グアテマラ）
- メキシコ国立自治大学(UNAM)の中央大学都市キャンパス（メキシコ）
- テンブレケ神父の水道橋の水利システム（メキシコ）
- パンプーリャ湖の近代建築群（ブラジル）

（12）登録基準（i）（ii）（iv）（v）

- マラケシュのメディナ（モロッコ）
- サヴォイア王家王宮（イタリア）
- ノート渓谷（シチリア島南東部）の後期バロック都市群（イタリア）

◎メテオラ（ギリシャ）

（13）登録基準（i）（ii）（iv）（v）（vi）

◎アトス山（ギリシャ）

（14）登録基準（i）（ii）（iv）（vi）

- 法隆寺地域の仏教建造物（日本）

●文化遺産　◎複合遺産　★危機遺産
下線は、新登録物件

●厳島神社（日本）
●アイアンブリッジ峡谷（英国）
●グリニッジ海事（英国）
●ジョドレル・バンク天文台（英国）
●ピサのドゥオモ広場（イタリア）
●ヴァチカン・シティー（ヴァチカン）
●ミディ運河（フランス）
●アーヘン大聖堂（ドイツ）
●ストゥデニカ修道院（セルビア）
●モスクワのクレムリンと赤の広場（ロシア連邦）
●サンクトペテルブルクの歴史地区と記念物群（ロシア連邦）
●古都グアナファトと近隣の鉱山群（メキシコ）

（15）登録基準（i）（ii）（v）
●シューシュタルの歴史的水利施設（イラン）

（16）登録基準（i）（ii）（v）（vi）
該当物件なし

（17）登録基準（i）（ii）（vi）
●ボロブドール寺院遺跡群（インドネシア）
●武当山の古建築群（中国）
●パハルプールの仏教寺院遺跡（バングラデシュ）
●カンタベリー大聖堂、聖オーガスチン修道院、聖マーチン教会（英国）
●サンティアゴ・デ・コンポステーラ（旧市街）（スペイン）
●マドリッドのエル・エスコリアル修道院と旧王室（スペイン）
●ヴェルサイユ宮殿と庭園（フランス）
●ランスのノートル・ダム大聖堂、サンレミ旧修道院、トー宮殿（フランス）
●ル・コルビュジエの建築作品－近代化運動への顕著な貢献（フランス／アルゼンチン／ベルギー／ドイツ／インド／日本／スイス）

（18）登録基準（i）（iii）
●セネガンビアの環状列石群（ガンビア／セネガル）
◎マロティ-ドラケンスバーグ公園（南アフリカ／レソト）
◎タッシリ・ナジェール（アルジェリア）
●サウジアラビアのハーイル地方の岩絵（サウジアラビア）
●エレファンタ石窟群（インド）
●カジュラホの建造物群（インド）
●テランガーナ州のカカティヤ・ルドレシュワラ（ラマッパ）寺院（インド）
●古都スコータイと周辺の歴史地区（タイ）
●アイガイの考古学遺跡（現在名 ヴェルギナ）（ギリシャ）
●アルタミラ洞窟とスペイン北部の旧石器時代の洞窟芸術（スペイン）
●ヴィースの巡礼教会（ドイツ）
●サン・サヴァン・シュル・ガルタンプ修道院付属教会（フランス）
●ヴェゼール渓谷の先史時代の遺跡群と装飾洞窟群（フランス）
●アルデシュ県のショーヴェ・ポンダルク洞窟として知られるポンダルク装飾洞窟（フランス）
●コア渓谷とシエガ・ヴェルデの先史時代の岩壁画（ポルトガル／スペイン）

●スベシュタリのトラキア人墓地（ブルガリア）
●マダラの騎士像（ブルガリア）
●スタリ・ラスとソポチャニ（セルビア）
●サン・フランシスコ山地の岩絵（メキシコ）
●オウロ・プレートの歴史都市（ブラジル）
●チャン・チャン遺跡地域（ペルー）★
◎マチュ・ピチュの歴史保護区（ペルー）

（19）登録基準（i）（iii）（iv）
●アムラ城塞（ヨルダン）
●ペトラ（ヨルダン）
●コジャ・アフメド・ヤサウィ廟（カザフスタン）
●ハンピの建造物群（インド）
●ネムルト・ダウ（トルコ）
●ベンド・オブ・ボインのブルーナ・ボーニャ考古学遺跡群（アイルランド）
●サン・ジミニャーノの歴史地区（イタリア）
●バルーミニのス・ヌラージ（イタリア）
●チェルヴェテリとタルクィニアのエトルリア墳墓群（イタリア）
●グウィネズ地方のエドワード1世ゆかりの城郭と市壁（英国）
●セゴビアの旧市街とローマ水道（スペイン）
●アンテケラのドルメン遺跡（スペイン）
●グラナダのアルハンブラ、ヘネラリーフェ、アルバイシン（スペイン）
●ポン・デュ・ガール（ローマ水道）（フランス）
●モンスのスピエンヌの新石器時代の燧石採掘坑（ベルギー）
●ターヌムの岩石刻画（スウェーデン）
●タルノフスキェ・グルィの鉛・銀・亜鉛鉱山とその地下水管理システム（ポーランド）
●カザンラクのトラキヤ人墓地（ブルガリア）
◎オフリッド地域の自然・文化遺産（マケドニア）
●ドブロヴニクの旧市街（クロアチア）
◎ティカル国立公園（グアテマラ）
●ナスカとパルパの地上絵（ペルー）

（20）登録基準（i）（iii）（iv）（v）
該当物件なし

（21）登録基準（i）（iii）（iv）（v）（vi）
該当物件なし

（22）登録基準（i）（iii）（iv）（vi）
●カスビのブガンダ王族の墓（ウガンダ）★
●聖キャサリン地域（エジプト）
●秦の始皇帝陵（中国）
●大運河（中国）
●ナン・マトール：東ミクロネシアの祭祀センター（ミクロネシア）★
●トリーアのローマ遺跡、聖ペテロ大聖堂、聖母教会（ドイツ）

（23）登録基準（i）（iii）（v）
◎ギョレメ国立公園とカッパドキアの岩窟群（トルコ）
●ラパ・ヌイ国立公園（チリ）

（24）登録基準（i）（iii）（v）（vi）
該当物件なし

遺産種別・登録パターン分析

●文化遺産　◎複合遺産　★危機遺産
下線は、新登録物件

（25）登録基準（i）（iii）（vi）
●ツォディロ（ボツワナ）
●グレート・ジンバブエ遺跡（ジンバブエ）
●アブ･シンベルからフィラエまでのヌビア遺跡群（エジプト）
●古代テーベとネクロポリス（エジプト）
●メンフィスとそのネクロポリス／ギザからダハシュールまでのピラミッド地帯（エジト）
●古代都市ボスラ（シリア）★
●ペルセポリス（イラン）
●エローラ石窟群（インド）
●コナーラクの太陽神寺院（インド）
●古代都市ポロンナルワ（スリランカ）
●モン・サン・ミッシェルとその湾（フランス）

（26）登録基準（i）（iv）
●姫路城（日本）
●アクスム（エチオピア）
●ティヤ（エチオピア）
●バールベク（レバノン）
●グジャラート州のパタンにあるラニ・キ・ヴァヴ（王妃の階段井戸）（インド）
●プランバナン寺院遺跡群（インドネシア）
●石窟庵と仏国寺（韓国）
●ディヴリイの大モスクと病院（トルコ）
●セリミエ・モスクとその社会的複合施設（トルコ）
●ファウンティンズ修道院跡を含むスタッドリー王立公園（英国）
●フォース橋（英国）
●ダフニの修道院、オシオス・ルカス修道院とヒオス島のネアモニ修道院（ギリシャ）
●ヴァレンシアのロンハ・デ・ラ・セダ（スペイン）
●ポブレット修道院（スペイン）
●アルコバサの修道院（ポルトガル）
●ナンシーのスタニスラス広場、カリエール広場、アリャーンス広場（フランス）
●ブールジュ大聖堂（フランス）
●コルドゥアン灯台（フランス）
●シェーンブルン宮殿と庭園群（オーストリア）
●ヴュルツブルクの司教館、庭園と広場（ドイツ）
●ムスカウ公園 / ムザコフスキー公園（ドイツ／ポーランド）
●バイロイトの辺境伯オペラ・ハウス（ドイツ）
●テルチの歴史地区（チェコ）
●オロモウツの聖三位一体の塔（チェコ）
●モルダヴィアの教会群（ルーマニア）
●フェラポントフ修道院の建築物群（ロシア連邦）
●リドー運河（カナダ）
●パナマのカリブ海沿岸のポルトベロ-サン・ロレンソ要塞群（パナマ）★
●カラカスの大学都市（ヴェネズエラ）
●アレキパ市の歴史地区（ペルー）
●チャンキーヨの太陽観測と儀式の中心地（ペルー）
●ブラジリア（ブラジル）
●コンゴーニャスのボン・ゼズス聖域（ブラジル）

（27）登録基準（i）（iv）（v）
●キジ島の木造建築（ロシア連邦）

（28）登録基準（i）（iv）（v）（vi）
該当物件なし

（29）登録基準（i）（iv）（vi）
●日光の社寺（日本）
●ウム・エル・ラサス（カストロン・メファー）（ヨルダン）
●曲阜の孔子邸、孔子廟、孔子林（中国）
●ラサのポタラ宮の歴史的遺産群（中国）
●ノボディチ修道院の建築物群（ロシア連邦）
●シャーロッツビルのモンティセロとヴァージニア大学（アメリカ合衆国）

（30）登録基準（i）（v）
該当物件なし

（31）登録基準（i）（v）（vi）
●カイロの歴史地区（エジプト）
●イスファハンのイマーム広場（イラン）

（32）登録基準（i）（vi）
●ダンブッラの黄金寺院（スリランカ）
◎カカドゥ国立公園（オーストラリア）
●ヴェズレーの教会と丘（フランス）
●トマルのキリスト教修道院（ポルトガル）
●ヴァレッタの市街（マルタ）
●自由の女神像（アメリカ合衆国）

（33）登録基準（ii）
●イスファハンの金曜モスク（イラン）
◎黄山（中国）
●王立展示館とカールトン庭園（オーストラリア）
●パドヴァ・ウルブス・ピクタ：ジョットのスクロヴェーニ礼拝堂とパドヴァの14世紀のフレスコ画作品群（イタリア）
●ニース、冬のリゾート地リヴィエラ（フランス）
●シュパイアー大聖堂（ドイツ）
●ホレズ修道院（ルーマニア）
●ゲガルド修道院とアザト峡谷の上流（アルメニア）
●コローメンスコエの主昇天教会（ロシア連邦）
●プスコフ派建築の聖堂群（ロシア連邦）
●サン･アントニオ･ミッションズ（アメリカ合衆国）
●フランク・ロイド・ライトの20世紀の建築（アメリカ合衆国）
●セウェルの鉱山都市（チリ）

（34）登録基準（ii）（iii）
●「神宿る島」宗像・沖ノ島と関連遺産群（日本）
●ゴンダール地方のファジル・ゲビ（エチオピア）
●アガデスの歴史地区（ニジェール）
●ドゥッガ／トゥッガ（チュニジア）
●サルト ― 寛容と都会的ホスピタリティの場所（ヨルダン）
●アル・ヒジュルの考古学遺跡（マダイン・サーレハ）（サウジアラビア）
●古代都市カルハット（オマーン）
●ビソトゥーン（イラン）

遺産種別・登録パターン分析

●文化遺産　◎複合遺産　★危機遺産
下線は、新登録物件

- ●サラズムの原始の都市遺跡（タジキスタン）
- ●「古都メルブ」州立歴史文化公園（トルクメニスタン）
- ●クフナ・ウルゲンチ（トルクメニスタン）
- ●ニサのパルティア時代の要塞群（トルクメニスタン）
- ●ラジャスタン地方の丘陵城塞群（インド）
- ●土司遺跡群（中国）
- ●開城の史跡群（北朝鮮）
- ●百済の歴史地区群（韓国）
- ●水原の華城（韓国）
- ●慶州の歴史地域（韓国）
- ●モヘンジョダロの考古学遺跡（パキスタン）
- ●聖地ミーソン（ヴェトナム）
- ●ベイト・シェアリムのネクロポリス、ユダヤ人の再興を示す象徴（イスラエル）
- ●クサントス-レトーン（トルコ）
- ●サモス島のピタゴリオンとヘラ神殿（ギリシャ）
- ●パドヴァの植物園（オルト・ボタニコ）（イタリア）
- ●マントヴァとサッビオネータ（イタリア）
- ●タラコの考古学遺跡群（スペイン）
- ●ヨーロッパの大温泉群（オーストリア／ベルギー／チェコ／フランス／ドイツ／イタリア／英国）
- ●エッセンの関税同盟炭坑の産業遺産（ドイツ）
- ●トルシェビチのユダヤ人街と聖プロコピウス大聖堂（チェコ）
- ●イワノヴォ岩壁修道院（ブルガリア）
- ●ボヤナ教会（ブルガリア）
- ●エチミアジンの聖堂と教会群およびスヴァルトノツの考古学遺跡（アルメニア）
- ●ケレタロ州のシエラ・ゴルダにあるフランシスコ会伝道施設（メキシコ）
- ●チロエ島の教会群（チリ）
- ●サマイパタの砦（ボリヴィア）
- ●ローマ帝国の国境線―低地ゲルマニアのリーメス（ドイツ / オランダ）

（35）**登録基準**（ii）（iii）（iv）

- ●アワッシュ川下流域（エチオピア）
- ●アスキアの墓（マリ）★
- ●ティムガット（アルジェリア）
- ●サーマッラの考古学都市（イラク）★
- ●バーレーン要塞-古代の港湾とディルムン文明の首都-（バーレーン）
- ●ソルタニーイェ（イラン）
- ●タブリーズの歴史的なバザールの建造物群（イラン）
- ●シャフリ・ソフタ（イラン）
- ●ジャムのミナレットと考古学遺跡（アフガニスタン）★
- ●ファテープル・シクリ（インド）
- ●昌徳宮（韓国）
- ●古代都市シギリヤ（スリランカ）
- ●ムラカとジョージタウン、マラッカ海峡の歴史都市群（マレーシア）
- ●ピュー王朝の古代都市群（ミャンマー）
- ●平遥古城（中国）
- ●開平の望楼と村落群（中国）
- ●オルホン渓谷の文化的景観（モンゴル）
- ●アニの考古学遺跡（トルコ）
- ●ローマ帝国の国境界線（英国／ドイツ）
- ●王立植物園キュー・ガーデン（英国）
- ●リヴァプール-海商都市（英国）★
- ●コンウォールと西デヴォンの鉱山景観（英国）
- ●レーゲンスブルク旧市街とシュタットアンホフ（ドイツ）
- ●コルヴァイ修道院聖堂とカロリング朝のベストベルク（ドイツ）
- ◎イビサの生物多様性と文化（スペイン）
- ●ギマランイスの歴史地区（ポルトガル）
- ●フランドル地方のベギン会院（ベルギー）
- ●ミストラの考古学遺跡（ギリシャ）
- ●トロードス地方の壁画教会群（キプロス）
- ●ヒロキティア（キプロス）
- ●ディオクレティアヌス宮殿などのスプリット史跡群（クロアチア）
- ●ポレッチの歴史地区のエウフラシウス聖堂建築物（クロアチア）
- ●コソヴォの中世の記念物群（セルビア）★
- ●マルボルクのチュートン騎士団の城（ポーランド）
- ●エルツ山地の鉱山地域（チェコ・ドイツ）
- ●ローマ帝国の国境線-ドナウのリーメス（西部分）（オーストリア / ドイツ /ハンガリー /スロヴァキア）
- ●ローマ帝国の国境線―低地ゲルマニアのリーメス（ドイツ / オランダ）
- ●ローマ帝国の国境線-ドナウのリーメス（西部分）（オーストリア / ドイツ /ハンガリー / スロヴァキア）
- ●オラシュティエ山脈のダキア人の要塞（ルーマニア）
- ●ブコヴィナ・ダルマチア府主教の邸宅（ウクライナ ）
- ●カザン要塞の歴史的建築物群（ロシア連邦）
- ●アンティグア・グアテマラ（グアテマラ）
- ●ブリッジタウンの歴史地区とその駐屯地（バルバドス）
- ●ハンバーストーンとサンタ・ラウラの硝石工場群（チリ）
- ●ロシア・モンタナの鉱山景観（ルーマニア）

（36）**登録基準**（ii）（iii）（iv）（v）

- ●ハラール・ジュゴール、要塞歴史都市（エチオピア）
- ●マプングブウェの文化的景観（南アフリカ）
- ●メロエ島の考古学遺跡群（スーダン）
- ●バムとその文化的景観（イラン）
- ●メキシコシティーの歴史地区とソチミルコ（メキシコ）

（37）**登録基準**（ii）（iii）（iv）（v）（vi）

- ●フェラーラ：ルネサンスの都市とポー・デルタ（イタリア）

（38）**登録基準**（ii）（iii）（iv）（vi）

- ●古都奈良の文化財（日本）
- ●紀伊山地の霊場と参詣道（日本）
- ●ヴォルビリスの考古学遺跡（モロッコ）
- ●ハトラ（イラク）
- ●廬山国立公園（中国）
- ●澳門の歴史地区（中国）
- ●殷墟（中国）
- ●五台山（中国）
- ●上都遺跡（中国）
- ●聖書ゆかりの遺跡の丘-メギド、ハツォール、ベール・シェバ（イスラエル）
- ●アフロディシャス遺跡（トルコ）

●文化遺産　◎複合遺産　★危機遺産
下線は、新登録物件

- ●デロス（ギリシャ）
- ●シラクーサとパンタリアの岩の墓（イタリア）
- ●プランタン・モレトゥスの住宅、作業場、博物館（ベルギー）
- ●カパック・ニャン、アンデス山脈の道路網（コロンビア／エクアドル／ボリヴィア／ペルー／チリ／アルゼンチン）

（39）登録基準（ii）（iii）（v）

- ●石見銀山遺跡とその文化的景観（日本）
- ●ムザブの渓谷（アルジェリア）
- ●チュニスのメディナ（チュニジア）
- ●アクルの旧市街（イスラエル）
- ●ファールス地域のサーサーン朝の考古学景観（イラン）
- ●スタリ・グラド平原（クロアチア）
- ●ファールンの大銅山の採鉱地域（スウェーデン）

（40）登録基準（ii）（iii）（v）（vi）

- ●バリ州の文化的景観：トリ・ヒタ・カラナの哲学を現すスバック・システム（インドネシア）
- ●シルクロード：長安・天山回廊の道路網（中国／カザフスタン／キルギス）

（41）登録基準（ii）（iii）（vi）

- ●琉球王国のグスク及び関連遺産群（日本）
- ●シダーデ・ヴェリャ、リベイラ・グランデの歴史地区（カーボヴェルデ）
- ●オスン・オショグボの聖なる森（ナイジェリア）
- ●ザンジバル島のストーン・タウン（タンザニア）
- ●カルタゴの考古学遺跡（チュニジア）
- ●キレーネの考古学遺跡（リビア）★
- ●エルサレム旧市街と城壁（ヨルダン推薦物件）★
- ●イランのアルメニア修道院建築物群（イラン）
- ●レッド・フォートの建築物群（インド）
- ●聖地アヌラダプラ（スリランカ）
- ●ハノイのタンロン皇城の中心区域（ヴェトナム）
- ●サンボー・プレイ・クック寺院地帯、古代イーシャナプラの考古学遺跡（カンボジア）
- ●杭州西湖の文化的景観（中国）
- ●イタリアのロンゴバルド族　権力の場所（568～774年）（イタリア）
- ●トロイの考古学遺跡（トルコ）
- ●シュパイアー、ヴォルムス、マインツのShUM遺跡群（ドイツ）
- ●スペ渓谷のカラルの聖都（ペルー）

（42）登録基準（ii）（iv）

- ●アスマラ：アフリカのモダニスト都市（エリトリア）
- ●サン・ルイ島（セネガル）
- ●エッサウィラ（旧モガドール）のメディナ（モロッコ）
- ●マサガン（アル ジャディーダ）のポルトガル街区（モロッコ）
- ●ラバト、現代首都と歴史都市：分担する遺産（モロッコ）
- ●コートジボワール北部のスーダン様式のモスク群（コートジボワールー）
- ●シュバリエ城とサラ・ディーン城塞（シリア）★
- ●<u>トリポリのラシッド・カラミ国際見本市</u>（レバノン）★
- ●イラン縦貫鉄道（イラン）
- ●デリーのフマユーン廟（インド）
- ●インドの山岳鉄道群（インド）
- ●チャトラパティ・シヴァージー駅（旧ヴィクトリア・ターミナス駅）（インド）
- ●ムンバイのヴィクトリア様式とアール・デコ様式の建造物群（インド）
- ●ロータス要塞（パキスタン）
- ●胡（ホー）朝の城塞（ヴェトナム）
- ●フィリピンのバロック様式の教会群（フィリピン）
- ●ヴィガンの歴史都市（フィリピン）
- ●サワルントのオンビリン炭鉱遺産（インドネシア）
- ●シンガポール植物園（シンガポール）
- ●承徳の避暑山荘と外八廟（中国）
- ●鼓浪嶼（コロンス島）：歴史的万国租界（中国）
- ●南漢山城（韓国）
- ●古都京都の文化財（京都市、宇治市、大津市）（日本）
- ●富岡製糸場と絹産業遺産群（日本）
- ●明治日本の産業革命遺産：製鉄・製鋼、造船、石炭産業（日本）
- ●レヴカの歴史的な港町（フィジー）
- ●テル・アヴィヴのホワイト・シティ-近代運動（イスラエル）
- ●エディンバラの旧市街と新市街（英国）
- ●ブレナム宮殿（英国）
- ●ロンドン塔（英国）
- ●ダウエント渓谷の工場群（英国）
- ●ソルテア（英国）
- ●ウェールズ北西部のスレートの景観（英国）
- ●ナポリの歴史地区（イタリア）
- ●ウルビーノの歴史地区（イタリア）
- ●ヴェローナの市街（イタリア）
- ●ピエモント州とロンバルディア州の聖山群（イタリア）
- ●ジェノバ；新道とロッリの館群（イタリア）
- ●パレルモのアラブ・ノルマン様式の建造物群とチェファル大聖堂とモンレアーレ大聖堂（イタリア）
- ●レーティッシュ鉄道アルブラ線とベルニナ線の景観群（スイス／イタリア）
- ●ザンクト・ガレン修道院（スイス）
- ●スコースキュアコゴーデン（スウェーデン）
- ●カールスクルーナの軍港（スウェーデン）
- ●ヴァルベルイのグリムトン無線通信所（スウェーデン）
- ●サン・クリストバル・デ・ラ・ラグーナ（スペイン）
- ●ボイ渓谷のカタルーニャ・ロマネスク教会群（スペイン）
- ●アランフエスの文化的景観（スペイン）
- ●ウベダとバエサのルネサンス様式の記念物群（スペイン）
- ●水銀の遺産、アルマデン鉱山とイドリャ鉱山（スペイン／スロヴェニア）
- ●博愛の植民地群（ベルギー / オランダ）
- ●クトナ・ホラ　聖バーバラ教会とセドリックの聖母マリア聖堂を含む歴史地区（チェコ）
- ●ホラソヴィツェの歴史的集落（チェコ）
- ●クロメルジーシュの庭園と城（チェコ）
- ●リトミシュル城（チェコ）
- ●ブルノのトゥーゲントハット邸（チェコ）
- ●ロスキレ大聖堂（デンマーク）
- ●シェラン島北部のパル・フォルス式狩猟の景観（デンマーク）
- ●リューカン・ノトデン産業遺産地（ノルウェー）
- ●ブリュールのアウグストスブルク城とファルケンルスト城（ドイツ）
- ●フェルクリンゲン製鉄所（ドイツ）

●文化遺産　◎複合遺産　★危機遺産
<u>下線</u>は、新登録物件

- ●バンベルクの町（ドイツ）
- ●マウルブロンの修道院群（ドイツ）
- ●ベルリンのムゼウムスインゼル（美術館島）（ドイツ）
- ●デッサウ-ヴェルリッツの庭園王国（ドイツ）
- ●シュトラールズントとヴィスマルの歴史地区（ドイツ）
- ●ベルリンのモダニズムの集合住宅（ドイツ）
- ●アルフェルトのファグスエ場（ドイツ）
- ●アウクスブルクの水管理システム（ドイツ）
- ●ダルムシュタットのマチルダの丘（ドイツ）
- ●チャタルヒュユクの新石器時代の遺跡　（トルコ）
- ●ブリュッセルのグラン・プラス（ベルギー）
- ●ベルギーとフランスの鐘楼群（ベルギー／フランス）
- ●トゥルネーのノートル・ダム大聖堂（ベルギー）
- ●ワロン地方の主要な鉱山遺跡群（ベルギー）
- ●センメリング鉄道（オーストリア）
- ●グラーツの市街歴史地区とエッゲンベルク城（オーストリア）
- ●ワッハウの文化的景観（オーストリア）
- ●ファン・ネレエ場（オランダ）
- ●ドナウ川の河岸、ブダ王宮の丘とアンドラーシ通りを含むブダペスト（ハンガリー）
- ●アルル、ローマおよびロマネスク様式のモニュメント（フランス）
- ●ストラスブールの旧市街と新市街（フランス）
- ●カルカソンヌの歴史城塞都市（フランス）
- ●リヨンの歴史地区（フランス）
- ●中世の交易都市プロヴァン（フランス）
- ●オーギュスト・ペレによって再建されたル・アーヴル（フランス）
- ●ボルドー、月の港（フランス）
- ●カルヴァリア ゼブジドフスカ：マニエリズム建築と公園景観それに巡礼公園（ポーランド）
- ●トルンの中世都市（ポーランド）
- ●エヴォラの歴史地区（ポルトガル）
- ●トロギールの歴史都市（クロアチア）
- ●ヴィシェグラードのメフメット・パシャ・ソコロヴィッチ橋（ボスニア・ヘルツェゴビナ）
- ●ターリンの歴史地区（旧市街）（エストニア）
- ●ヴィリニュスの歴史地区（リトアニア）
- ●ミール城の建築物群（ベラルーシ）
- ●ハフパットとサナヒンの修道院（アルメニア）
- ●<u>オデーサの歴史地区</u>（ウクライナ）
- ●セルギエフ・ポサドにあるトロイツェ・セルギー大修道院の建造物群（ロシア連邦）
- ●ヤロスラヴル市の歴史地区（ロシア連邦）
- ●スヴィヤズスク島の被昇天大聖堂と修道院（ロシア連邦）
- ●ポポカテペトル山腹の16世紀初頭の修道院群（メキシコ）
- ●サカテカスの歴史地区（メキシコ）
- ●ケレタロの歴史的建造物地域（メキシコ）
- ●プエブラの歴史地区（メキシコ）
- ●カンペチェの歴史的要塞都市（メキシコ）
- ●トラコタルパンの歴史的建造物地域（メキシコ）
- ●サン・ミゲルの保護都市とアトトニルコのナザレのイエス聖域（メキシコ）
- ●カミノ・レアル・デ・ティエラ・アデントロ（メキシコ）
- ●シェンフェゴスの都市の歴史地区（キューバ）
- ●アンティグア海軍造船所と関連考古学遺跡群（アンティグア・バーブーダ）
- ●レオン大聖堂（ニカラグア）
- ●キト市街（エクアドル）
- ●パラマリボ市街の歴史地区（スリナム）
- ●オリンダの歴史地区（ブラジル）
- ●ディアマンティナの歴史地区（ブラジル）
- ●ゴイヤスの歴史地区（ブラジル）
- ●サン・クリストヴァンの町のサンフランシスコ広場（ブラジル）
- ●ロバート・ブール・マルクスの仕事場（ブラジル）
- ●コルドバのイエズス会地区と領地（アルゼンチン）
- ●フライ・ベントスの文化的・産業景観（ウルグアイ）

（43）登録基準（ii）（iv）（v）

- ●トンブクトゥー（マリ）★
- ●テトゥアン（旧ティタウィン）のメディナ（モロッコ）
- ●ルアン・プラバンの町（ラオス）
- ●麗江古城（中国）
- ●サフランボルの市街（トルコ）
- ●ポルトヴェーネレ、チンクエ・テッレと諸島（パルマリア、ティーノ、ティネット）（イタリア）
- ●アマルフィターナ海岸（イタリア）
- ●アムステルダムの防塞（オランダ）
- ●キュラソー島の港町ウィレムスタト市内の歴史地区（オランダ領アンティル）
- ●ライン川上中流域の渓谷（ドイツ）
- ●ロードスの中世都市（ギリシャ）
- ●ルーレオのガンメルスタードの教会の町（スウェーデン）
- ●トラムンタナ山地の文化的景観（スペイン）
- ●シントラの文化的景観（ポルトガル）
- ●サンタ・アナ・デ・ロス・リオス・クエンカの歴史地区（エクアドル）
- ●ウマワカの渓谷（アルゼンチン）

（44）登録基準（ii）（iv）（v）（vi）

- ●テキーラ（地方）のリュウゼツランの景観と古代産業設備（メキシコ）

（45）登録基準（ii）（iv）（vi）

- ●ラムの旧市街　（ケニア）
- ●ザビドの歴史都市（イエメン）★
- ●ヘブロン/アル・ハリールの旧市街（パレスチナ）★
- ●歴史都市ジェッダ、メッカへの門（サウジアラビア）
- ●ブハラの歴史地区（ウズベキスタン）
- ●ゴアの教会と修道院（インド）
- ●ラージャスターン州のジャイプル市街（インド）
- ●青城山と都江堰の灌漑施設（中国）
- ●トスカーナ地方のメディチ家の館群と庭園群（イタリア）
- ●ニュー・ラナーク（英国）
- ●ダラム城と大聖堂（英国）
- ●ザルツブルク市街の歴史地区（オーストリア）
- ●ウィーンの歴史地区（オーストリア）★
- ●サンティアゴ・デ・コンポステーラの巡礼道（スペイン）
- ●ブルゴス大聖堂　（スペイン）
- ●聖ミリャン・ジュソ修道院とスソ修道院　（スペイン）
- ●アルカラ・デ・エナレスの大学との歴史地区（スペイン）
- ●パセオ・デル・アルテとブエン・レティーロ宮殿、芸術と科学の景観（スペイン）

●文化遺産　◎複合遺産　★危機遺産
<u>下線</u>は、新登録物件

- ●パセオ·デル·アルテとブエン・レティーロ宮殿、芸術と科学の景観（スペイン）
- ●コインブラ大学-アルタとソフィア（ポルトガル）
- ●サンティアゴ·デ·コンポステーラへの巡礼道（フランス側）（フランス）
- ●ノール・パ・ド・カレ地方の鉱山地帯（フランス）
- ●ブルージュの歴史地区（ベルギー）
- ●ワイマール、デッサウ、ベルナウにあるバウハウスおよび関連遺産群（ドイツ）
- ●プラハの歴史地区（チェコ）
- ●ネスヴィシェにあるラジヴィル家の建築、住居、文化の遺産群（ベラルーシ）
- ●シュトルーヴェの測地弧（ノルウェー／フィンランド／スウェーデン／エストニア／ラトヴィア／リトアニア／ベラルーシ／モルドヴァ／ウクライナ／ロシア連邦）
- ●ノヴゴロドと周辺の歴史的建造群（ロシア連邦）
- ●モレリアの歴史地区（メキシコ）
- ●サント・ドミンゴの植民都市（ドミニカ共和国）
- ●パナマ・ヴィエホの考古学遺跡とパナマの歴史地区（パナマ）
- ●ポトシ市街（ボリヴィア）★

（46）登録基準（ii）（v）

- ●モンバサのジーザス要塞（ケニア）
- ●アルジェのカスバ（アルジェリア）
- ●フェズのメディナ（モロッコ）
- ●アフマダーバードの歴史都市（インド）
- ●古都ホイアン（ヴェトナム）
- ●クエンカの歴史的要塞都市（スペイン）
- ●エルチェの椰子園（スペイン）
- ●リヴィフの歴史地区（ウクライナ）
- ●タウリカ・ケルソネソスの古代都市とそのホラ（ウクライナ）
- ●ハン宮殿のあるシャキ歴史地区（アゼルバイジャン）

（47）登録基準（ii）（v）（vi）

- ●イングランドの湖水地方（英国）

（48）登録基準（ii）（vi）

- ●平泉－仏国土（浄土）を表す建築・庭園及び考古学的遺跡群（日本）
- ●フォンテーヌブロー宮殿と庭園（フランス）
- ●ワルシャワの歴史地区（ポーランド）
- ●ボルガルの歴史・考古遺産群（ロシア連邦）

（49）登録基準（iii）

- ●キルワ·キシワーニとソンゴ·ムナラの遺跡（タンザニア）
- ●ロロペニの遺跡群（ブルキナファソ）
- ◎エネディ山地の自然と文化的景観（チャド）
- ●ベニ・ハンマド要塞（アルジェリア）
- ●ケルクアンの古代カルタゴの町とネクロポリス（チュニジア）
- ●真珠採り、島の経済の証し（バーレーン）
- ●サブラタの考古学遺跡（リビア）★
- ●タドラート・アカクスの岩絵（リビア）★
- ●ヒマーの文化地域（サウジアラビア）
- ●タムガリの考古学的景観とペトログラフ（カザフスタン）
- ●タッタ、マクリの丘の歴史的記念物群（パキスタン）
- ●アグラ城塞（インド）
- ●アユタヤの歴史都市（タイ）
- ●バン・チェーン遺跡（タイ）
- ●シェンクワン県のジャール平原巨大石壺群（ラオス）
- ●高敞、和順、江華の支石墓群（韓国）
- ●山寺（サンサ）、韓国の仏教山岳僧院（韓国）
- ●韓国の書院（ソウォン）（韓国）
- ●長崎と天草地方の潜伏キリシタン関連遺産（日本）
- ●モンゴル・アルタイ山脈の岩壁画群（モンゴル）
- ◎ウィランドラ湖群地域（オーストラリア）
- ●ゴーハムの洞窟遺跡群（英国領）
- ●アルスラーンテペの墳丘（トルコ）
- ●ブトリント（アルバニア）
- ●サンマリノの歴史地区とティターノ山（サンマリノ）
- ●ベルンの旧市街（スイス）
- ●ミュスタイアの聖ヨハン大聖堂（スイス）
- ●イベリア半島の地中海沿岸の岩壁画（スペイン）
- ●ヘラクレスの塔（スペイン）
- ●シュヴァーベン・ジュラにおける洞窟群と氷河時代の芸術（ドイツ）
- ●イェリング墳丘、ルーン文字石碑と教会（デンマーク）
- ●アルタの岩画（ノルウェー）
- ●ブリッゲン（ノルウェー）
- ●ハル・サフリエニの地下墳墓（マルタ）
- ●ゴブスタンの岩石画の文化的景観（アゼルバイジャン）
- ●オネガ湖と白海のペトログリフ（ロシア連邦）
- ●ライティング・オン・ストーン／アイシナイピ（カナダ）
- ●チャコ文化（アメリカ合衆国）
- ●メサ・ヴェルデ国立公園（アメリカ合衆国）
- ●ポヴァティ・ポイントの記念碑的な土塁群（アメリカ合衆国）
- ●スカン・グアイ（カナダ）
- ●ピントゥーラス川のラス·マーノス洞窟（アルゼンチン）
- ●ディキス地方の石球のあるプレ·コロンビア期の首長制集落群（コスタリカ）
- ●サン・アグスティン遺跡公園（コロンビア）
- ●ティエラデントロ国立遺跡公園（コロンビア）
- ◎チリビケテ国立公園－ジャガーの生息地（コロンビア）
- ●セラ・ダ・カピバラ国立公園（ブラジル）
- ●チャビン（考古学遺跡）（ペルー）
- ◎リオ・アビセオ国立公園（ペルー）
- ●海港都市バルパライソの歴史地区（チリ）
- ●オアハカの中央渓谷のヤグールとミトラの先史時代の洞窟群（メキシコ）

（50）登録基準（iii）（iv）

- ●ンバンザ・コンゴ、かつてのコンゴ王国の首都の面影（アンゴラ）
- ●オモ川下流域（エチオピア）
- ●グラン・バッサムの歴史都市（コートジボワール）
- ●カミ遺跡国立記念物（ジンバブエ）
- ●アボメイの王宮群（ベナン）
- ●ジェンネの旧市街（マリ）★
- ◎ロペ・オカンダの生態系と残存する文化的景観（ガボン）
- ●ジェミラ（アルジェリア）
- ●ティパサ（アルジェリア）
- ●バット、アルフトゥムとアルアインの考古学遺跡（オマーン）
- ●フランキンセンスの地（オマーン）

遺産種別・登録パターン分析

●文化遺産　◎複合遺産　★危機遺産
下線は、新登録物件

- ●古代サバ王国のランドマーク、マーリブ（イエメン）★
- ●アッシュル（カルア・シルカ）（イラク）★
- ●古代都市アレッポ（シリア）★
- ●アンジャル（レバノン）
- ●カディーシャ渓谷（聖なる谷）と神の杉の森（ホルシュ・アルゼ・ラップ）（レバノン）
- ●ディルムンの墳墓群（バーレン）
- ●チョーガ・ザンビル（イラン）
- ●ペルシャのカナート（イラン）
- ●シャフリサーブスの歴史地区（ウズベキスタン）★
- ●パッタダカルの建造物群（インド）
- ●ジャイプールのジャンタル・マンタル（インド）
- ●ドーラビーラ：ハラッパーの都市（インド）
- ●フエの建造物群（ヴェトナム）
- ●レンゴン渓谷の考古遺産（マレーシア）
- ●良渚古城遺跡（中国）
- ●百舌鳥・古市古墳群:古代日本の墳墓群（日本）
- ●ククの初期農業遺跡（パプアニューギニア）
- ◎ヒエラポリス・パムッカレ（トルコ）
- ●フィリッピの考古学遺跡（ギリシャ）
- ●スケリッグ・マイケル（アイルランド）
- ●ペストゥムとヴェリアの考古学遺跡とパドゥーラの僧院があるチレント・ディアーノ渓谷国立公園（イタリア）
- ●16～17世紀のヴェネツィアの防衛施設群：スタート・ダ・テーラ-西スタート・ダ・マール（イタリア／クロアチア／モンテネグロ）
- ●ブレナヴォンの産業景観（英国）
- ●ルヴィエールとルルー（エノー州）にあるサントル運河の4つの閘門と周辺環境（ベルギー）
- ●クリスチャンフィールド、モラヴィア教会の入植地（デンマーク）
- ●ビルカとホーブゴーデン（スウェーデン）
- ●サンマルラハデンマキの青銅器時代の埋葬地（フィンランド）
- ●サン・テミリオン管轄区（フランス）
- ●アヴィラの旧市街と塁壁外の教会群（スペイン）
- ●カセレスの旧市街（スペイン）
- ●メリダの考古学遺跡群（スペイン）
- ●カリフ都市メディナ・アサーラ（スペイン）
- ●ザルツカンマーグート地方のハルシュタットとダッハシュタインの文化的景観（オーストリア）
- ●バルデヨフ市街保全地区（スロヴァキア）
- ●カルパチア山脈地域のスロヴァキア側の木造教会群（スロヴァキア）
- ●ロルシュの修道院とアルテンミュンスター（ドイツ）
- ●ヴィルヘルムスヘーエ公園（ドイツ）
- ●ヘーゼビューとダーネヴィアケの考古学的景観（ドイツ）
- ●ペーチュ（ソピアネ）の初期キリスト教徒の墓地（ハンガリー）
- ●古代都市ネセバル（ブルガリア）
- ●クシェミオンキの先史時代の縞状燧石採掘地域（ポーランド）
- ●マウォポルスカ南部の木造教会群（ポーランド）
- ●ポーランドとウクライナのカルパチア地方の木造教会群（ポーランド／ウクライナ）
- ●ガムジグラード・ロムリアナ、ガレリウス宮殿（セルビア）
- ●ベラトとギロカストラの歴史地区群（アルバニア）
- ●ムツヘータの歴史的建造物群（ジョージア）
- ●ケルナヴェ考古学遺跡（ケルナヴェ文化保護区）（リトアニア）
- ●デルベントの城塞、古代都市、要塞建造物群（ロシア連邦）
- ●レッド・ベイのバスク人の捕鯨基地（カナダ）
- ●カホキア土塁州立史跡（アメリカ合衆国）
- ●エル・タヒン古代都市（メキシコ）
- ●カサス・グランデスのパキメの考古学地域（メキシコ）
- ●ソチカルコの考古学遺跡ゾーン（メキシコ）
- ●キューバ南東部の最初のコーヒー農園の考古学的景観（キューバ）
- ●ホヤ・デ・セレンの考古学遺跡（エルサルバドル）
- ●レオン・ヴィエホの遺跡（ニカラグア）
- ●ブリムストンヒル要塞国立公園（セントキッツ・ネイヴィース）
- ●クスコ市街（ペルー）
- ●ティアワナコ：ティアワナコ文化の政治・宗教の中心地（ボリヴィア）

（51）登録基準（iii）（iv）（v）

- ●ティムリカ・オヒンガ考古学遺跡（ケニア）
- ●サルーム・デルタ（セネガル）
- ●スースのメディナ（チュニジア）
- ●ウァダン、シンゲッティ、ティシット、ウァラタのカザール古代都市（モーリタニア）
- ●アハサー・オアシス、進化する文化的景観（サウジアラビア）
- ●アル・ズバラ考古学遺跡（カタール）
- ●アル・アインの文化遺跡群（ハフィート、ヒリ、ビダー・ビント・サウドとオアシス地域群）（アラブ首長国連邦）
- ●シバーム城塞都市（イエメン）
- ●シリア北部の古村群（シリア）★
- ●イチャン・カラ（ウズベキスタン）
- ●フィリピンのコルディリェラ山脈の棚田群（フィリピン）
- ●韓国の歴史村：河回と良洞（韓国）
- ●安徽省南部の古民居群-西逓村と宏村（中国）
- ●福建土楼（中国）
- ●アルベロベッロのトゥルッリ（イタリア）
- ●ポンペイ、ヘルクラネウム、トッレ・アヌンツィアータの考古学地域（イタリア）
- ●マテーラの岩穴住居と岩窟教会群の公園（イタリア）
- ●ラヴォーのブドウの段々畑（スイス）
- ●ローロスの鉱山都市と周辺環境（ノルウェー）
- ◎ピレネー地方- ペルデュー山（フランス／スペイン）
- ●ワインの産地アルト・ドウロ地域（ポルトガル）
- ●サン・ルイスの歴史地区（ブラジル）

（52）登録基準（iii）（iv）（v）（vi）

- ●チャンパネル・パヴァガドゥ考古学公園（インド）

（53）登録基準（iii）（iv）（vi）

- ●アンボヒマンガの王丘（マダガスカル）
- ●ブルキナファソの古代製鉄遺跡群（ブルキナファソ）
- ●ビブロス（レバノン）
- ●朝鮮王朝の陵墓群（韓国）
- ●カトマンズ渓谷（ネパール）
- ●チャムパサックの文化的景観の中にあるワット・プーおよび関連古代集落群（ラオス）
- ◎タスマニア原生地域（オーストラリア）
- ●マサダ（イスラエル）

●文化遺産　◎複合遺産　★危機遺産
下線は、新登録物件

●エフェソス遺跡（トルコ）
●バガン（ミャンマー）
●アクイレリアの考古学地域とバシリカ総主教聖堂（イタリア）
●パトモス島の聖ヨハネ修道院のあるの歴史地区（ホラ）と聖ヨハネ黙示録の洞窟（ギリシャ）
●シャンパーニュ地方の丘陵群、家屋群、貯蔵庫群（フランス）
●タプタプアテア（フランス領ポリネシア）
●ライヒェナウ修道院島（ドイツ）
●ブレーメンのマルクト広場にある市庁舎とローランド像（ドイツ）
●ヤヴォルとシフィドニツァの平和教会（ポーランド）
●ブルキナファソの古代製鉄遺跡群（ブルキナファソ）

（54）登録基準（iii）（v）
●コンソ族の文化的景観（エチオピア）
●トワイフェルフォンテイン（ナミビア）
◎イラク南部の湿原：生物多様性の安全地帯とメソポタミア都市群の残存景観（イラク）
◎ワディ・ラム保護区（ヨルダン）
●ヤズドの歴史都市（イラン）
●ビムベトカの岩窟群（インド）
●ハウラマン／ウラマナトの文化的景観（イラン）
●紅河ハニ族の棚田群の文化的景観（中国）
●北海道・北東北の縄文遺跡群（日本）
●バジ・ビムの文化的景観（オーストラリア）
◎ロックアイランドの南部の干潟（パラオ）
●香料の道 – ネゲヴの砂漠都市群（イスラエル）
●カルメル山の人類進化の遺跡群：ナハル・メアロット洞窟とワディ・エル・ムガラ洞窟群（イスラエル）
●ピエモンテの葡萄畑の景観：ランゲ・ロエロ・モンフェッラート（イタリア）
◎セント・キルダ（英国）
●コース地方とセヴェンヌ地方の地中海農業や牧畜の文化的景観（フランス）
●ブルゴーニュ地方のブドウ畑の気候風土（フランス）
●アルプス山脈周辺の先史時代の杭上住居群（オーストリア／フランス／ドイツ／イタリア／スロヴェニア／スイス）
●グラン・カナリア島の文化的景観のリスコ・カイド洞窟と聖山群（スペイン）
●アタプエルカの考古学遺跡（スペイン）
●ピコ島の葡萄園文化の景観（ポルトガル）
◎ラップ人地域（スウェーデン）
●スホクランドとその周辺（オランダ）
●シギショアラの歴史地区（ルーマニア）
●トカイ・ワイン地方の歴史的・文化的景観（ハンガリー）
●アリカ・イ・パリナコータ州のチンチョーロ文化の集落とミイラ製造法（チリ）

（55）登録基準（iii）（v）（vi）
●神聖なミジケンダ族のカヤ森林群（ケニア）
●バサリ地方：バサリ族、フラ族、それにベディク族の文化的景観群（セネガル）
●スクルの文化的景観（ナイジェリア）
●マトボ丘陵（ジンバブエ）
●ロイマタ酋長の領地（ヴァヌアツ）

（56）登録基準（iii）（vi）
●クンタ・キンテ島と関連遺跡群（ガンビア）
●コンドアの岩画遺跡群（タンザニア）
●チョンゴニの岩画地域（マラウイ）
●ロベン島（南アフリカ）
●南アフリカの人類化石遺跡群（南アフリカ）
●ル・モーンの文化的景観（モーリシャス）
●ティール（レバノン）
●ヨルダン川の対岸の洗礼の地、ベタニア（アル・マグタス）（ヨルダン）
●バビロン(イラク)
◎カンチェンジュンガ国立公園（インド）
●サンギラン初期人類遺跡（インドネシア）
●スライマン・トォーの聖山（キルギス）
●周口店の北京原人遺跡（中国）
◎武夷山（中国）
●「天地の中心」にある登封の史跡群（中国）
●左江の花山岩画の文化的景観（中国）
●富士山–信仰の対象と芸術の源泉（日本）
●釈迦生誕地ルンビニー（ネパール）
●タキシラ（パキスタン）
●ハイファと西ガリラヤのバハイ教の聖地（イスラエル）
●シンクヴェトリル国立公園（アイスランド）
●ヴァルカモニカの岩石画（イタリア）
●パフォス（キプロス）
●オランジュのローマ劇場とその周辺ならびに凱旋門（フランス）
●クラシカル・ワイマール（ドイツ）
●ヴァルトブルク城（ドイツ）
●リスボンのジェロニモス修道院とベレンの塔（ポルトガル）
●ステチェツィの中世の墓碑群（ボスニア・ヘルツェゴヴィナ／クロアチア／モンテネグロ／セルビア）
◎ピマチオウィン・アキ（カナダ）
◎パパハナウモクアケア（アメリカ合衆国）
◎ブルー・ジョン・クロウ山脈（ジャマイカ）

（57）登録基準（iv）
◎ンゴロンゴロ保全地域（タンザニア）
●エルビルの城塞（イラク）
●アブ・ミナ（エジプト）★
●古都メクネス（モロッコ）
●バフラ城塞（オマーン）
●デリーのクトゥブ・ミナールと周辺の遺跡群（インド）
●泉州：宋元中国の世界海洋商業・貿易センター（中国）
●宗廟（韓国）
●ゴールの旧市街と城塞（スリランカ）
●タクティ・バヒーの仏教遺跡と近隣のサハリ・バハロルの都市遺跡（パキスタン）
●バゲラートのモスク都市（バングラデシュ）
●ディヤルバクル城壁とエヴセルガーデンの文化的景観（トルコ）
●コルフの旧市街（ギリシア）
●マルタの巨石神殿群（マルタ）
●バミューダの古都セント・ジョージと関連要塞群（英国）
●アラゴン地方のムデハル様式建築（スペイン）
●ルーゴのローマ時代の城壁（スペイン）

●文化遺産　◎複合遺産　★危機遺産
下線は、新登録物件

- ●マフラの王家の建物 - 宮殿、バシリカ、修道院、セルク庭園、狩猟公園（タパダ）（ポルトガル）
- ●ブラガのボン・ジェズス・ド・モンテの聖域 （ポルトガル）
- ●ポルトの歴史地区、ルイス1世橋とセラ・ピラール修道院（ポルトガル）
- ●エルヴァスの国境防護の町とその要塞群（ポルトガル）
- ●フォントネーのシトー会修道院（フランス）
- ●イヴレーア、20世紀の工業都市（イタリア）
- ●ボローニャの柱廊群（イタリア）
- ●市場町ベリンゾーナの3つの城、防壁、土塁（スイス）
- ●ラ・ショー・ド・フォン／ル・ロックル、時計づくりの計画都市（スイス）
- ●クヴェートリンブルクの教会と城郭と旧市街（ドイツ）
- ●ハンザ同盟の都市リューベック（ドイツ）
- ●シュパイヘルシュダッドとチリハウスのあるコントールハウス地区（ドイツ）
- ●ルクセンブルク市街、その古い町並みと要塞都市の遺構（ルクセンブルク）
- ●クロンボー城（デンマーク）
- ●エンゲルスベルグの製鉄所（スウェーデン）
- ●ドロットニングホルムの王領地（スウェーデン）
- ●ヴェルラ製材製紙工場（フィンランド）
- ●スオメンリンナ要塞（フィンランド）
- ●ペタヤヴェシの古い教会（フィンランド）
- ●ヴィエリチカとボフニャの王立塩坑群（ポーランド）
- ●クラクフの歴史地区（ポーランド）
- ●ザモシチの旧市街（ポーランド）
- ●レヴォチャ、スピシュスキー・ヒラットと周辺の文化財（スロヴァキア）
- ●リュブリャナのヨジェ・プレチニックの作品群 ― 人を中心とした都市計画（スロヴェニア）
- ●ゼレナホラ地方のネポムクの巡礼教会（チェコ）
- ●チェルキー・クルムロフの歴史地区（チェコ）
- ●トランシルヴァニア地方にある要塞教会のある村（ルーマニア）
- ●マラムレシュの木造教会（ルーマニア）
- ●ゲラチ修道院（ジョージア）
- ●シルヴァンシャーの宮殿と乙女の塔がある城塞都市バクー（アゼルバイジャン）
- ●ソロベツキー諸島の文化・歴史的遺跡群（ロシア連邦）
- ●タオス・プエブロ（アメリカ合衆国）
- ●グアラニー人のイエズス会伝道所：サン・イグナシオ・ミニ、ノエストラ・セニョーラ・デ・レ・ロレート、サンタ・マリア・マジョール（アルゼンチン）、サン・ミゲル・ミソオエス遺跡（ブラジル）（アルゼンチン／ブラジル）
- ●コロニア・デル・サクラメントの歴史地区（ウルグアイ）
- ●エンジニア、エラディオ・ディエステの作品：アトランティダの聖堂（ウルグアイ）
- ●ヴィニャーレス渓谷（キューバ）
- ●ラ・サンティシマ・トリニダード・デ・パラナ、ヘスス・デ・タバランゲのイエズス会伝道所（パラグアイ）
- ●リマの歴史地区（ペルー）
- ●スクレの歴史都市（ボリヴィア）

（58）登録基準（iv）（v）

- ●白川郷・五箇山の合掌造り集落（日本）
- ●リヒターズベルドの文化的な植物景観（南アフリカ）
- ●アイット-ベン-ハドゥの集落（モロッコ）
- ●オリーブとワインの地パレスチナ-エルサレム南部のバティール村の文化的景観（パレスチナ）★
- ●クレスピ・ダッダ（イタリア）
- ●アッパー・スヴァネチ（ジョージア）
- ●ハンザ同盟の都市ヴィスビー（スウェーデン）
- ●エーランド島南部の農業景観（スウェーデン）
- ●クラドルビ・ナト・ラベムの儀礼用馬車馬の繁殖・訓練の景観（チェコ）
- ●ヴルコリニェツ（スロヴァキア）
- ●バンスカー・シュティアヴニッツアの町の歴史地区と周辺の技術的な遺跡（スロヴァキア）
- ●ホルトバージ国立公園-プスタ（ハンガリー）
- ●ラウマ旧市街（フィンランド）
- ●アルビの司教都市（フランス）
- ●古都ルーネンバーグ（カナダ）
- ●オールド・ハバナとその要塞システム（キューバ）
- ●サンティアゴ・デ・クーバのサン・ペドロ・ロカ要塞（キューバ）
- ●トリニダードとインヘニオス渓谷（キューバ）
- ●カマグエイの歴史地区（キューバ）
- ●サンタ・クルーズ・デ・モンポスの歴史地区（コロンビア）
- ●コロとその港（ヴェネズエラ）★
- ●チキトスのイエズス会伝道施設（ボリヴィア）

（59）登録基準（iv）（v）（vi）

- ●サナアの旧市街（イエメン）★
- ●ディライーヤのツライフ地区（サウジアラビア）

（60）登録基準（iv）（vi）

- ●モザンビーク島（モザンビーク）
- ●エル・ジェムの円形劇場（チュニジア）
- ●イエスの生誕地：ベツレヘムの聖誕教会と巡礼の道（パレスチナ）
- ●ビハール州ナーランダにあるナーランダ・マハーヴィハーラ（ナーランダ大学）の考古学遺跡（インド）
- ●聖地キャンディ（スリランカ）
- ●グレート・ブルカン・カルドゥン山とその周辺の神聖な景観（モンゴル）
- ●八萬大蔵経のある伽倻山海印寺（韓国）
- ◎楽山大仏風景名勝区を含む峨眉山風景名勝区（中国）
- ●オーストラリアの囚人遺跡群（オーストラリア）
- ●ビキニ環礁核実験地（マーシャル諸島）
- ●オルチャ渓谷（イタリア）
- ●サンタ・マリア・デ・グアダルーペの王立修道院（スペイン）
- ●アイスレーベンおよびヴィッテンベルクにあるルター記念碑（ドイツ）
- ●アソーレス諸島のアングラ・ド・エロイズモの町の中心地区（ポルトガル）
- ●パンノンハルマの至福千年修道院とその自然環境（ハンガリー）
- ●オールド・ケベックの歴史地区（カナダ）
- ●カルタヘナの港、要塞、建造物群（コロンビア）
- ●シタデル、サン・スーシー、ラミエール国立歴史公園（ハイチ）
- ●サルヴァドール・デ・バイアの歴史地区（ブラジル）
- ●コパンのマヤ遺跡（ホンジュラス）

●文化遺産　◎複合遺産　★危機遺産
下線は、新登録物件

（61）登録基準（v）
- ●アシャンティの伝統建築物（ガーナ）
- ◎バンディアガラの絶壁（ドゴン族の集落）（マリ）
- ●ガダミースの旧市街（リビア）★
- ●オマーンのアフラジ灌漑施設（オマーン）
- ●マドリュウ・ペラフィタ・クラロー渓谷（アンドラ）
- ●メイマンドの文化的景観（イラン）
- ◎チャンアン景観遺産群（ヴェトナム）
- ●ユダヤ低地にあるマレシャとベトグヴリンの洞窟群：洞窟の大地の小宇宙（イスラエル）
- ●コネリアーノとヴァルドッビアーデネのプロセッコ丘陵群（イタリア）
- ●クヤータ・グリーンランド：氷帽周縁部でのノース人とイヌイットの農業（デンマーク）
- ●アシヴィスイットーニピサット、氷と海に覆われたイヌイットの狩猟場（デンマーク）
- ●ヘルシングランド地方の装飾農家群（スウェーデン）
- ●ヴェガオヤン-ヴェガ群島（ノルウェー）
- ●ホッローケーの古村と周辺環境（ハンガリー）
- ●フェルトゥー・ノイジィードラーゼーの文化的景観（オーストリア／ハンガリー）
- ●クルシュ砂州（リトアニア／ロシア連邦）
- ◎パラチとイーリャ・グランデー文化と生物多様性（ブラジル）

（62）登録基準（v）（vi）
- ●バタムマリバ族の地　コウタマコウ（トーゴ）
- ●コーマニの文化的景観（南アフリカ）
- ◎ウルル-カタ・ジュタ国立公園（オーストラリア）
- ●グラン・プレの景観（カナダ）
- ●コロンビアのコーヒーの文化的景観（コロンビア）

（63）登録基準（vi）
- ●広島の平和記念碑（原爆ドーム）（日本）
- ●ヴォルタ、アクラ、中部、西部各州の砦と城塞（ガーナ）
- ●ゴレ島（セネガル）
- ●アアプラヴァシ・ガート（モーリシャス）
- ◎トンガリロ国立公園（ニュージーランド）
- ●リラ修道院（ブルガリア）
- ●アウシュヴィッツ・ビルケナウのナチス・ドイツ強制・絶滅収容所（1940-1945）（ポーランド）
- ●モスタル旧市街の古橋地域（ボスニア・ヘルツェゴヴィナ）
- ●独立記念館（アメリカ合衆国）
- ●プエルト・リコのラ・フォルタレサとサン・ファンの国立歴史地区（アメリカ合衆国）
- ●ヘッド・スマッシュト・イン・バッファロー・ジャンプ（カナダ）
- ●ランゾー・メドーズ国立史跡（カナダ）
- ●リオ・デ・ジャネイロ：山と海との間のカリオカの景観群（ブラジル）
- ●ヴァロンゴ埠頭の考古学遺跡（ブラジル）

●文化遺産　◎複合遺産　★危機遺産
下線は、新登録物件

自然遺産関係の登録パターン

〔自然遺産関係の登録基準〕

(vii) もっともすばらしい自然的現象、または、ひときわすぐれた自然美をもつ地域、及び、美的な重要性を含むもの。→自然景観

(viii) 地球の歴史上の主要な段階を示す顕著な見本であるもの。これには、生物の記録、地形の発達における重要な地学的進行過程、或は、重要な地形的、または、自然地理的特性などが含まれる。
→地形・地質

(ix) 陸上、淡水、沿岸、及び、海洋生態系と動植物群集の進化と発達において、進行しつつある重要な生態学的、生物学的プロセスを示す顕著な見本であるもの。→生態系

(x) 生物多様性の本来的保全にとって、もっとも重要かつ意義深い自然生息地を含んでいるもの。これには、科学上、または、保全上の観点から、すぐれて普遍的価値をもつ絶滅の恐れのある種が存在するものを含む。
→生物多様性

(1) 登録基準 (vii)
○キリマンジャロ国立公園（タンザニア）
○ウニアンガ湖群（チャド）
◎バンディアガラの絶壁（ドゴン族の集落）（マリ）
◎ワディ・ラム保護区（ヨルダン）
○九寨溝の自然景観および歴史地区（中国）
○武陵源の自然景観および歴史地区（中国）
○黄龍の自然景観および歴史地区（中国）
◎泰山（中国）
○三清山国立公園　（中国）
◎ギョレメ国立公園とカッパドキアの岩窟群（トルコ）
◎ヒエラポリスとパムッカレ（トルコ）
○サガルマータ国立公園（ネパール）
◎アトス山（ギリシャ）
◎メテオラ（ギリシャ）
◎オフリッド地域の自然・文化遺産（マケドニア）
○オオカバマダラ蝶の生物圏保護区（メキシコ）

(2) 登録基準 (vii) (viii)
○モシ・オア・トゥニャ（ヴィクトリア瀑布）（ザンビア／ジンバブエ）
◎タッシリ・ナジェール（アルジェリア）
○ルート砂漠（イラン）
○タジキスタン国立公園（パミールの山脈）（タジキスタン）
○ハー・ロン湾（ヴェトナム）
○済州火山島と溶岩洞窟群（韓国）
○中国南方カルスト（中国）
○中国丹霞（中国）
◎チャンアン景観遺産群（ヴェトナム）
○マックォーリー島（オーストラリア）
○パヌルル国立公園（オーストラリア）
◎ウルル-カタ・ジュタ国立公園（オーストラリア）
◎トンガリロ国立公園（ニュージーランド）
○ジャイアンツ・コーズウェイとコーズウェイ海岸（英国）
○ドロミーティ山群（イタリア）
◎ピレネー地方- ペルデュー山（フランス／スペイン）
○テイデ国立公園（スペイン）
○シュコチアン洞窟（スロヴェニア）
○イルリサート・アイスフィヨルド（デンマーク）
○西ノルウェー・フィヨルド-ガイランゲル・フィヨルドとネーロイ・フィヨルド（ノルウェー）
○ナハニ国立公園（カナダ）
○ダイナソール州立公園（カナダ）
○カナディアン・ロッキー山脈公園群（カナダ）
○グロスモーン国立公園（カナダ）
○ヨセミテ国立公園（アメリカ合衆国）
○カールスバッド洞窟群国立公園（アメリカ合衆国）
○ロス・グラシアレス国立公園（アルゼンチン）
○デセンバルコ・デル・グランマ国立公園（キューバ）
○ピトン管理地域（セントルシア）
○ワスカラン国立公園（ペルー）

(3) 登録基準 (vii) (viii) (ix)
○フレーザー島（オーストラリア）
○プリトヴィチェ湖群国立公園（クロアチア）
○スイス・アルプス ユングフラウ-アレッチ（スイス）
◎ラップ人地域（スウェーデン）
○ピリン国立公園（ブルガリア）

(4) 登録基準 (vii) (viii) (ix) (x)
○バレ・ドゥ・メ自然保護区（セイシェル）
◎ンゴロンゴロ保全地域（タンザニア）
○ナミブ砂海（ナミビア）
○ムル山国立公園（マレーシア）
○雲南保護地域の三江併流（中国）

○自然遺産　◎複合遺産　★危機遺産
下線は、新登録物件

○クィーンズランドの湿潤熱帯地域（オーストラリア）
○グレート・バリア・リーフ（オーストラリア）
○西オーストラリアのシャーク湾（オーストラリア）
◎タスマニア原生地域（オーストラリア）
○テ・ワヒポウナム-南西ニュージーランド（ニュージーランド）
○バイカル湖（ロシア連邦）
○カムチャッカの火山群（ロシア連邦）
○イエローストーン国立公園（アメリカ合衆国）
○グランドキャニオン国立公園（アメリカ合衆国）
○グレートスモーキー山脈国立公園（アメリカ合衆国）
○クルエーン／ランゲルーセントエライアス／グレーシャーベイ／タッシェンシニ・アルセク（カナダ／アメリカ合衆国）
○タラマンカ地方－ラ・アミスター保護区群／ラ・アミスター国立公園（コスタリカ／パナマ）
○ガラパゴス諸島（エクアドル）
○サンガイ国立公園（エクアドル）
○リオ・プラターノ生物圏保護区（ホンジュラス）★
○カナイマ国立公園（ヴェネズエラ）

（5）登録基準（vii）（viii）（x）
○ヴィルンガ国立公園（コンゴ民主共和国）★
○ポルト湾：ピアナ・カランシェ、ジロラッタ湾、スカンドラ保護区（フランス）
○ドゥルミトル国立公園（モンテネグロ）
○マンモスケーブ国立公園（アメリカ合衆国）
○エル・ピナカテ／アルタル大砂漠生物圏保護区（メキシコ）

（6）登録基準（vii）（ix）
○屋久島（日本）
◎エネディ山地の自然と文化的景観（チャド）
○ケニア山国立公園／自然林（ケニア）
○サロンガ国立公園（コンゴ民主共和国）★
○新疆天山（中国）
○フェニックス諸島保護区（キリバス）
○ガラホナイ国立公園（スペイン）
○コミの原生林（ロシア連邦）
○プトラナ高原（ロシア連邦）
○ウォータートン・グレーシャー国際平和公園（アメリカ合衆国／カナダ）
○オリンピック国立公園（アメリカ合衆国）
○レッドウッド国立公園（アメリカ合衆国）
○マルペロ動植物保護区（コロンビア）
◎マチュ・ピチュの歴史保護区（ペルー）

（7）登録基準（vii）（ix）（x）
○大地溝帯のケニアの湖水システム（ケニア）
○マナ・プールズ国立公園、サピとチェウォールのサファリ地域（ジンバブエ）
○アイルとテネレの自然保護区（ニジェール）★
○オカヴァンゴ・デルタ（ボツワナ）
○マラウイ湖国立公園（マラウイ）
○アルダブラ環礁（セイシェル）
○イシマンガリソ湿潤公園（南アフリカ）
○サンガネブ海洋国立公園とドゥンゴナブ湾・ムッカワル島海洋国立公園（スーダン）
○マナス野生動物保護区（インド）
○スマトラの熱帯雨林遺産（インドネシア）★
○トゥンヤイ-ファイ・カ・ケン野生生物保護区（タイ）
○チトワン国立公園（ネパール）
○トゥバタハ珊瑚礁群自然公園（フィリピン）
◎カカドゥ国立公園（オーストラリア）
◎ロックアイランドの南部の干潟（パラオ）
○ニューカレドニアのラグーン群：珊瑚礁の多様性と関連する生態系群（フランス領ニューカレドニア）
○フランス領の南方・南極地域の陸と海（フランス）
◎セント・キルダ（英国）
○ドニャーナ国立公園（スペイン）
○ウッドバッファロー国立公園（カナダ）
○ダリエン国立公園（パナマ）
○大西洋森林南東保護区（ブラジル）
○パンタナル保護地域（ブラジル）
○ブラジルの大西洋諸島：フェルナンド・デ・ノロニャ島とロカス環礁保護区（ブラジル）
○ベリーズ珊瑚礁保護区（ベリーズ）★
◎リオ・アビセオ国立公園（ペルー）
○カリフォルニア湾の諸島と保護地域（メキシコ）★
○レヴィリャヒヘド諸島（メキシコ）

（8）登録基準（vii）（x）
○ブウィンディ原生国立公園（ウガンダ）
○ルウェンゾリ山地国立公園（ウガンダ）
○シミエン国立公園（エチオピア）
○タイ国立公園（コートジボワール）
○ガランバ国立公園（コンゴ民主共和国）★
○ジュジ国立鳥類保護区（セネガル）
○セレンゲティ国立公園（タンザニア）
○ベマラハ厳正自然保護区のチンギ（マダガスカル）
◎マロティ-ドラケンスバーグ公園（南アフリカ／レソト）
○ナンダ・デヴィ国立公園とフラワーズ渓谷国立公園（インド）
◎カンチェンジュンガ国立公園（インド）
○ウジュン・クロン国立公園（インドネシア）
○コモド国立公園（インドネシア）
◎黄山（中国）
◎武夷山（中国）
○青海可可西里（中国）
○プエルト・プリンセサ地底川国立公園（フィリピン）
○ロードハウ諸島（オーストラリア）
○ニンガルー・コースト（オーストラリア）
○ゴフ島とイナクセサブル島（英国領）
○ヘンダーソン島（英国領）

○自然遺産　◎複合遺産　★危機遺産
下線は、新登録物件

○レユニオン島の火山群、圏谷群、絶壁群（フランス領）
○ドナウ河三角州（ルーマニア）
○シアン・カアン（メキシコ）
○イグアス国立公園（ブラジル）
○イグアス国立公園（アルゼンチン）
○ロス・アレルセス国立公園（アルゼンチン）

（9）登録基準（viii）
○バーバートン・マクホンワ山地（南アフリカ）
○フレデフォート・ドーム（南アフリカ）
○ワディ・アル・ヒタン（ホウェール渓谷）（エジプト）
○澄江の化石発掘地（中国）
◎ウィランドラ湖群地域（オーストラリア）
○ヴァトナヨークトル国立公園－炎と氷のダイナミックな自然（アイスランド）
○エオリエ諸島（エオリアン諸島）（イタリア）
○エトナ山（イタリア）
○ドーセットおよび東デヴォン海岸（英国）
○ピュイ山脈とリマーニュ断層の地殻変動地域（フランス）
○メッセル・ピット化石発掘地（ドイツ）
○モン・サン・ジョルジオ（スイス／イタリア）
○スイスの地質構造線サルドーナ（スイス）
○ハイ・コースト/クヴァルケン群島（スウェーデン／フィンランド）
○スティーブンス・クリント（デンマーク）
○アグテレック･カルストとスロヴァキア･カルストの鍾乳洞群（ハンガリー／スロヴァキア）
○レナ・ピラーズ自然公園（ロシア連邦）
○ミグアシャ国立公園（カナダ）
○ジョギンズ化石の断崖（カナダ）
○ミステイクン・ポイント（カナダ）
○ハワイ火山群国立公園（アメリカ合衆国）
○イスチグアラスト・タランパヤ自然公園群（アルゼンチン）

（10）登録基準（viii）（ix）
○オーストラリアの哺乳類の化石遺跡（リバースリーとナラコーテ）（オーストラリア）
○ハード島とマクドナルド諸島（オーストラリア）

（11）登録基準（viii）（ix）（x）
○ローレンツ国立公園（インドネシア）
○フォン・ニャ・ケ・バン国立公園（ヴェトナム）
○オーストラリアのゴンドワナ雨林群（オーストラリア）
○ワッデン海（ドイツ／オランダ／デンマーク）
○エバーグレーズ国立公園（アメリカ合衆国）★
◎パパハナウモクアケア（アメリカ合衆国）

（12）登録基準（viii）（x）
○ツルカナ湖の国立公園群（ケニア）
○トワ・ピトン山国立公園（ドミニカ国）

（13）登録基準（ix）
○ヒルカニア森林群（イラン）
○白神山地（日本）
○小笠原諸島（日本）
○イースト・レンネル（ソロモン諸島）★
○スルツェイ島（アイスランド）
○カルパチア山脈とヨーロッパの他の地域の原生ブナ林群（アルバニア／オーストリア／ベルギー／ボスニアヘルツェゴビナ／ブルガリア／クロアチア／チェコ／フランス／ドイツ／イタリア／北マケドニア／ポーランド／ルーマニア／スロヴェニア／スロヴァキア／スペイン／スイス／ウクライナ）
◎ピマチオウィン・アキ(カナダ)

（14）登録基準（ix）（x）
○イヴィンド国立公園（ガボン）
◎ロペ・オカンダの生態系と残存する文化的景観（ガボン）
○ジャ・フォナル自然保護区（カメルーン）
○サンガ川の三か国流域（コンゴ／カメルーン／中央アフリカ）
○ニンバ山厳正自然保護区（ギニア／コートジボワール）★
○コモエ国立公園（コートジボワール）
○セルース動物保護区（タンザニア）★
○マノヴォ・グンダ・サン・フロ-リス国立公園（中央アフリカ）★
○W・アルリ・ペンジャリ国立公園遺産群（ニジェール／ベナン／ブルキナファソ）
○アツィナナナの雨林群（マダガスカル）★
○ケープ・フローラル地方の保護地域（南アフリカ）
○アルガン岩礁国立公園（モーリタニア）
◎イラク南部の湿原：生物多様性の安全地帯とメソポタミア都市群の残存景観（イラク）
○サリ・アルカ-カザフスタン北部の草原と湖沼群（カザフスタン）
○カジランガ国立公園（インド）
○スンダルバンス国立公園（インド）
○西ガーツ山脈（インド）
○シンハラジャ森林保護区（スリランカ）
○スリランカの中央高地（スリランカ）
○サンダーバンズ（バングラデシュ）
○ウフス・ヌール盆地（モンゴル／ロシア連邦）
○ダウリアの景観群（モンゴル／ロシア連邦）
○キナバル公園（マレーシア）
○湖北省の神農架景勝地（中国）
○知床（日本）
○グレーター・ブルー・マウンテンズ地域（オーストラリア）
○ニュージーランドの亜南極諸島（ニュージーランド）
◎イビサの生物多様性と文化（スペイン）
○マデイラ島のラウリシールヴァ（ポルトガル）
○ビャウォヴィエジャ森林（ベラルーシ／ポーランド）

遺産種別・登録パターン分析

○自然遺産　◎複合遺産　★危機遺産
下線は、新登録物件

○<u>コルキスの雨林群と湿地群</u>（ジョージア）
○西コーカサス（ロシア連邦）
○ウランゲリ島保護区の自然体系（ロシア連邦）
○テワカン-クイカトラン渓谷：メソアメリカの最初の生息地（コロンビア）
◎ティカル国立公園（グアテマラ）
○ココ島国立公園（コスタリカ）
○グアナカステ保全地域（コスタリカ）
○コイバ国立公園とその海洋保護特別区域（パナマ）
○アレハンドロ・デ・フンボルト国立公園（キューバ）
○ロス・カティオス国立公園（コロンビア）
○中央スリナム自然保護区（スリナム）
○ブラジルが発見された大西洋森林保護区（ブラジル）
○中央アマゾン保護区群（ブラジル）
○セラード保護地域：ヴェアデイロス平原国立公園とエマス国立公園（ブラジル）
○マヌー国立公園（ペルー）
○ノエル・ケンプ・メルカード国立公園（ボリヴィア）
◎カンペチェ州、カラクムルの古代マヤ都市と熱帯林保護区（メキシコ）

（15）登録基準（x）

○オカピ野生動物保護区（コンゴ民主共和国）★
○カフジ・ビエガ国立公園（コンゴ民主共和国）★
○ニオコロ・コバ国立公園（セネガル）★
○イシュケウル国立公園（チュニジア）
○ソコトラ諸島（イエメン）
○西天山（カザフスタン／キルギス／ウズベキスタン）
○ケオラデオ国立公園（インド）
○グレート・ヒマラヤ国立公園保護地域（インド）
○ドン・ファヤエン- カオヤイ森林保護区（タイ）
○ケーン・クラチャン森林保護区群（タイ）
◎楽山大仏風景名勝区を含む峨眉山風景名勝区（中国）
○四川省のジャイアント・パンダ保護区群
-臥龍、四姑娘山、夾金山脈（中国）
○梵浄山（中国）
○中国の黄海・渤海湾沿岸の渡り鳥保護区群（第1段階）（中国）
○韓国の干潟（韓国）
○奄美大島、徳之島、沖縄島北部及び西表島（日本）
○ハミギタン山脈野生生物保護区（フィリピン）
○スレバルナ自然保護区（ブルガリア）
○アルタイ・ゴールデン・マウンテン（ロシア連邦）
○ビギン川渓谷（ロシア連邦）
◎ブルー・ジョン・クロウ山脈（ジャマイカ）
○ヴァルデス半島（アルゼンチン）
○エル・ヴィスカイノの鯨保護区（メキシコ）
○テワカン-クイカトラン渓谷：メソアメリカの最初の生息地（メキシコ）
◎パラチとイーリャ・グランデ-文化と生物多様性（ブラジル）

○自然遺産　◎複合遺産　★危機遺産
<u>下線</u>は、新登録物件

総 索 引

ラバト、現代首都と歴史都市：分担する遺産
(Rabat, modern capital and historic city: a shared heritage)
文化遺産(登録基準(ii)(iv)) 2012年
モロッコ

国名(167の国と地域)地域別

〈アフリカ　締約国46か国〉

35か国（98物件　○39　●54　◎5）★15

〈アラブ諸国　締約国19か国〉

18の国と地域（90物件　○5　●82　◎3）★23

〈アジア・太平洋　締約国44か国〉

36か国（277物件　○70　●195　◎12）★6

索引

○自然遺産　●文化遺産　◎複合遺産　　下線は、新登録関係

○自然遺産　●文化遺産　◎複合遺産　下線は、新登録関係

※複数国にまたがる物件をそれぞれの国でカウントしているため、（　）内の物件数の合計には差異が生じます。

物件名（50音順）

【 ア 】

【 イ 】

○自然遺産 ●文化遺産 ◎複合遺産 ★危機遺産 下線は、新登録物件

索引

【 ウ 】

【 エ 】

【 オ 】

○自然遺産 ● 文化遺産 ◎ 複合遺産 ★危機遺産 下線は、新登録物件

【 カ 】

【 キ 】

○自然遺産 ● 文化遺産 ◎ 複合遺産 ★危機遺産 下線は、新登録物件

【 ク 】

【 ケ 】

【 コ 】

○自然遺産 ● 文化遺産 ◎ 複合遺産 ★危機遺産 下線は、新登録物件

【 サ 】

○自然遺産 ● 文化遺産 ◎ 複合遺産 ★危機遺産 下線は、新登録物件

【シ】

【ス】

○自然遺産　●文化遺産　◎複合遺産　★危機遺産　下線は、新登録物件

○自然遺産　●文化遺産　◎複合遺産　★危機遺産　下線は、新登録物件

○自然遺産 ● 文化遺産 ◎ 複合遺産 ★危機遺産 <u>下線</u>は、新登録物件

【ネ】

【ノ】

【ハ】

○自然遺産　● 文化遺産　◎ 複合遺産　★危機遺産　下線は、新登録物件

○自然遺産　●文化遺産　◎複合遺産　★危機遺産　下線は、新登録物件

○自然遺産 ● 文化遺産 ◎ 複合遺産 ★危機遺産 下線は、新登録物件

【 ミ 】

【 ム 】

【 メ 】

【 モ 】

【 ヤ 】

【 ユ 】

【 ヨ 】

【 ラ 】

【 リ 】

○自然遺産　●文化遺産　◎複合遺産　★危機遺産　下線は、新登録物件

【 ル 】

【 レ 】

【 ロ 】

【 ワ 】

【 ン 】

索引

○自然遺産 ● 文化遺産 ◎ 複合遺産 ★危機遺産 下線は、新登録物件

※　世界遺産、世界無形文化遺産、世界の記憶の違い

	世界遺産	世界無形文化遺産	世界の記憶
準拠	世界の文化遺産および自然遺産の保護に関する条約 （略称 ： 世界遺産条約）	無形文化遺産の保護に関する条約 （略称：無形文化遺産保護条約）	メモリー・オブ・ザ・ワールド・プログラム（略称：MOW） ＊条約ではない
採択・開始	1972年	2003年	1992年
目的	かけがえのない遺産をあらゆる脅威や危険から守る為に、その重要性を広く世界に呼びかけ、保護・保全の為の国際協力を推進する。	グローバル化により失われつつある多様な文化を守るため、無形文化遺産尊重の意識を向上させ、その保護に関する国際協力を促進する。	人類の歴史的な文書や記録など、忘却してはならない貴重な記録遺産を登録し、最新のデジタル技術などで保存し、広く公開する。
対象	有形の不動産 （文化遺産、自然遺産）	文化の表現形態 ・口承及び表現 ・芸能 ・社会的慣習、儀式及び祭礼行事 ・自然及び万物に関する知識及び慣習 ・伝統工芸技術	・文書類（手稿、写本、書籍等） ・非文書類（映画、音楽、地図等） ・視聴覚類（映画、写真、ディスク等） ・その他　記念碑、碑文など
登録申請	各締約国（194か国） 2023年3月現在	各締約国（180か国） 2023年3月現在	国、地方自治体、団体、個人など
審議機関	世界遺産委員会 （委員国21か国）	無形文化遺産委員会 （委員国24か国）	ユネスコ事務局長 ↑ 国際諮問委員会
審査評価機関	NGOの専門機関 （ICOMOS, ICCROM, IUCN） 現地調査と書類審査	無形文化遺産委員会の評価機関 6つの専門機関と6人の専門家で構成	国際諮問委員会の補助機関　登録分科会 専門機関 （IFLA, ICA, ICAAA, ICOM などのNGO）
リスト	世界遺産リスト　（1157件） うち日本　（25件）	人類の無形文化遺産の代表的なリスト　（568件） うち日本　（22件）	世界の記憶リスト　（427件） うち日本　（7件）
登録基準	必要条件 ：10の基準のうち、1つ以上を完全に満たすこと。 顕著な普遍的価値	必要条件 ： 5つの基準を全て満たすこと。 コミュニティへの社会的な役割と文化的な意味	必要条件：5つの基準のうち、1つ以上の世界的な重要性を満たすこと。 世界史上重要な文書や記録
危機リスト	危機にさらされている世界遺産リスト（略称：危機遺産リスト）（55件）	緊急に保護する必要がある無形文化遺産のリスト（76件）	－
基金	世界遺産基金	無形文化遺産保護基金	世界の記憶基金
事務局	ユネスコ世界遺産センター	ユネスコ文化局無形遺産課	ユネスコ情報・コミュニケーション局知識社会部ユニバーサルアクセス・保存課
指針	オペレーショナル・ガイドラインズ （世界遺産条約履行の為の作業指針）	オペレーショナル・ディレクティブス （無形文化遺産保護条約履行の為の運用指示書）	ジェネラル・ガイドラインズ （記録遺産保護の為の一般指針）
日本の窓口	外務省、文化庁文化資源活用課 環境省、林野庁	外務省、文化庁文化資源活用課	文部科学省 日本ユネスコ国内委員会

〈著者プロフィール〉

古田 陽久（ふるた・はるひさ　FURUTA Haruhisa）
世界遺産総合研究所 所長

1951年広島県生まれ。1974年慶応義塾大学経済学部卒業、1990年シンクタンクせとうち総合研究機構を設立。アジアにおける世界遺産研究の先覚・先駆者の一人で、「世界遺産学」を提唱し、1998年世界遺産総合研究所を設置、所長兼務。毎年の世界遺産委員会や無形文化遺産委員会などにオブザーバー・ステータスで参加、中国杭州市での「首届中国大運河国際高峰論壇」、クルーズ船「にっぽん丸」、三鷹国際交流協会の国際理解講座、日本各地の青年会議所（JC）での講演など、その活動を全国的、国際的に展開している。これまでにイタリア、中国、スペイン、フランス、ドイツ、インド、メキシコ、英国、ロシア連邦、アメリカ合衆国、ブラジル、オーストラリア、ギリシャ、カナダ、トルコ、ポルトガル、ポーランド、スウェーデン、ベルギー、韓国、スイス、チェコ、ペルー、キューバなど68か国、約300の世界遺産地を訪問している。
HITひろしま観光大使（広島県観光連盟）、防災士（日本防災士機構）現在、広島市佐伯区在住。

【専門分野】 世界遺産制度論、世界遺産論、自然遺産論、文化遺産論、危機遺産論、地域遺産論、日本の世界遺産、世界無形文化遺産、世界の記憶、世界遺産と教育、世界遺産と観光、世界遺産と地域づくり・まちづくり

【著書】「世界の記憶遺産60」(幻冬舎)、「世界遺産データ・ブック」、「世界無形文化遺産データ・ブック」、「世界の記憶データ・ブック」（世界記憶遺産データブック）、「誇れる郷土データ・ブック」、「世界遺産ガイド」シリーズ、「ふるさと」「誇れる郷土」シリーズなど多数。

【執筆】 連載「世界遺産への旅」、「世界記憶遺産の旅」、日本政策金融公庫調査月報「連載『データで見るお国柄』」、「世界遺産を活用した地域振興－『世界遺産基準』の地域づくり・まちづくり－」（月刊「地方議会人」）、中日新聞・東京新聞サンデー版「大図解危機遺産」、「現代用語の基礎知識2009」(自由国民社) 世の中ペディア「世界遺産」など多数。

【テレビ出演歴】 TBSテレビ「あさチャン！」、「ひるおび」、「NEWS23」、テレビ朝日「モーニングバード」、「やじうまテレビ」、「ANNスーパーJチャンネル」、日本テレビ「スッキリ!!」、フジテレビ「めざましテレビ」、「スーパーニュース」、「とくダネ!」、NHK福岡「ロクいち！」、テレビ岩手「ニュースプラス１いわて」など多数。

【ホームページ】「世界遺産と総合学習の杜」http://www.wheritage.net/

世界遺産データ・ブック －2023年版－

2023年（令和5年） 3月25日　初版 第1刷

著　　者　古 田 陽 久
企画・編集　世界遺産総合研究所
発　　行　シンクタンクせとうち総合研究機構 ©
〒731-5113 広島市佐伯区美鈴が丘緑三丁目4番3号
TEL＆FAX　082-926-2306
電子メール　wheritage@tiara.ocn.ne.jp
インターネット　http://www.wheritage.net
出版社コード　86200

Complied and Printed in Japan, 2023　ISBN978-4-86200-265-5 C1526 Y2727E

発行図書のご案内

世界遺産シリーズ

世界遺産データ・ブック 2023年版	新刊	978-4-86200-265-5 本体2727円 2023年3月発行	最新のユネスコ世界遺産1157物件の全物件名と登録基準、位置を掲載。ユネスコ世界遺産の概要も充実。世界遺産学習の上での必携の書。
世界遺産事典－1157全物件プロフィール－ 2023改訂版	新刊	978-4-86200-264-8 本体3000円 2023年3月発行	世界遺産1157物件の全物件プロフィールを収録。 2023改訂版
世界遺産キーワード事典 2020改訂版	新刊	978-4-86200-241-9 本体2600円 2020年7月発行	世界遺産に関連する用語の紹介と解説
世界遺産マップス －地図で見るユネスコの世界遺産－ 2023改訂版	新刊	978-4-86200-263-1 本体2727円 2023年2月発行	世界遺産1157物件の位置を地域別・国別に整理
世界遺産ガイド－世界遺産条約採択40周年特集－		978-4-86200-172-6 本体2381円 2012年11月発行	世界遺産の40年の歴史を特集し、持続可能な発展を考える。
世界遺産フォトス －写真で見るユネスコの世界遺産－		4-916208-22-6 本体1905円 1999年8月発行	世界遺産の多様性を写真資料で学ぶ。
世界遺産フォトス 第2集－多様な世界遺産－		4-916208-50-1 本体2000円 2002年1月発行	
世界遺産フォトス 第3集－海外と日本の至宝100の記憶－		978-4-86200-148-1 本体2381円 2010年1月発行	
世界遺産入門－平和と安全な社会の構築－		978-4-86200-191-7 本体2500円 2015年5月発行	世界遺産を通じて「平和」と「安全」な社会の大切さを学ぶ
世界遺産学入門－もっと知りたい世界遺産－		4-916208-52-8 本体2000円 2002年2月発行	新しい学問としての「世界遺産学」の入門書
世界遺産学のすすめ－世界遺産が地域を拓く－		4-86200-100-9 本体2000円 2005年4月発行	普遍的価値を顕す世界遺産が、閉塞した地域を拓く
世界遺産概論＜上巻＞＜下巻＞		上巻 978-4-86200-116-0 下巻 978-4-86200-117-7 2007年1月発行 本体 各2000円	世界遺産の基礎的事項をわかりやすく解説
世界遺産ガイド－ユネスコ遺産の基礎知識－2022改訂版	新刊	978-4-86200-256-3 本体2727円 2021年9月発行	混同しやすいユネスコ三大遺産の違いを明らかにする
世界遺産ガイド－世界遺産条約編－		4-916208-34-X 本体2000円 2000年7月発行	世界遺産条約を特集し、条約の趣旨や目的などポイントを解説
世界遺産ガイド －世界遺産条約とオペレーショナル・ガイドラインズ編－		978-4-86200-128-3 本体2000円 2007年12月発行	世界遺産条約とその履行の為の作業指針について特集する
世界遺産ガイド－世界遺産の基礎知識編－ 2009改訂版		978-4-86200-132-0 本体2000円 2008年10月発行	世界遺産の基礎知識をQ&A形式で解説
世界遺産ガイド－図表で見るユネスコの世界遺産編－		4-916208-89-7 本体2000円 2004年12月発行	世界遺産をあらゆる角度からグラフ、図表、地図などで読む
世界遺産ガイド－情報所在源編－		4-916208-84-6 本体2000円 2004年1月発行	世界遺産に関連する情報所在源を各国別、物件別に整理
世界遺産ガイド－自然遺産編－ 2020改訂版	新刊	978-4-86200-234-1 本体2600円 2020年4月発行	ユネスコの自然遺産の全容を紹介
世界遺産ガイド－文化遺産編－ 2020改訂版	新刊	978-4-86200-235-8 本体2600円 2020年4月発行	ユネスコの文化遺産の全容を紹介
世界遺産ガイド－文化遺産編－ 1. 遺跡		4-916208-32-3 本体2000円 2000年8月発行	
世界遺産ガイド－文化遺産編－ 2. 建造物		4-916208-33-1 本体2000円 2000年9月発行	
世界遺産ガイド－文化遺産編－ 3. モニュメント		4-916208-35-8 本体2000円 2000年10月発行	
世界遺産ガイド－文化遺産編－ 4. 文化的景観		4-916208-53-6 本体2000円 2002年1月発行	
世界遺産ガイド－複合遺産編－ 2020改訂版	新刊	978-4-86200-236-5 本体2600円 2020年4月発行	ユネスコの複合遺産の全容を紹介
世界遺産ガイド－危機遺産編－ 2020改訂版	新刊	978-4-86200-237-2 本体2600円 2020年4月発行	ユネスコの危機遺産の全容を紹介
世界遺産ガイド－文化の道編－		978-4-86200-207-5 本体2500円 2016年12月発行	世界遺産に登録されている「文化の道」を特集
世界遺産ガイド－文化的景観編－		978-4-86200-150-4 本体2381円 2010年4月発行	文化的景観のカテゴリーに属する世界遺産を特集
世界遺産ガイド－複数国にまたがる世界遺産編－		978-4-86200-151-1 本体2381円 2010年6月発行	複数国にまたがる世界遺産を特集

世界遺産ガイド－日本編－ 2022改訂版 新刊	978-4-86200-252-5 本体 2727円 2021年8月発行 日本にある世界遺産、暫定リストを特集
日本の世界遺産 －東日本編－ －西日本編－	978-4-86200-130-6 本体 2000円 2008年2月発行 978-4-86200-131-3 本体 2000円 2008年2月発行
世界遺産ガイド－日本の世界遺産登録運動－	4-86200-108-4 本体 2000円 2005年12月発行 暫定リスト記載物件はじめ世界遺産登録運動の動きを特集
世界遺産ガイド－世界遺産登録をめざす富士山編－	978-4-86200-153-5 本体 2381円 2010年11月発行 富士山を世界遺産登録する意味と意義を考える
世界遺産ガイド－北東アジア編－	4-916208-87-0 本体 2000円 2004年3月発行 北東アジアにある世界遺産を特集、国の概要も紹介
世界遺産ガイド－朝鮮半島にある世界遺産－	4-86200-102-5 本体 2000円 2005年7月発行 朝鮮半島にある世界遺産、暫定リスト、無形文化遺産を特集
世界遺産ガイド－中国編－ 2010改訂版	978-4-86200-139-9 本体 2381円 2009年10月発行 中国にある世界遺産、暫定リストを特集
世界遺産ガイド－モンゴル編－ 新刊	978-4-86200-233-4 本体 2500円 2019年12月発行 モンゴルにあるユネスコ遺産を特集
世界遺産ガイド－東南アジア諸国編－	978-4-86200-262-4 本体 3500円 2023年1月発行 東南アジア諸国にあるユネスコ遺産を特集
世界遺産ガイド－ネパール・インド・スリランカ編－ 新刊	978-4-86200-221-1 本体 2500円 2018年11月発行 ネパール・インド・スリランカにある世界遺産を特集
世界遺産ガイド－オーストラリア編－	4-86200-115-7 本体 2000円 2006年5月発行 オーストラリアにある世界遺産を特集、国の概要も紹介
世界遺産ガイド－中央アジアと周辺諸国編－	4-916208-63-3 本体 2000円 2002年8月発行 中央アジアと周辺諸国にある世界遺産を特集
世界遺産ガイド－中東編－	4-916208-30-7 本体 2000円 2000年7月発行 中東にある世界遺産を特集
世界遺産ガイド－知られざるエジプト編－	978-4-86200-152-8 本体 2381円 2010年6月発行 エジプトにある世界遺産、暫定リスト等を特集
世界遺産ガイド－アフリカ編－	4-916208-27-7 本体 2000円 2000年3月発行 アフリカにある世界遺産を特集
世界遺産ガイド－イタリア編－	4-86200-109-2 本体 2000円 2006年1月発行 イタリアにある世界遺産、暫定リストを特集
世界遺産ガイド－スペイン・ポルトガル編－	978-4-86200-158-0 本体 2381円 2011年1月発行 スペインとポルトガルにある世界遺産を特集
世界遺産ガイド－英国・アイルランド編－	978-4-86200-159-7 本体 2381円 2011年3月発行 英国とアイルランドにある世界遺産等を特集
世界遺産ガイド－フランス編－	978-4-86200-160-3 本体 2381円 2011年5月発行 フランスにある世界遺産、暫定リストを特集
世界遺産ガイド－ドイツ編－	4-86200-101-7 本体 2000円 2005年6月発行 ドイツにある世界遺産、暫定リストを特集
世界遺産ガイド－ロシア編－	978-4-86200-166-5 本体 2381円 2012年4月発行 ロシアにある世界遺産等を特集
世界遺産ガイド－ウクライナ編－ 新刊	978-4-86200-260-0 本体 2600円 2022年3月発行 ウクライナにある世界遺産等を特集
世界遺産ガイド－コーカサス諸国編－ 新刊	978-4-86200-227-3 本体 2500円 2019年6月発行 コーカサス諸国にある世界遺産等を特集
世界遺産ガイド－アメリカ合衆国編－ 新刊	978-4-86200-214-3 本体 2500円 2018年1月発行 アメリカ合衆国にあるユネスコ遺産等を特集
世界遺産ガイド－メキシコ編－	978-4-86200-202-0 本体 2500円 2016年8月発行 メキシコにある世界遺産等を特集
世界遺産ガイド－カリブ海地域編－ 新刊	4-86200-226-6 本体 2600円 2019年5月発行 カリブ海地域にある主な世界遺産を特集
世界遺産ガイド－中米編－	4-86200-81-1 本体 2000円 2004年2月発行 中米にある主な世界遺産を特集
世界遺産ガイド－南米編－	4-86200-76-5 本体 2000円 2003年9月発行 南米にある主な世界遺産を特集

世界遺産ガイド－地形・地質編－	978-4-86200-185-6 本体 2500円 2014年5月発行 世界自然遺産のうち、代表的な「地形・地質」を紹介
世界遺産ガイド－生態系編－	978-4-86200-186-3 本体 2500円 2014年5月発行 世界自然遺産のうち、代表的な「生態系」を紹介
世界遺産ガイド－自然景観編－	4-916208-86-2 本体 2000円 2004年3月発行 世界自然遺産のうち、代表的な「自然景観」を紹介
世界遺産ガイド－生物多様性編－	4-916208-83-8 本体 2000円 2004年1月発行 世界自然遺産のうち、代表的な「生物多様性」を紹介
世界遺産ガイド－自然保護区編－	4-916208-73-0 本体 2000円 2003年5月発行 自然遺産のうち、自然保護区のカテゴリーにあたる物件を特集
世界遺産ガイド－国立公園編－	4-916208-58-7 本体 2000円 2002年5月発行 ユネスコ世界遺産のうち、代表的な国立公園を特集
世界遺産ガイド－名勝・景勝地編－	4-916208-41-2 本体 2000円 2001年3月発行 ユネスコ世界遺産のうち、代表的な名勝・景勝地を特集
世界遺産ガイド－歴史都市編－	4-916208-64-1 本体 2000円 2002年9月発行 ユネスコ世界遺産のうち、代表的な歴史都市を特集
世界遺産ガイド－都市・建築編－	4-916208-39-0 本体 2000円 2001年2月発行 ユネスコ世界遺産のうち、代表的な都市・建築を特集
世界遺産ガイド－産業・技術編－	4-916208-40-4 本体 2000円 2001年3月発行 ユネスコ世界遺産のうち、産業・技術関連遺産を特集
世界遺産ガイド－産業遺産編－保存と活用	4-86200-103-3 本体 2000円 2005年4月発行 ユネスコ世界遺産のうち、各産業分野の遺産を特集
世界遺産ガイド－19世紀と20世紀の世界遺産編－	4-916208-56-0 本体 2000円 2002年7月発行 激動の19世紀、20世紀を代表する世界遺産を特集
世界遺産ガイド－宗教建築物編－	4-916208-72-2 本体 2000円 2003年6月発行 ユネスコ世界遺産のうち、代表的な宗教建築物を特集
世界遺産ガイド－仏教関連遺産編 新刊	4-86200-223-5 本体 2600円 2019年2月発行 ユネスコ世界遺産のうち仏教関連遺産を特集
世界遺産ガイド－歴史的人物ゆかりの世界遺産編－	4-916208-57-9 本体 2000円 2002年9月発行 歴史的人物にゆかりの深いユネスコ世界遺産を特集
世界遺産ガイド－人類の負の遺産と復興の遺産編－	978-4-86200-173-3 本体 2000円 2013年2月発行 世界遺産から人類の負の遺産と復興の遺産を学ぶ
世界遺産ガイド－未来への継承編 新刊	4-916208-242-6 本体 3500円 2020年10月発行 2022年の「世界遺産条約採択50周年」に向けて
ユネスコ遺産ガイド－世界編－ 総合版 新刊	4-916208-255-6 本体 3500円 2022年2月発行 世界のユネスコ遺産を特集
ユネスコ遺産ガイド－日本編－ 総集版 新刊	4-916208-250-1 本体 3500円 2021年4月発行 日本のユネスコ遺産を特集

世界の文化シリーズ

世界遺産の無形版といえる「世界無形文化遺産」についての希少な書籍

世界無形文化遺産データ・ブック 新刊 2022年版	978-4-86200-257-0 本体 2727円 2022年3月 世界無形文化遺産の仕組みや登録されているものを地域別・国別に整理。
世界無形文化遺産事典 新刊 2022年版	978-4-86200-258-7 本体 2727円 2022年3月 世界無形文化遺産の概要を、地域別・国別・登録年順に掲載。

世界の記憶シリーズ

ユネスコのプログラム「世界の記憶」の全体像を明らかにする日本初の書籍

世界の記憶データ・ブック 新刊 2017～2018年版	978-4-86200-215-0 本体 2778円 2018年1月発行 ユネスコ三大遺産事業の一つ「世界の記憶」の仕組みや427件の世界の記憶など、プログラムの全体像を明らかにする日本初のデータ・ブック。

ふるさとシリーズ

誇れる郷土データ・ブック 新刊 －コロナ後の観光振興－2022年版	978-4-86200-261-7 本体 2727円 2022年6月発行 ユネスコ遺産（世界遺産、世界無形文化遺産、世界の記憶）を活用した観光振興策を考える。「訪れてほしい日本の誇れる景観」も特集。
誇れる郷土データ・ブック －世界遺産と令和新時代の観光振興－2020年版	978-4-86200-231-0 本体 2500円 2019年12月発行 令和新時代の観光振興につながるユネスコの世界遺産、世界無形文化遺産、世界の記憶、それに日本遺産などを整理。
誇れる郷土データ・ブック －2020東京オリンピックに向けて－2017年版	978-4-86200-209-9 本体 2500円 2017年3月発行 2020年に開催される東京オリンピック・パラリンピックを見据えて、世界に通用する魅力ある日本の資源を都道府県別に整理。
誇れる郷土ガイド－日本の歴史的な町並み編－	978-4-86200-210-5 本体 2500円 2017年8月発行 日本らしい伝統的な建造物群が残る歴史的な町並みを特集
誇れる郷土ガイド－北海道・東北編 新刊	978-4-86200-244-0 本体 2600円 2020年12月 北海道・東北地方のユネスコ遺産を生かした地域づくりを提言
誇れる郷土ガイド－関東編－ 新刊	978-4-86200-246-4 本体 2600円 2021年2月 関東地方のユネスコ遺産を生かした地域づくりを提言
誇れる郷土ガイド－中部編－ 新刊	978-4-86200-247-1 本体 2600円 2021年3月 中部地方のユネスコ遺産を生かした地域づくりを提言
誇れる郷土ガイド－近畿編－ 新刊	978-4-86200-248-8 本体 2600円 2021年3月 近畿地方のユネスコ遺産を生かした地域づくりを提言
誇れる郷土ガイド－中国・四国編－ 新刊	978-4-86200-243-3 本体 2600円 2020年12月 中国・四国地方のユネスコ遺産を生かした地域づくりを提言
誇れる郷土ガイド－九州・沖縄編－ 新刊	978-4-86200-245-7 本体 2600円 2021年2月 九州・沖縄地方のユネスコ遺産を生かした地域づくりを提言
誇れる郷土ガイド－口承・無形遺産編－	4-916208-44-7 本体 2000円 2001年6月発行 各都道府県別に、口承・無形遺産の名称を整理収録
誇れる郷土ガイド－全国の世界遺産登録運動の動き－	4-916208-69-2 本体 2000円 2003年1月発行 暫定リスト記載物件はじめ全国の世界遺産登録運動の動きを特集
誇れる郷土ガイド－全国47都道府県の観光データ編－2010改訂版	978-4-86200-123-8 本体 2381円 2009年12月発行 各都道府県別の観光データ等の要点を整理
誇れる郷土ガイド－全国47都道府県の誇れる景観編－	4-916208-78-1 本体 2000円 2003年10月発行 わが国の美しい自然環境や文化的な景観を都道府県別に整理
誇れる郷土ガイド－全国47都道府県の国際交流・協力編－	4-916208-85-4 本体 2000円 2004年4月発行 わが国の国際交流・協力の状況を都道府県別に整理
誇れる郷土ガイド－日本の国立公園編－	4-916208-94-3 本体 2000円 2005年2月発行 日本にある国立公園を取り上げ、概要を紹介
誇れる郷土ガイド－自然公園法と文化財保護法－	978-4-86200-129-0 本体 2000円 2008年2月発行 自然公園法と文化財保護法について紹介する
誇れる郷土ガイド－市町村合併編－	978-4-86200-118-4 本体 2000円 2007年2月発行 平成の大合併により変化した市町村の姿を都道府県別に整理
日本ふるさと百科－データで見るわたしたちの郷土－	4-916208-11-0 本体 1429円 1997年12月発行 事物・統計・地域戦略などのデータを各都道府県別に整理
環日本海エリア・ガイド	4-916208-31-5 本体 2000円 2000年6月発行 環日本海エリアに位置する国々や日本の地方自治体を取り上げる

シンクタンクせとうち総合研究機構

事務局　〒731-5113　広島市佐伯区美鈴が丘緑三丁目４番３号

書籍のご注文専用ファックス　082-926-2306　電子メールwheritage@tiara.ocn.ne.jp